KB181201

질적 연구의 이해와 접근

질적 연구의 이해와 접근

1판 1쇄 인쇄_2014년 01월 30일
1판 1쇄 발행_2014년 02월 15일

지은이_신규철
펴낸이_홍정표
펴낸곳_글로벌콘텐츠
등록_제25100-2008-24호

공급처_(주)글로벌콘텐츠출판그룹
대표_홍정표
편집_노경민 최민지 김현열 **디자인**_김미미 **기획·마케팅**_이용기 **경영지원**_안선영
주소_서울특별시 강동구 천중로 196 정일빌딩 401호
전화_02-488-3280 **팩스**_02-488-3281
홈페이지_http://www.gcbook.co.kr
이메일_edit@gcbook.co.kr

값 14,000원
ISBN 978-89-93908-97-8 93700

질적 연구의 이해와 접근

신규철 지음

글로벌콘텐츠

머리말

우리는 연구수행과정에서 인식되고 해결해야 할 많은 문제들에 직면하며 살아간다. 그리고 이러한 문제 제기는 효과적인 연구를 수행하는데 필요한 사고와 실천 능력을 계발하는 좋은 방법이라고 생각한다. 그리고 많은 학자들이나 학생들도 연구과정에서 나타나는 문제점과 해결과정을 통해 많은 고민을 하기도 한다. 그 이유는 연구방법의 올바른 이해를 통하여 연구결과의 합리성과 당위성을 이해할 수 있기 때문이다. 그러므로 연구방법론의 올바른 이해는 연구가들에게 중요한 의의를 갖게 되며, 연구의 방향과 정체성을 제시해 주는 것이다.

모든 경험적 연구는 질적인 문제와 관련되어 있고, 양적 연구의 가장 대표적인 경우인 과학분야의 연구조차도 질적인 부분과 관련되어 있다. 우리가 내세우는 주장의 참이나 거짓은 그 주장과 그것이 의도적으로 가리키는 질적인 성질과 관련시켜서 결정된다. 이 질적인 특징과 우리가 그 질에 부여하는 의미는 경험의 내용을 구성한다. 과학이든 예술이든, 경험 밖에서 존재할 수는 없으며 경험은 내용을 필요로 한다. 이러한 내용이 바로 질적인 개념이며, 연구방법론의 본질과 매우 많은 상관성이 있다.

연구문제란 연구자가 진정으로 그 답을 얻어내고자 하는 질문을 의미하며, 그런 의미에서 지적 궁금증의 공식적인 표현으로 볼 수 있다. 연구자는 이들 간의 논리적 연관성에 대한 숙고를 통해 적절성을 확보하고, 탐구하고자 하는 본질이 반영되도록 하여야 한다. 연구자는 지적으로 가치 있는 답변이 가능하고, 또 이를 추구할 수 있는 형태로 연구문제를 설정하여야 한다. 긍정될 때만 가치 있고 부정되면 그 의미를 부여할 수 없는 연구문제나, 또는 전체 연구과제가 오직 하나의 잠재적인 답에 따라 결정되는 그러한 성격의 연구문제는 피하는 것이 바람직하다. 연구문제의 구체적인 형태와 수준은 연구자에 따라서 다양하게 나타난다.

연구가 타당성이 있다는 것은 간단히 말해서, 연구자의 의도대로 보고자 한 것을 관찰, 확인하거나 측정하였다는 것을 의미한다. 연구자는 특정한 조사방법과 자료출처가 자신의 개념을 어떻게 잘 반영하는가를 확인할 필요가 있다.

실제상황에서 연구자는 각기 다른 출처와 각기 다른 방법으로 나타낸 자료를 활용하여 분석하고자 하는 경향을 보인다. 그러나 이 경우, 주목적이 신뢰도를 높이기 위한 것은 아니다. 이는 주로 연구문제가 다양한 각도에서 접근이 가능하거나 다양한 방법으로 개념화될 수 있어 자료의 출처와 조사방법이 다양해지기 때문이다. 각각의 연구문제가 각기 다른 조사방법과 다른 출처의 자료를 필요로 하기 때문일 수도 있다. 이렇듯 연구방법에 따른 이해나 접근은 연구자에 따라 달라질 수 있는 것이다.

이 책은 질적인 연구를 필요로 하는 응용언어학 분야는 물론, 인문·사회학 제분야에서의 연구방법론의 본질과 방법을 다루고 있다. 제1장은 질적 연구 정의와 접근방법을 다루고 있다. 2장에서는 질적 연구와 인간의 이해를 다루고 있으며, 3장에서는 질적 연구계획과 그에 수반되는 문제를 설명하고 있다. 4장에서는 질적 연구의 본질과 제 문제를 다루고 있으며, 5장에서는 질적 연구를 위해 자료를 수집하는 방법을 통해 연구자의 태도와 올바른 연구방법을 제시해 준다. 6장은 개인적 친밀관계와 주관성이 연구과정에 얼마나 중요한 역할을 하는지를 알아보고 합리적인 연구조건과 환경을 설명해 준다. 7장은 질적 연구의 윤리성을 중심으로 연구결과의 당위성을 이루기 위한 연구자의 자세를 논의하고 있다. 그리고 8장은 질적 연구에 있어서의 자료분석 방법을 소개하여, 논문을 쓰거나 연구과정 중에 있는 연구가들이 반드시 알아야 하는 내용을 다루고 있다. 끝으로 9장은 앞에서 제시한 모든 연구방법과 자료를 가지고 이루어지는 논문작성의 의의를 논의한다.

끝으로 이 책이 연구방법론을 공부하는 모든 사람에게 조금이나마 도움이 되기를 바라며, 연구자들의 기본 역량을 갖추는 데 작은 초석이 될 것을 믿어 본다.

2014. 1.
지은이

차 례

Chapter 4 질적 연구의 본질과 제 문제__77

Chapter 5 자료수집 방법__91

Chapter 8 질적 연구에 있어서의 자료분석___179

Chapter 9 논문 작성의 의의___205

Chapter 1

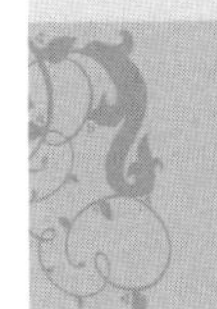

질적 연구의 정의와 접근방법

질적 연구는 사회적 또는 인간의 문제를 탐색하는 방법론적 연구들에 기반하여 이해하는 연구과정이다. 연구자는 복합적이고 전체적인 자료를 구축하고, 언어를 분석하며, 정보제공자들의 구체적인 상황과 자료들을 정리하여 연구를 수행한다.

연구가들은 자료수집의 기본적 상황 속에서 질적 연구를 수행하며, 그것들을 귀납적으로 분석하고, 참여자들의 상황을 기술적 과정으로 분석해 간다.

질적 연구는 그 연구주제에 대한 해석적, 자연주의적 접근을 수반하며, 그 과정에 대한 분석은 복합적인 방법을 사용한다. 질적 연구는 개인의 삶에 있어서 일상적이고 문제가 되는 순간들과 의미를 기술하는 다양한 경험적 재료, 사례 연구, 개인적 경험, 내적성찰, 면접, 관찰 등을 의도적으로 분석해 간다고 할 수 있다.

반면에, 양적 연구자는 소수의 변수들과 많은 사례들을 가지고 작업하게 되는데, 양적 연구자들도 소규모의 시험적인 질적 연구 프로젝트에 참여해 보면 더 좋다고 본다. 질적 연구와 그 용어들, 그리고 그 전통들의 복잡성을 고려할 때, 질적 연구에 존재하는 공통적인 기반을 알아보고 연구가로서의 자세를 갖추는 것이 매우 중요하다. 질적 연구는 사전에 설계를 잘 해야 한다. 왜냐하면 질적 연구가 엄격한 설계를 해야 하는 이유는 질적 연구를 수행하기 위해서 한 문제를 연구하기 위한 많은 노력과 시간이 소모되기 때문이다. 연구자는 현장에서 많은 시간을 보내면서 폭넓은 자료들을 수집하고, 접근하여 관계를 형성하고, 현장 이슈에 몰두한다. 또한 엄청난 자료들을 분류하고 작은 주제나 범주들로 접근해 가는 끊임없는 시도가 필요하다.

우리가 질적 연구를 수행하도록 하는 몇 가지 이유들이 있다. 첫째, 연구문제의 특성 때문에 질적 연구를 선택한다. 집단들을 비교하거나 관련성, 관계, 또는 원인과 영향을 설정하려는 의도를 가지고 변수들 간의 관계를 검토하는 양적 연구문제들과는 대조된다. 둘째, 주제가 탐색될 필요가 있을 때 질적 연구를 선택한다. 이는 변수들이 쉽게 확인될 수 없다는 것과 실험자들이나 연구 모집단의 행동을 설명하기 위해 활용할 수 있는 이론이 없고, 그래서 이론들이 개발될 필요가 있다는 것을 의미한다. 셋째, 주제에 대한 구체적인 시각을 제시할 필요가 있고, 인간의 자연스런 현상을 규명하기 위해서 질적 연구를 한다. 그리고 실험자들에 대한 판단을 내리는 '전문가'로서가 아니라 참여자의 관점에서 이야기를 할 수 있는 것을 말한다.

질적 연구자는 설계에 있어서 일련의 철학적 가정들을 사용하게 된다. 이러한 가정들은 지식에 대한 우리의 이해를 대변해 준다. 지식은 주관적인 방식과 저자의 생각을 갖고 쓰인다. 그리고 지식은 진화하고 출현하며, 그것이 연구되는 맥락과 밀접하게 연결되어 있다. 우리는 사회과학과 인문과학 연구전통의 감정이 배제된 형식이 아닌, 변화와 행동을 창출하고자 질적 연구의 방식을 접근하게 된다.

질적 연구의 문제들은 사회과학과 인문과학의 주제들을 포괄하며, 오늘날 질적 연구의 특성은 성, 문화, 소외집단의 이슈들에 깊이 관여한다는 점이다. 우리가 글을 쓰게 되는 주제들은 감정이 실려 있으며, 사람들 가까이 접근해 있고, 실제적인 것이다. 연구 질문은 연구문제에 대한 이해가 증가하게 되면서 연구과정 동안 바뀌게 된다. 면접과 관찰, 문서, 시청각 자료들은 전통적 범주화에 도전하는 새로운 형식들이 등장하고 있다. 전자우편 메시지, 컴퓨터 소프트웨어 등도 정보원으로 자료수집에 기여한다. 또한 이 단계에서 우리는 의식적으로 윤리적 이슈들 동의를 얻고, 비밀보장을 유지하며, 개인들의 익명성을 보호하는 것을 고려한다.

자료를 조직화하고 저장한 다음에는 응답자들의 이름을 주의 깊게 감춤으로 분석하고, 자료를 이해하려 작업에 들어가게 된다. 자료수집과 분석, 보고서 작성과 같은 활동을 통해 면접하고, 분석하고, 글을 쓸 때, 자료분석을 위한 다양한 형식이 존재하게 된다.

질적 연구를 하는 연구자들은 구체적인 방법들, 자료수집과 자료분석, 보고서 쓰기에 대한 엄격한 접근을 하여 정확성을 검증하게 된다. 또한 설득력 있게 글을 씀으로써 독자들이 간접적 경험을 하도록 한다. 그리고 구체적인 것으로부터 일반적인 추상화 단계로 이동해 가는 연구자의 자세가 중요하다.

질적 연구가는 분명하고, 매력적이며, 예상치 못한 아이디어들로 가득 차 있어야 한다. 이야기와 결과들을 믿을 수 있고 현실적인 것이 되며, 실제 생활에 존재하는 모든 복합성을 정확하게 반영하게 된다.

질적 연구를 위해 쓰인 계획이나 연구계획서에 포함되어야 하는 일반적인 주제들이 많은데. 그 중 Marshall과 Rossman의 예를 본다.

<Marshall과 Rossman의 연구과제>

예 2.1
서론 문제와 중요성 초점과 연구문제들 연구의 한계 연구설계 전반적인 전략과 근거 구체적인 상황, 인구집단 그리고 현상에 초점을 두기 사람들과 행동, 사건, 그리고 과정들을 표집하기 진입, 개인적인 전기, 그리고 윤리의 이슈들

자료수집 방법 현장참여 직접관찰 심층면접 문헌검토 연구를 위한 자료원의 기록과 관리, 분석 시간일정 자료수집 단계 필요한 인력들 필요한 자원들 질적 연구의 가치와 논리 온전함의 기준들

자료 활동들은 장소(site)나 개인을 찾는 것(locate), 접근하여 관계를 형성(rapport)하는 것, 의도적인 표본 추출을 하는 것, 자료를 수집하는 것, 정보를 기록하는 것, 현장 이슈를 조사하는 것, 자료를 저장하는 것, 등이다.

질적 연구자는 자료수집 과정에서 일련의 활동들에 참여한다.

자료수집활동 중요한 단계는 연구할 사람과 장소를 찾아 접근하고 피시험자가 좋은 정보를 제공할 수 있도록 관계형성을 하는 것이다. 이 과정과 밀접히 관련된 단계로 개인 혹은 장소를 의도적으로 표본 추출할 전략이 결정된다. 이것은 통계적 추정이 가능한 확률 표본 추출이 아니다. 연구자는 여러 가지 가능성으로부터 의도적 표본 추출의 유형을 결정해야 하고 그 선택에 대해 합리적인 근거를 제시해야 한다.

일단 연구자가 장소 혹은 사람을 선택하고 나면, 가장 적절한 자료수집 접근을 결정해야 한다. 요즘에는 전자우편 메시지와 같은 더 새롭고 혁신적인 접근들을 접하게 되었으며, 일반적으로 연구는 하나 이상의 자료방법을 활용하게 된다. 또한 연구자는 자료를 쉽게 검색하고 자료를 보호할 수 있는 자료 저장방법도 잘 결정해야 한다.

장소 혹은 개인에 대한 접근에도 여러 단계들이 포함된다. 연구대상자에게 잠재적으로 해로울 수 있는 영향에 대해 검토하는 과정으로부터 승인을 얻어야 한다. 이러한 과정에는 연구 절차가 자세히 담긴 연구계획서를 제출하는 것이 포함된다. 대부분의 질적 연구들은 엄격한 심의를 받지 않지만 자세하고 긴 심의 과정이 필요하다.

참여자에 대한 의도적인 선택은 질적 연구에서 중요한 결정사항이다. 질적 연구를 설계하는 연구자들은 명확한 기준을 가지고 이러한 결정에 대한 합리적인 근거를 제공할 수 있어야 한다.

<질적 연구의 표본 추출 전략 유형>

표본 추출 유형	목적
최대 변량 (Maximum Variation)	다양한 변이(variation)를 기록하고 중요한 공통적 패턴을 확인한다.
동질적 (Homogeneous)	초점화하고 줄이고 단순화하여 집단 면접을 촉진한다.
결정적 사례 (Critical Case)	논리적 일반화와 다른 사례들에 대한 최대한의 정보 적용을 가능하게 한다.
이론 기반 (Theory based)	이론적 구성체의 예를 발견하고 그것에 대해 상세히 설명하며 고찰한다.
확정적/비확정적 사례들 (Confirming and Disconfirming Cases)	초기 분석에 대해 상세히 설명하고 예외를 탐색하며 변이(variation)를 찾는다.
눈덩이 굴리기 또는 연쇄(Chain)	풍부한 정보를 가진 사례에 대해 알고 있는 사람을 아는 사람으로부터 관심 사례를 확인한다.
극단적 또는 일탈적 사례 (Extreme or Deviant case)	관심 현상이 매우 특이하게 표출되는 것으로부터 배운다.
전형적 사례 (Typical Case)	정상적이거나 평균적인 것을 강조한다.
강도(Intensity)	현상을 강렬하지만 극단적이지 않게 표출하는, 풍부한 정보를 제공하는 사례들
정치적으로 중요한 사례들	원하는 주의를 끌거나 원하지 않는 주의를

	끄는 것을 피한다.
무작위 의도적 (Random Purposeful)	가능한 의도적 표본이 너무 클 때 표본에 신빙성(credibility)을 더해 준다.
층화된 의도적 (Stratified Purposeful)	하위집단을 묘사하고 비교를 촉진한다.
기준(Criterion)	몇 개의 기준을 충족시키는 모든 사례들, 질 보증에 유용하다.
기회적(Opportunistic)	새로운 단서를 따른다. 기대하지 않았던 것을 이용한다.
조합 또는 혼합 (Combination or Mixed)	다원화(triangulation), 융통성(flexibility), 다양한 관심과 욕구를 충족시킨다.
편의(Convenience)	정보와 신빙성(credibility)을 희생하는 대가로 시간, 비용, 노력을 절약한다.

질적 영역에서 자료수집에 대한 접근은 관찰, 면접, 시청각 자료(사진, CD, 그리고 비디오테이프)가 있다. 요즘에는 전자우편 메시지의 텍스트 사용, 비디오테이프와 사진을 통한 관찰 등과 같은 새로운 형태의 자료가 출현하였다.

연구전통에 따라 자료수집에서 선호하는 접근이 있다. 물론 이들 접근들이 고정된 지침은 아니다. 예를 들면, 전기에서, 개인의 삶에 대한 묘사는 문서, 면접, 관찰을 통해 만들어진다. 또한, 연구자는 '참여관찰과 일상적인 대화의 혼합'과 함께 면접을 수행한다.

현상학 연구에서, 정보수집 과정에는 10명 정도의 개인들에 대한 심층면접, 3명 이상의 소수 면접이 가능하다.

사례 연구에서 연구자는 사례에 대한 철저한 묘사를 시도하기 때문에, 가장 광범위한 자료수집 방법을 사용한다. 문서, 기록물, 면접, 직접관찰, 참여관찰 등이 사용 될 수 있다.

면접은 의도적 표본 추출 절차에 기반하여 피면접자를 확인한다.

전화 면접, 일대일 면접과 같은 가능한 유형들을 평가한다. 전화 면접은 연구자가 개인들에 직접 할 수 없는 경우에 최상의 정보원이 된다. 이 접근의 결점은 연구자가 비공식적 의사소통을 볼 수 없다는 것이다.

일대일 면접의 경우, 연구자는 이야기하고 아이디어를 공유하는 것을 망설이지 않는 개인들이 필요하고 이것이 가능한 세팅을 결정해야 한다. 잘 표현하지 못하고 부끄러워하는 피면접자는 연구자에게 도전하면서 충분한 자료를 제공하지 않을 수 있다. 이때 면접 지침서를 설계하여 개방형 질문과 함께 피면접자의 말에 대한 반응을 적고 여백을 여유 있게 두어 생각을 충분히 적을 수 있게 한다. 면접 장소는 주의를 흐트러트리지 않는 조용한 장소에서 하며, 녹음도 가능한 곳이 좋다.

연구자가 관찰 혹은 면접 지침서 중에서 어떤 것을 사용하든지 관계없이, 필수적인 과정은 정보의 기록이 중요하다. 현장 노트, 면접 기사들, 사진, 소리 녹음, 문서수집 등과 같은 다양한 형태로 정보를 기록하는 것이다. 정보 기록과정에서 일어날 수 있는 비공식적 과정들은 초기의 '약식 메모', 일지 혹은 요약, 기술적 요약들로 구성된다.

연구자들이 연구 참여자들에게 일지를 작성하도록 요구할 때 부가적인 이슈가 드러난다. 일지 작성은 사례 연구에서 많이 사용되는 자료수집과정이다.

질적 연구자들은 현장에서의 자료수집과 분석, 질적 보고서의 배포에서 표면화되는 여러 윤리적 이슈들에 직면한다. 마지막 윤리적 이슈는 연구자가 사례 연구, 현상학 혹은 문화기술지와 같은 면접 세팅에서 정보 제공자와 경험을 공유할 것인지에 대한 것이다.

<연구전통에 따른 자료분석과 보고>

자료분석과 보고	전기	현상학	근거이론	문화기술지	사례 연구
자료 처리	자료를 위한 파일을 만들고 조직화한다.	자료를 위한 파일을 만들고 조직화한다.	자료를 위한 파일을 만들고 조직화한다.	자료를 위한 파일을 만들고 조직화한다.	자료를 위한 파일을 만들고 조직화한다.
읽기와 메모	전체 텍스트를 읽고, 여백 노트를 만들고, 최초의 코드를 형성한다.	전체 텍스트를 읽고, 여백 노트를 만들고, 최초의 코드를 형성한다.	전체 텍스트를 읽고, 여백 노트를 만들고, 최초의 코드를 형성한다.	전체 텍스트를 읽고, 여백 노트를 만들고, 최초의 코드를 형성한다.	전체 텍스트를 읽고, 여백 노트를 만들고, 최초의 코드를 형성한다.
기술	객관적인 경험들을 기술-인생의 연대기.	연구자에게 주는 경험의 의미를 기술.		사회적 배경, 행위자들, 사건들을 기술하고 현장의 그림을 그린다.	사례와 그 맥락을 기술한다.
분류	이야기를 확인. 발현(epiphanies) 찾기. 인생의 맥락적 자료를 확인.	개인을 위한 의미의 진술을 나열. 진술들을 의미 단위로 묶음.	축코딩-인과적 조건, 맥락, 중재적조건, 전략, 결과 개방코딩-범주, 속성, 속성을 차원화.	주제와 유형화된 규칙을 찾기 위해 자료를 분석	범주별 집합을 사용. 범주들의 패턴을 구성.
해석	패턴과 의미를 개발하기 위한 이론화.	'무엇이 일어났는지' 조직적 기술을 발전시킴. '어떻게' 현상이 경험되는지 구조적 기술을 발전시킴. '본질', 경험의 전반적인 기술을 발전시킴.	선택코딩과 이야기 전개. 조건적 매트릭스를 발전시킴.	결과를 해석하고 이해.	직접적인 해석을 사용. 자연주의적 일반화를 전개.
보고와 시각화	과정과 이론, 독특하고 일반적인 인생의 모습에 초점을 둔 이야기제시.	경험의 '본질'을 이야기하고, 진술과 의미 단위를 표, 그림으로 제시.	시각적 모형이나 이론제시. 명제제시.	표, 그림, 스케치가 첨가된 이야기제시.	표, 그림, 스케치가 첨가된 이야기 제시.

Chapter 2

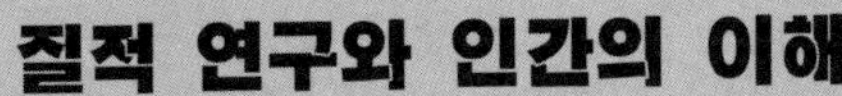

질적 연구와 인간의 이해

Ⅰ. 서론

연구자들에 대해서 우리가 주목해야 하는 한 가지 개념은 바로 '질적'이라는 개념이다. 질적인 사고는 인간 사회 어디에서나 나타난다고 볼 수 있다. 그것은 작품 제작이나 공연에서만 나타나는 독특한 요소가 아니고 일상생활에 널리 퍼져 있는 요소이다. 이런 이유로 질적이란 용어는 유용하다. 그리고 이 용어는 교육 분야의 연구자 사회에서 견고하게 쓰이고 있다. 이 용어는 교육학 분야의 담론에서 보편적으로 쓰이고 있기 때문에 새로운 용어를 만들어 쓰기보다는 이 용어를 좀 더 갈고 닦아 발전시켜 사용하는 것이 낫다고 생각한다.

질적 연구가 흥미롭고 도전적인 동시에 쓸 만한 대안이 된다는 사실을 입증하는 가장 좋은 방법은 질적 연구의 사고과정, 의사결정과정, 그리고 실제 수행과정에 초점을 맞추어 설명하는 것이다. 모든 연구자들은 연구과정에서 제기되는 전반적인 논점들을 인식하고 이를 해결하여야 한다. 물론, 이들의 성격은 특정 연구과제에 따라 달라지며, 대부분 미리 예측하기 어려운 성질의 것들이다. 따라서 이들 주요 논점들을 인식해내는 능력, 문제 해결능력, 그리고 그 과정에서 수반되는 지적, 실천적, 윤리적, 정치적인 것에 대한 이해력이 계발될 필요가 있다.

먼저, 질적 연구에 대한 몇 가지 어려운 질문들을 제기하고 이를 설명하며, 연구수행과정에서 인식되고 해결해야할 논점들을 알아보고자 한다. 이것은 질적 연구를 통해 연구과정을 스스로 제기하고, 또 답을 구해야할 것들이다. 이러한 문제들을 제기하는 것은 스스로 학습하고 질적 연구를 효과적으로 수행하는 데 필요한 사고와 실천 능력을 계발하는 좋은 방법이 되리라 생각한다. 또한 이것들은 연구를 실제로 수행하는 과정에서 필수적으로 겪게 되는 구성부분이기도 하다. 이는 질적 연구를 하는 연구자들이 연구를 준비하거나 훈련받는 과정에서 이러한 문제들을 스스로 제기하여야 하고, 또 실제의 연구과정에서 부단히 이러한 질문들을 스스로 던져보는 노력이 필요하다는 것을 의미한다. 물론, 질적 연구자가 인식하고 해결해야 할 가능한 모든 질문들을 나열한다는 것은 불가능한 일이다. 그러므로 연구자들은 질적 연구의 가장 핵심이 되는 부분에 초점을 두고 의사결정을 하여 그 중요성과 상황을 충분히 인식하는 가운데 의사결정을 하여야 한다.

질적 사고가 사람들의 일상사 전반에 스며있다고 주장을 할 때 부딪쳐야만 하는 문제는 언제 어디서 그러한 질적 사고가 일어나는 지를 이해하는 것이다. 질적 탐구를 연구나 평가의 도구에만 국한시키는 것은 의식의 형성 과정에서 그것이 담당하고 있는 근본적인 역할을 놓치는 것이다. 나는 삶의 일상적인 측면에서 질적 연구의 존재를 알아보고, 이를 알아보기 위해서는 경험으로부터 시작해야 한다고 생각한다.

경험은 우리를 둘러싼 질과 우리들 자신과의 상호작용에 그 뿌리를 두고 있다. 경험의 질적인 측면들 중 가장 중요한 것들을 간추리고, 특히 교육의 맥락에서 질적 탐구가 어떤 의미를 가지는지에 대해 분명히 하는 것이 도움이 될 것 같다. 첫째, 우리의 감각체계는 우리가 살고 있는 환경을 구성하는 질을 우리가 경험하게 하는 도구이다. 경험이 확실해지려면 질이 환경이나 적극적 상상을 통해 드러나야 한다. 둘째, 질을 경험하는 능력은 그것들의 존재 이상의 것을 요구한다. 경험은 인간 성취의 한 형태이며, 정신의 활동에 의존한다. 즉 질적 경험은 탐구의 질적 형태에 의존한다. 우리는 보고 듣고 느끼는 것을 학습한다. 이러한 과정은 지각적인 면에 의존한다. 그리고 다른 분야에서와 마찬가지로, 교육 분야에서도 미묘한 의미 있는 차이를 볼 수 있는 능력은 매우 중요하다. 셋째, 질적 탐구는 이미 밖에 존재하는 세계에서만 해당되는 것이 아니라 우리가 만들 수 있는 물체나 작품에도 적용된다. 질의 선택과 조직은 질적인 판단을 요구하기 때문에 수업과 교과서, 학교 건물과 교실 배치 등은 모두 질적인 고려에 의해 영향을 받는다. 질적인 문제에 능숙해지는 것은 경험할 가치가 있는 질을 경험하거나 창조하는 능력을 요구한다. 넷째, 질적 탐구의 가장 유용한 형태들 중의 하나는 문학에서 찾아볼 수 있다. 또한 경험은 우리가 특정 삶의 양식에 참여할 수 있도록 안내해 준다.

질적 연구란 무엇인가? 그동안 사회과학에서는 질적 연구를 어떻게 정의할 것이며, 또 이것이 양적 연구와 구분되어야 하는가에 대하여 많은 논의가 이루어져 왔다. 그러나 우리는 아직 이에 대한 합의를 도출해내지 못하고 있다. 질적 연구가 단순히 기법들이나 철학을 대변하는 것이 아니라, 광범위한 범위의 지적, 학문적 전통으로부터 나온 것이기 때문이다. 질적 연구는 특히 현상학, 민속방법론, 상징적 상호작용론과 밀접히 연관되어 있다. 최근에는 경험적인 연구와 질적 방법론에 관심이 주어지고 있다. 또한 인류학, 기호학, 교육학 등 다른 학문분야에서도 사례 연구방법을 전통적으로 사용하여 왔으며, 질적 접근방법을 개발해 왔다. 즉, 질적 연구의 철학적 바탕이 광범위하다는 것을 지적하고자 하는 것이다.

질적 연구의 큰 장점은 그것이 산뜻하게 범주화되거나 일단의 원칙들로 간결하게 서술되기 어렵다는 것이다. 오히려 다양한 전통과 학문분야의 연구자들이, 그 형태와 정도에 차이는 있지만, 질적인 성격의 연구를 수행하고 있다. 연구자들이 스스로의 연구철학을 확인하고, 그에 따라 연구를 실제로 어떻게 수행할 것인가에 대한 어려운 질문들을 제기할 것이다.

질적 연구의 본질과 기법의 다양성을 강조하는 것과는 별도로, 질적 연구의 '질적'이란 무엇을 의미하는 가를 확인하기 위하여 몇 가지 질적 연구의 정의를 내려 보려고 한다.

질적 연구는 자료를 만들어내는 방법이 융통적이고, 자료가 창출되는 사회적 맥락에 보다 관심을 기울인다.

질적 연구는 분석과 설명방법에서 복합성, 세부사항, 그리고 맥락을 이해하는 데 중점을 둔다. 질적 연구는 풍부하고, 상황적이며, 세부적인 자료를 바탕으로 완전한 이해를 하는 데 목적을 둔다.

질적 방법론과 양적 방법론이 상호 배타적으로 선택되지 않는 것이 좋다. 질적 방법론이나 양적 방법론 그 어느 것도 철학, 방법과 기법이 조화를 이루는 완벽한 구성체를 형성하지 못하고 있기 때문일 것이다. 이는 모든 연구자들이 다양한 형태의 연구방법 결합, 즉 양적 방법에 질적 방법, 질적 방법에 질적 방법, 또는 양적 방법에 양적 방법을 결합시키는 것 등을 항상 고려해야 한다는 의미한다. 그러나 방법들을 결합하는 데는 많은 어려움을 수반하기 마련이다. 결국, 연구는 그 형태에 관계없이, 이를 통해서 무엇을 달성하고자 시도하며, 서로 다른 논리, 분석형태와 설명방식을 지향하는 방법들을 결합하는 것을 이해하는 것이다. 질적 연구기법이 어떻게 이용되는 지를 알아보고, 연구의 특성과 성격을 통해 그에 수반되는 문제점들을 살펴보고 어떤 유사성을 발견할 수 있는지, 그에 대한 이해관계는 어떠한지를 알아보고자 한다.

Ⅱ. 본론

1. 무엇이 연구를 질적으로 만드는가

모든 경험적 탐구는 질과 관련되어 있다. 양적 연구의 가장 대표적인 경우인 과학분야의 탐구조차도 질과 관련되어 있다. 우리가 내세우는 주장의 참이나 거짓은 그 주장과 그것이 의도적으로 가리키는 질과 관련되어서 결정된다. 이 질과 우리가 그 질에 부여하는 의미는 경험의 내용을 구성한다. 과학이든 예술이든, 경험 밖에서 존재할 수는 없으며 경험은 내용을 필요로 한다. 이 내용은 질적이다.

그러나 이 내용이 거기에 주어진 것이라면, 우리가 질적이라고 말하는 연구들과 양적이라고 부르는 연구들 사이에 차이가 없을 것이다. 본론의 목적은 질적 연구의 특징들을 기술하는 것이다. 그렇게 하기 위해서는 기초부터 논의를 해나가는 것이 필요하다. 먼저, 경험은 질에 의존하고 기본적으로 모든 경험적 연구들은 질에 토대를 두고 있다는 생각을 해야 한다.

질적인 관찰의 결과는 경험적 세계의 지식이 질적이라는 점과, 우리가 알게 된 것을 어떤 매개체를 통하여 표현하려 하면서 엄청난 어려움을 직면한다는 점이다. 우리가 사용하는 가장 일반적인 매개체는 언어이다. 매개체의 특징 중의 하나는 모든 전달하는 내용들을 변화시킨다는 점이다. 우리가 사는 세계를 알게 되면서, 우리는 그 세계를 재표현하기 위해 쓰고, 그리고 춤추고, 노래하는 것을 배운다.

우리가 표현할 수 있는 것은 두 가지의 핵심 요소들에 의존한다. 첫째로, 우리가 사용하고자 하는 표면형식이다. 우리가 텍스트로 창조할 수 있는 세계는 우리가 사진으로 표현할 수 있는 세계와 다른 세계이다. 둘째로, 우리가 이용하는 개념적 틀은 특별한 방법으로 우리의 관심을 유도한다. 따라서 우리가 경험하는 것은 그 틀에 의해서 형상화된다. 그래서 우리가 묻는 물음들, 우리가 적용하는 범주들, 우리가 사용하는 이론들은 우리의 탐구를 안내해 준다. 정말로, 우리가 세계에 관하여 알게 되는 내용은 우리가 이용할 수 있는 도구들의 영향을 받는다. 여기서 중요한 것은 모든 다른 표면형식과 같이, 언어도 경험의 구성이고, 무엇이 그것을 공적으로 만드는 과정에서 우리의 경험을 변형시킨다는 점이다. 이런 사고들은 흔히 말하는, 사회학을 통하여 교육적 세계를 연구하고 기술하려는 결정이 우리가 연구하는 내용에 영향을 준다는 점을 의미한다. 사회학은 다양한 방법으로 연구내용에 영향을 준다. 첫째로, 그것은 관심 있는 내용을 정하는 범주와 이론을 제공해 주어서 경험의 내용을 구체화한다. 사회학자들은 인간집단의 많은 측면들에 관심을 갖는다. 그러나 모든 측면들에 관심을 갖는 것은 아니다. 둘째로, 사회학을 통하여 교육을 연구하기로 한 결정은 경험을 표현하는 방법에 영향을 미친다. 이는 사회학적 이해를 전달하는 데 사용되는 형식이 특성상 언어학적이기 때문이다. 셋째로, 그것은 전형적으로 특정한 인식론을 구현하기 때문에 연구초점과 메시지에 영향을 준다. 따라서 사회학의 학문 영역 안에서 수용 가능한 연구활동이 되도록 하기 위하여 전통적인 준거에 부응하지 못하는 것들을 무시하는 경향이 있다. 방법과 매개체는 메시지를 만드는 데 있어서 수동적인 도구들이 아니다. 더욱이, 사회학적 탐구형식이 경험내용에 영향을 미치듯이, 다른 사회과학들도 그렇다. 정치학자들은 권력, 통합 그리고 교류에 관심을 갖는다. 심리학자들은 강화, 자아와 구조, 사회학자들은 협력관계, 계층 그리고 역할, 인류학자들은 혈연관계, 문화에 관심을 갖는다. 다른 영역들도 마찬가지다. 각 학문들은 자신들의 관심을 규정하고, 자신들이 지닌 범주를 적용하고, 자신들의 목적을 상세화하고, 또 그렇게 하면서, 자신만의 세계를 창조해 간다. 그러나 그들은 공통적으로 그들의 질적 방법들을 사용하고 있다. 질적 탐구는 어느 한 학문의 전유물이 아니다.

역사학과 문학뿐 아니라, 모든 사회과학들이 그 세계를 기술하기 위하여 언어를 사용할지라도, 그들은 특별한 방법으로 언어를 사용한다. 언어의 한 형식은 명제적이다. 명제적인 대화는 명사와 술어의 관계로 이루어진 주장들로 구성되어 있다. 연구와 평가에 대한 전통적인 방법들에 있어서, 그런 대화들은 언어의 외연적인 이용과 이상적인 문자적 의미를 강조한다. 측정될 수 있는 방법들의 측면에서 용어들을 정의하는 조작적 정의는 정밀성을 얻는 하나의 중요한 방법이다. 정말로, 어떤 사람들은 수학적 언어를 표현상 정밀성의 대표로서 인정하고 있다.

언어에서 정밀성을 획득하는 다른 방법은 정의적이고 개인적 측면들을 줄이는 것이다. 일부 사회과학들은 아직도 연구보고서를 쓰는데 있어서 중립적 입장의 중요성을 강조한다. 그들은 그 입장의 표명을 책임져야 할 그 무엇으로 생각한다.

연구에서 주관성과 객관성의 문제를 주장할 때, 이런 문제들로 되돌아가야 한다. 그러나 사회과학의 연구세계는 어느 표면 형식을 통하여 궁극적으로 공개되어야 한다. 언어는 그런 형식 중의 하나를 구성하고 있으며, 그 언어를 이용할 수 있는 방법들은 다양하다. 예를 들어, 소설가, 극작가, 시인들도 그들이 경험하는 것들을 묘사하고 해석하기 위하여 언어를 이용한다. 그러나 언어의 이용을 주로 문자에만 의존하지는 않는다. 좁은 의미의 언어적 전통으로 한정하지 않는다면, 묘사하고 인간경험의 내용을 전달하는 언어의 잠재력은 엄청나다.

학교도 분위기를 가지고 있으며, 현실을 개선하려는 사람들이 알아야 하는 연극과 같은 장면들을 보여준다. 그런 앎을 가능케 하는 즉, 광경들이 보이게 하는 수단이 깨어있는 눈이고, 관찰자가 경험한 것을 거기에 가지 않은 사람들이 공감할 수 있도록 텍스트를 세밀하게 만드는 능력이다.

질적 연구와 평가는 허구적인 측면 없이, 용어의 좁은 의미에서, 연속선의 허구 지향적인 쪽에 위치해 있다.

지향적인 철학자들은 질적, 예술적으로 만들어진 형식이 의미를 어떻게 전달할 수 있는가에 관심을 갖고 있다.

여기서는 연구를 질적으로 만드는 특성들을 나열하고 설명하고자 한다. 그런 특성으로는 여섯 가지가 있는데, 이들은 각각 다른 방법으로 질적 연구의 전반적인 특징에 포함된다.

첫째, 질적 연구는 현장에 초점을 두는 경향이 있다. 교육에서, 질적 연구를 수행하는 연구자들은 학교로 가서, 교실을 방문하고, 그리고 교사를 관찰한다. 이들은 필요한 자료를 구하기 위하여 실제로 교육위원회를 관찰하고, 뛰놀고 있는 아이들을 관찰하고, 동네 놀이터로 나아갈 수 있다. 그러나 기술하고자 하는 현장을 사람들이 상호작용하는 장소로만 제한하는 것은 아니다. 현장은 생명이 없는 대상들 즉, 학교 건축물, 교과서, 교실 환경, 교내의 트로피 전시관의 위치와 급식소의 모습도 포함한다. 간단히 말해서, 교육에 이용되는 모든 것이 질적 연구의 잠재적 대상이다.

여성운동과 교과서 속의 성차별주의자의 언어, 교과서상에서 남녀에 보인 관심의 비율, 사용된 시각적 자료들에 대한 여성운동의 관심에 대해서 생각해 보자. 이 모든 것, 아니 그 이상의 것들이 질적 연구의 적절한 대상이다. 밸런스는 사회과 교과서를 그녀의 질적 연구의 대상으로 삼았다. 그녀는 메시지를 전달하기 위하여 텍스트에 심적 특성들을 적용한 방법들에 관심을 가졌다. 이런 문제는 주변적인 것이 아닌데, 그 이유는 책이 쓰인 방식, 건물의 설계 방식, 교실의 조직 방식이 우리가 어떻게 행동해야 하고 학습해야 하는 것인가에 대해서 다른 것들만큼이나 말해주기 때문이다.

현장에 초점을 맞추는 질적 연구는 보통 조작적이지 못하다. 즉, 손을 대지 않은 상황과 대상을 연구하는 경향이 있다. 전반적으로 질적 연구자들은 있는 그대로 장면을 관찰하고, 면담하고, 기록하고, 기술하고, 해석하고, 그리고 평가한다.

질적 연구의 전형적인 특성을 강조하면서, 교육적인 변화를 검증하는 연구를 배제할 수는 없다.

질적 연구의 두 번째 특성은 '도구로서의 자아'와 관련되어 있다. 질적 연구의 맥락에서 감수성과 지각성을 중요하게 여기지 않을 수 없다. 그 이유는, 어떤 장면의 중요한 점들이 눈에 잘 보이지 않기 때문이다. 그 중요한 특성들은 스스로를 알리지는 못한다. 어떤 틀과 어떤 의지의 집합들이 주어진다면, 연구자들은 보이는 것을 보아야 한다. 자아는 상황에 참여하고 그것을 느끼게 하는 도구이다. 이것은 관찰 계획이 없을 때 가장 잘 행해진다. 그것은 행동 점검의 문제가 아니라, 오히려 행동의 존재를 인식하고 행동의 중요성을 해석하는 문제이다.

교실과 학교의 연구에 적용했을 때, 감수성과 스키마의 상호작용을 가지고 있다고 볼 수 있다. 이것은 복잡한 질적 배열을 인식하게 하는 수단을 제공한다. 감수성은 우리에게 그 영역에 적절한 질과 스키마, 즉 추구할 것과 볼 것의 중요성에 대한 미묘한 차이를 알게 한다. 감수성이 없이는 사회세계의 미묘함을 경험하지 못한다.

도구로서의 자아와 관련된 것은 우리가 지닌 주관성의 긍정적인 개발이다. 이것은 우리가 상황을 보고 반응하는 방법 그리고 우리가 본 것을 해석하는 방법이 자신이 지닌 특징을 낳음을 의미한다. 이 독특한 특징은 읽고 쓰는 능력이 아니라 상황에 대한 개인의 통찰력을 제공하는 방법이다.

연구를 질적이게 하는 세 번째 특성은 해석적 특성이다. 질적 탐구면에서, 해석적이라는 용어는 두 가지 의미를 가진다. 첫째로, 그것은 탐구자들이 무엇에 대해서 설명하려고 노력하는 것을 의미한다. 이 교사는 왜 이런 방법으로 그 학급에 대해서 반응을 하는가? 이 교실에서 이런 종류의 자극들이 이용된 것은 무엇을 의미하는가? 새로운 교육정책은 교사들의 교수방법에 얼마나 영향을 미쳤는가? 새로운 교육과정의 요구에는 어떤 종류의 가정들이 반영되어 있는가? 교과의 이수 단위가 학생들에게 학습할 내용의 중요도에 관한 어떤 메시지를 주는가? 즉, 해석의 한 의미는 무엇이 왜 일어나는지를 설명하는 능력과 관련되어 있다. 때때로, 이것은 사회과학으로부터 구성을 요구한다. 다른 한편으로 그것은 새로운 이론의 창조를 요구한다.

해석의 두 번째 의미는 경험이 그 연구상황 속의 사람들에게 지니는 내용과 관련이 있다. 질적 연구는 의미의 문제에 관심을 갖는다. 의미는 알기 어려운 용어이다. 그런 알기 어려운 문제들을 다루는 한 방법은 전체적으로 그들을 무시하는 것이다. 행동주의에서 가장 중요한 것은 사람들이나 동물이 행하는 것이지, 그 행위가 그들에게 의미하는 것이 아니다. 알기 어려울지라도, 질적 연구자들과 평가자들은 아직도 의미를 중요시한다. 이런 면에서 질적 연구자들은 연구된 그 상황 안의 사람들에 의해서 수행된 동기의 문제와 경험의 질에 관심을 갖는다.

행동에 대한 관심이 필요하다는 것은 확실히 옳다. 그러나 관찰과 기술은 행동에 목적을 두지 않는다. 질적 연구자들은 명백한 행동에 가치를 두지 않고, 사건들을 경험한 사람들에게 그 사건들이 가지는 의미에 목적을 둔다.

개념적 도구들은 곧바로 우리가 관찰한 것으로부터 우리가 확신하는 의미들에 영향을 미친 유일한 요소들이 아니다. 다른 하나는 선행 인자들에 대한 이해이다. 인간이 경험하는 것은 부분적으로, 인간의 개인사에 의해서 빚어진다.

질적 연구, 특히 교육 비평이 보여주는 네 번째 특성은 표현적인 언어 이용과 주장이다. 주장의 존재와 언어 이용은 인간의 이해에서 중요하다.

질적 연구의 다섯 번째 특성은 특별한 것들에 대한 관심이다. 전통적인 사회과학은 일반적인 진술에 도달하기 위하여 구체적인 내용을 이용한다. 표집 절차와 추론통계를 통하여 이것을 행하는데 통계적으로 처리되기 위하여 취하는 자료형식은 수치이다. 지금까지의 요점은 질적 연구가 어떤 사례의 특수성에 대한 감각을 제공해 준다는 것이다. 즉, 최고의 질적 연구는 그 사례를 가장 잘 드러내 준다는 것이다.

질적 연구의 여섯 번째 특성은 연구의 성공을 판단하는 기준과 관련이 깊다. 질적 연구는 그것의 일관성, 통찰력, 그리고 도구의 유용성 때문에 신뢰받을 수 있다.

통계적으로 기술하는 인과관계나 상관관계를 제시하는 실험과는 달리, 질적 연구는 전형적으로 다양한 형식의 증거를 사용하고, 이유를 가지고 설득한다. 설득이라는 용어는 먼저 심오한 인간적 이해에 목적을 둔 영역에서는 부적절한 것처럼 보일 수 있다. 우리는 보통 진실을 발견하고, 사실을 발굴하고, 객관적으로 사물을 알고 싶어 한다. 이런 지식 개념은 틀과 관점이 지식의 사회적 본질과 우리가 아는 것을 알게 하는 방법에 대해서 미치는 영향을 제외시키는 경향이 있다. 전통적인 양적 접근방법과 같이, 질적 탐구는 궁극적으로 설득, 즉 만족시키는 방법으로 사물을 보는 것의 문제이며, 우리가 접하는 목적에 유용하다. 질적 연구에는 그 결과들이 중요한 지를 판단하기 위한 유의성에 대한 통계적 검증이 없다. 즉 궁극적으로, 중요한 것은 판단의 문제이다.

질적 연구영역의 전반적인 특성은 동적인 질을 받아들이는 사회적 세계에 대한 한 접근 방법이다. 사회적 상황은 계속해서 변한다. 일부 연구들은 분명히 질적 자료와 양적 자료를 효과적으로 결합하고 있다. 여기서 말하고자 하는 것은 무엇이 어떤 연구를 질적 연구로 만드는가에 대해서 설명할 때, 결코 둘 중 어느 한편에만 속해야 한다는 생각을 말하려하는 것이 아니다. 다음은 이러한 질적 연구에서의 전략과 기법에 대해서 알아보고자 한다.

2. 질적 연구의 전략과 기법

먼저, 질적 연구란 무엇이고, 또 어떻게 이루어져야 하는가에 대한 주요 내용을 지시하고자 한다.

질적 연구는 체계적으로, 그리고 엄격한 질서에 따라서 수행되어야 한다. 질적 연구에는 우연적인 접근이 허용되지 않는다. 여기서 제기되는 질문들은 연구자로 하여금 연구수행 과정에서 체계적이고 엄격한 절차에 따라서 생각하고, 기획하며, 행동하도록 하기 위한 것이다. 물론, 이는 질적 연구가 기피하는 경직되고 구조화된 접근방법과는 구별되어야 한다.

질적 연구는 설정된 연구전략에 따라서 수행되어야 한다. 그러나 동시에 융통적이고 사회적 맥락을 소홀히 하지 않아야 한다. 질적 연구자는 설정된 연구전략뿐 아니라 변화하는 사회적 맥락과 연구가 이루어지는 주변상황의 변화에도 민감하게 대처하며 의사결정을 하여야 한다.

질적 연구는 연구자에 의하여 비판적인 자기점검과 성찰이 이루어져야 한다. 질적 연구자는 그들의 자료를 비판적인 눈을 가지고 점검하는 것과 마찬가지로 연구수행과정에서 자신들의 행동과 역할을 부단히 점검하여야 한다. 연구자들이 자신이 지니고 있는 지식이나 정보로부터 가치 중립적, 객관적이거나 초연할 수 없기 때문이다. 연구자들은 수행과정에서 자신의 역할을 항시 숙지하고자 노력해야 한다.

질적 연구에서는 지적으로 탐구하는 대상에 대한 사회적 설명이 이루어져야 한다. 모든 질적 연구는 지적으로 탐구하는 대상에 대한 설명을 추구하는 것이다. 단순한 기술이나 상황에 대한 묘사는 충분하다고 볼 수 없다. 기술과 상황묘사는 선택적으로 관찰되고 해석된다는 점에서 가치 중립적, 객관적이거나 완벽할 수 없다. 연구자가 기술과 상황묘사에 적절하다고 선택하는 요소들은, 의식적이나 무의식적이건 간에, 자신의 세계관이나 특정한 설명논리에 좌우되기 마련이다. 질적 연구자들은 자신이 사회적 설명을 창출해 낸다는 것을 충분히 인지하고, 뚜렷한 설명논리를 지녀야 한다.

질적 연구는 일반화가 어느 정도 가능하고 널리 동조 받을 수 있는 사회적 설명을 만들어내야 한다. 질적 연구자는 그들이 경험적으로 탐구하는 대상에만 국한되는 특수한 설명을 만들어내고 이에 만족하여서는 안 된다. 이는 질적 또는 모든 연구에서 행해지는 것으로, 일반화에 의해 제기되는 문제점들을 과소평가하자는 것이 아니다.

질적 연구의 철학과 이의 수행이 방법론적으로 아무 문제가 없는 완벽한 조화를 이루는 것으로 간주되어서는 안 된다. 또한, 질적 연구가 양적 연구에 배치되거나 불가한 것으로 보는 것도 잘못이다. 양적 방법과 질적 방법의 구분은 뚜렷하지 않다. 모든 연구자들은 과연 질적, 양적 방법들, 또는 이들 모두를 서로 결합시킬 것인가, 그리고 왜, 어떻게 결합시킬 것인가를 심각하게 고려하여야 한다.

질적 연구는 그 수행과정에서 이들 요소들 간의 부단한 왕래의 반복을 필요로 하며, 연구자는 한 구성요소를 한 번씩만 거쳐 가면 된다고 생각해서는 안 된다.

대부분의 사회과학자들은 넓은 의미의 연구주제나 영역을 선택하는

데 별로 어려움을 느끼지 않는다. 그들은 우리의 지식수준이 부족한 사회의 특정영역을 찾아내거나, 시의 적절한 탐구주제, 또는 자신의 경험에 의한 흥미로운 주제를 만들어내며, 조직이나 단체로부터 특정 사건에 대한 연구나 사회적 프로그램의 평가를 받기도 한다. 그러나 흥미로운 주제를 찾아내는 것이 비교적 평이한 데 비해서, 그 주제를 탐구하기 위해서 명료하고, 적절하며, 지적인 가치를 지니는 연구과제로 설계해내는 것은 어렵다.

먼저, 연구기획이나 설계를 만들어내는 것이 왜 중요한가 하는 것이다. 전통적으로, 질적 연구를 수행하는 연구자들은 연구설계에 대한 가설들이 연구의 착수단계에서 설정되어야 한다는 견해에 거부감을 표시하여 왔다. 질적 연구는 매우 유동적이고, 탐색적인 성격의 것이어서, 연구의 초기 단계에 전체를 포괄하는 연구설계를 만들어 낼 필요가 없는 것으로 종종 생각되어 왔다. 그리고 이에 따라 연구설계는 실증주의에 근거한 준 실험적인 양적 사회연구에만 적절한 것으로 간주되어 왔다.

그러나 대부분의 연구자들은 연구설계를 만들어 내거나 말거나 하는 것을 마음대로 결정할 자유를 누리지 못한다. 연구비 제공자, 고객, 지도교수, 동료, 연구대상자 등 외부의 청중을 위해 설계가 만들어지도록 요구되기 때문이다. 그러나 나는 질적 연구자가 수행 가능한 연구설계를 만들어 내어야 하는 지적이고 실용적인 이유가 있다고 생각한다. 즉, 좋은 연구설계는 연구자 자신을 위해서, 그리고 연구과제의 일관적이고 엄격한 수행을 위해서 필요하다.

먼저, 연구자가 탐구하고자 하는 본질을 분명히 인식하고, 이 탐구대상을 어떻게 명쾌한 연구문제로 전환시킬 것인지를 논의한다. 다음으로, 연구문제, 방법론과 질적 연구설계의 기법들 간의 연관성을 다룬다. 또, 설계과정에서 고려해야 할 윤리적인 문제들을 검토하고, 연구설계의 실용성에 초점을 맞춘다.

연구자들은 연구의 초기 단계에서 그들의 연구가 무엇에 관한 것인가를 다른 사람들에게 간결하게 설명하는 데 어려움을 느끼곤 한다. 반대로, 일부 연구자들은 그들의 연구초점을 너무 길고 진부하게 만들어버린다. 연구자들은 탐구하고자 하는 본질이 무엇인가를 분명하게 가려낼 수 있어야 한다. 이 본질을 파악하기 위해서 연구자들은 스스로에게 어려운 질문들을 던져야 하며, 이는 연구의 착수단계에서 이루어져야 한다.

탐구의 본질에 관한 몇 가지 질문을 살펴보면, 첫째로, 연구자의 관점에서 볼 때 무엇이 사회적 실체를 구성하고 있느냐는 근본적인 문제를 다룬다. 이 질문은 연구자가 자신의 연구가 기본적으로 무엇에 관한 것인가를 스스로에게 묻는 것이며, 단순히 연구주제를 파악하는 것 이상의 지적인 의미를 내포하고 있다. 이것은 아주 근본적인 것이어서, 연구주제의 확인보다도 앞서는 사고과정에서 제기된다. 이는 어떤 존재론적 입장 또는 관점을 가지고 있는가를 묻는 것이다. 존재론의 여러 가지 주장들은 논리적으로 상호보완적이라기보다는 서로 배타적인 성격을 지니며, 따라서 각 주장에서 조금씩 발췌하여 이들을 절충하는 것은 곤란하다.

일부 연구자들은 연구의 초기 단계에서 이러한 존재론적 질문에 대하여 만족스럽게 답하는 데 어려움을 느낄 수 있다. 연구가 이러한 논점으로부터 출발하는 것이 아니라, 바로 이러한 논점들을 제기하거나 또는 서로 다른 주장들을 선택하고자 하는 성격의 것이기 때문일 것이다. 따라서 연구문제를 통하여 그것이 분명한 연구목적으로 설정되어야 한다.

두 번째 질문은 연주자로 하여금 수행하고자 하는 연구가 무엇에 관한 것인가를 다른 방법으로 생각해 보도록 하기 위한 것이다. 무엇을 사회적 사물에 대한 지식이나 증거로 간주할 것인가 하는 질문은 인식론적인 질문이며, 이는 결국 수행하고자 하는 연구가 어떠한 인식론적인 입장을 취하고 있는가를 확인하는 데 도움이 된다. 증거와 지식의 본질에 대한 인식론적인 질문을 자료를 어떻게 만들어 내거나 수집할 것인가 하는 직설적인 질문과 구분하는 것은 중요하다. 인식론은 글자 그대로 연구자가 지닌 지식의 이론체계를 의미하며, 사회현상을 인지하거나 그에 대한 지식을 증명하는 원칙에 관련되는 것이다. 인식론적인 질문은 연구자로 하여금 정확히 무엇을 사회적 사물에 대한 증거나 지식으로 간주할 것인가 하는 철학적 문제를 생각해 보도록 유도한다. 연구자는 이러한 질문에 대한 답을 존재론적 질문에 대한 답과 연결시킬 수 있어야 한다. 연구자는 다양한 인식론적 견해들이 상호보완적이 아니며, 또한 자신의 존재론적 입장과의 일관성에도 차이가 있다는 것을 분명히 인식하여야 한다.

세 번째 질문은 연구에서 다루고자 하는 주제, 또는 주 관심 영역이 무엇인가이다. 이것은 넓은 의미에서 연구자의 관심 영역이나 주제를 모두 포괄하여 지칭하는 것으로 보일 수도 있으나, 이보다는 연구자가 작업의 초기 단계에서 가장 중요하게 생각하는 것을 묻는 것이다. 일반적으로 연구주제는 연구자의 존재론적 입장과 인식론적 입장을 반영하는 것이다. 가령, 인종차별주의라는 주제를 예로 들어보자. 인종차별주의라는 개념을 사용한다는 것 자체가 사회가 어느 정도 인종차별적인 성격을 지니고 있으며, 그것이 연구를 통해서 확인될 수 있다는 것을 전제로 하는 것이다. 만약 우리가 보다 명료하게 규정된 연구주제에 접할 수 있다면, 존재론적 및 인식론적 차원은 더욱 분명해 진다. 예를 들어, 학교 어린이들을 대상으로 인종차별적인 태도에 관한 연구를 한다고 하자. 이 연구에서는 각 개인들이 그러한 태도를 지니고 있고, 또 그러한 태도가 사회의 의미 있는 구성요소라는 존재론적 입장을 취하기가 어려워질 것이다. 그러나 만약, 학교 내의 제도적인 인종차별, 교실 내에서의 인종차별 행위나 인종차별적 언어사용에 초점을 맞춘다면 상황은 크게 달라질 것이다. 우선, 이는 개인보다는 제도, 구조를 사회의 유의미한 구성요소로 간주하는 존재론적 입장을 시사하는 것이다. 둘째로, 태도보다는 행위에 의미를 부여하는 입장을 취하는 것이다. 셋째로, 개인이나 제도에 의미를 부여하는 것이 아니라, 문화적 맥락이나 대화내용을 사회의 핵심적인 구성요소로 간주하는 입장일 수도 있다. 인식론적으로 보면, 이들 각각의 연구주제들은 사회의 각기 다른 단면들에 대한 탐구를 통해 이들에 대한 지식과 증거를 나타내는 것이 가능하다는 것을 시사하는 것이다.

네 번째 질문은 이론적, 지적으로 해결하고자 하는 즉, 풀고자하는 연구문제에 대해서 알아보자는 것이다. 모든 연구자들이 자신의 연구과제를 이론적인 성격으로 보지는 않는다. 모든 질적 연구는 이론적, 지적 궁금증의 해결을 추구하여야 하며, 이러한 궁금증을 설명해 내기 위한 시도를 하여야 한다. 연구자는 지적 궁금증을 설정함에 있어 그 본질과 일관성에 대한 확신을 지녀야 한다.

연구자가 연구하고자 하는 바를 표현하거나 지적 궁금증을 설명하는 편리한 방법의 하나는 연구문제에 초점을 맞추는 것이다. 지적 궁금증이 무엇이고 이를 위한 설명을 어떻게 할 것인가를 고려하게 되면, 연구문제를 설정하기가 상대적으로 쉬워지며, 이 연구문제들이 연구설계의 토대를 형성하게 된다. 또한 연구문제는 가설이나 명제에 비해 광범한 범위의 존재론적, 인식론적 입장과 보다 조화를 잘 이루는 개념이기도 하다. 연구문제란 연구가 추구하도록 설계된 질문을 의미하며, 이들을 엮으면, 연구자가 탐구하고자 하는 본질에 이르게 된다. 따라서 연구자는 자신의 존재론적, 인식론적 입장에서 추구하는 본질과 지적 궁금증이 무엇인가를 심사숙고하여 적절하고 조리 있는 연구문제를 설정하여야 한다. 연구문제들은 연구하고자 하는 것과 연구수행의 적절한 방법을 연관시켜 유의미한 것이어야 하며, 수행 가능한 성격의 것이어야 한다. 이들은 연구자의 막연한 연구거리 또는 호기심으로부터 구체적인 연구초점을 맞추고 연구과제로 전환시키기는 구실을 하기 때문에 그 중요성이 너무 많이 강조되어서는 안 된다.

연구문제란 연구자가 진정으로 그 답을 얻어내고자 하는 질문을 의미하며, 그런 의미에서 지적 궁금증의 공식적인 표현으로 볼 수 있다. 연구자는 이들 간의 논리적 연관성에 대한 숙고를 통해 적절성을 확보하고, 탐구하고자 하는 본질이 반영되도록 하여야 한다. 연구자는 지적으로 가치 있는 답변이 가능하고, 또 이를 추구할 수 있는 형태로 연구문제를 설정하여야 한다. 긍정될 때만 가치 있고 부정되면 그 의미를 부여할 수 없는 연구문제나, 또는 전체 연구과제가 오직 하나의 잠재적인 답에 따라 결정되는 그러한 성격의 연구문제는 피하는 것이 바람직하다. 연구문제의 구체적인 형태와 수준은 연구자에 따라서 다양하게 나타난다. 일부 연구자들은 궁극적인 성격의 연구문제를 제기하기도 하고, 반대로 보다 낮은 수준의 작은 질문들을 선호하는 연구자들도 있다.

이상의 예에서 우리는 연구문제의 다양한 수준과 연구문제가 특정한 존재론적, 인식론적 단서를 시사하는 형태로 설정되어 있음을 확인할 수 있었다.

연구자가 연구문제를 만들어 열거해 보는 습관을 들이는 것은 매우 중요하다. 모든 연구자들은 연구가 무엇을 위한 것인가에 대한 답변에 대해 충분히 인식하여야 한다. 이러한 논제들에 대하여 연구자는 일정거리를 유지하며 회피하는 것이 아니라, 적극적으로 임하는 것이 바람직하다.

연구자의 궁금증을 구체화시킨 연구문제는 결국 연구자의 전반적인 연구전략과 방법의 상당한 부분을 반영하는 것이다. 연구문제와 방법론을 특정한 조사방법, 기법과 연관시키기 위해서, 연구자는 자신의 지적 문제 및 연구문제를 푸는데 필요한 지식과 증거가 무엇인가를 꼼꼼히 따져보아야 한다. 목록을 작성하고 수정해 보는 것 자체가 연구자로 하여금 탐구하고자 하는 본질을 인식론적, 존재론적으로 명백하게 파악하도록 도움을 준다.

가능한 조사방법이나 자료출처에 대해서 상세한 목록이나 도표를 만들어 보는 것은 모든 가능한 선택사항들을 고려해 보는 체계적 훈련의 좋은 방법이 된다. 또 연구과정의 초기 단계에서 연구자의 사고가 얼마나 일관성을 지니는가를 간단히 점검할 수 있게 해주며, 특정 방법을 선택하는 데도 도움을 준다.

연구가 타당성이 있다는 것은 간단히 말해서 연구자의 의도대로 보고자 한 것을 관찰, 확인하거나 측정하였다는 것을 의미한다. 연구자는 특정한 조사방법과 자료출처가 자신의 개념을 어떻게 잘 반영하는가를 확인할 필요가 있다.

실제상황에서 연구자는 각기 다른 출처와 각기 다른 방법으로 나타낸 자료를 활용하여 분석을 하고자 하는 경향을 보인다. 그러나 이 경우, 주목적이 신뢰도를 높이기 위한 것은 아니다. 이는 주로 연구문제가 다양한 각도에서 접근이 가능하거나, 다양한 방법으로 개념화될 수 있어 자료의 출처와 조사방법이 다양해지기 때문이다. 각각의 연구문제가 각기 다른 조사방법과 다른 출처의 자료를 필요로 하기 때문일 수도 있다. 또한, 보다 확실한 검증을 위하여 연구자들이 각각 다른 조사방법과 출처의 자료를 활용하는 삼각측량(triangulation)을 시도하는 경우도 있다.

연구자가 주어진 자원을 활용하여 설정한 연구문제의 단 하나, 또는 일부의 연구문제들만을 검증할 수 있다면, 추구하는 지적 궁금증을 풀어가는 가장 바람직한 전략이 무엇인가? 이 경우, 연구자는 지적, 실용적 측면을 고려하여 연구문제를 수정하고 선택하는 것이 불가피해 진다. 그리고 그 결과가 연구설계에 반영되어야 한다. 연구자에게 가장 유용한 형태의 연구설계는 자신이 실제로 수행하고자 하는 계획이 그대로 담겨 있는 것이다.

중요한 것은, 질적 연구설계가 융통성을 지니며 연구의 수행과정에서 의사결정을 필요로 한다는 사실이다. 특히 경험적인 자료로부터 이론이 도출된 존재론적 및 인식론적 모형에 의해 작업하거나, 자료수집이나 표집에 관한 결정이 이론적 분석의 차원에서 이루어질 때, 연구자가 연구설계의 모든 세부사항을 미리 결정하기는 어렵다. 또한, 연구의 초기 단계에서 예비조사(pilot study)를 시행할 수도 있다. 일반적으로 예비조사는 표집 전략이나 자료수집 및 분석방법의 결정, 추구하는 지적 궁금증이나 연구문제에 대한 보다 자세한 파악, 연구과정에 대한 경험을 미리 얻고자 하는 목적으로 이루어진다. 따라서 기본적인 연구전략, 그리고 방법론의 논리와 원칙이 연구의 초기 단계에서부터 제시되어, 연구자가 연구의 수행과정에서 보다 구체적인 연구전략에 관한 의사결정을 할 수 있도록 하여야 한다.

3. 질적 연구의 성격

질적 연구가 흥미롭고 도전적인 대안이 된다는 사실을 입증하는 가장 좋은 방법은 질적 연구의 사고과정, 의사결정과정, 그리고 실제 수행과정에 초점을 두어 설명하는 것이다. 모든 연구자들은 연구과정에서 제기되는 전반적인 논점들을 인식하고 이를 해결하여야 한다. 이들의 성격은 특정 연구과제에 따라 달라지며, 대부분 미리 예측하기 어려운 성질의 것들이다. 따라서 주요 논점들을 인식해내는 능력, 문제 해결능력, 그리고 그 과정에서 수반되는 지적, 실천적, 윤리적인 것에 대한 이해력이 계발될 필요가 있다. Spradley는 질적 연구의 목적을 연구대상자의 삶에 대한 관점, 태도 및 비전을 파악하는 것이라고 하였으며, 질적 연구의 필요성은 인간에 대한 이해와 인간에 대한 봉사에 있다고 지적했다. 즉 인간을 이해하고자 하는 질적 연구는 특정 문화를 자세히 기술하고 소개하며 경험적 자료에 토대를 둔 기초 이론을 개발하고 사회의 복잡한 특징과 인간행동을 이해하는 데 도움을 줄 수 있다는 것이다.

질적 연구라 불리는 모든 연구들이 서로 동일한 수준에서 공통된 특징을 내포하고 있는 것은 아니지만, 여러 가지 접근방법의 차이에도 불구하고 서로를 연결시켜 주는 공통된 특징들이 있다.

첫째, 질적 연구에서는 자연적인 환경이 자료의 직접적인 근원으로 간주되며, 연구자 자신이 주된 연구도구이다. 어떤 연구자들은 비디오와 녹음기를 활용하기도 하지만, 많은 사람들이 노트와 연필만 가지고 연구활동에 참여한다. 그러나 도구들이 사용될 때에도 연구자가 연구장소에 참여함으로써 얻게 되는 이해를 전제로 자료가 수집된다.

질적 연구자들은 상황에 관심이 있기 때문에 연구의 대상이 되는 그 환경에 직접 들어간다. 그들은 어떤 행동이란 그 행동이 일어나고 있는 바로 그 환경에서 관찰될 때 가장 잘 이해될 수 있다고 보기 때문이다. 따라서 연구자들이 관심을 갖고 있는 자료가 연구대상자에 의해 제공될 때, 그들은 어디에서 어떻게, 그리고 어떤 상황에서 어떤 일이 일어났는지에 대해 알고 싶어 한다.

둘째, 질적 연구는 기술적이다. 질적 연구자들은 일상생활의 현실을 상호 관련된 현상들의 흐름과 같은 것으로 보기 때문에, 매우 철저하게 기술적인 자료의 수집을 시도하며 자세하고 세부적인 기술을 강조한다. 그러므로 질적 연구의 자료에는 면접내용을 기록한 자료, 현장 노트, 사진, 비디오테이프, 개인적인 소품, 메모 및 다른 공식적인 기록 등이 포함된다.

셋째, 질적 연구자들은 결과나 산물보다는 과정에 관심을 갖는다. 그들은 과정을 통해서 나타나는 실재의 변화 양상에 주목하는 경향이 있다. 이처럼 과정을 강조하는 경향은 질적 연구자가 연구대상자의 시각을 따르는 데서 비롯된 결과라고 할 수 있다.

넷째, 질적 연구자들은 연구자료를 귀납적으로 분석하려는 경향이 있다. 질적 연구자들은 연구를 시작하기 전에 미리 가지고 있었던 가설을 입증하거나 부정하기 위해 자료를 모으지 않는다. 질적 연구에서는 자료수집이 거의 끝날 무렵에, 그리고 연구대상자들과 많은 시간을 보낸 후에 연구의 방향이 나타나기 시작한다. 개방적이며 비구조화된 접근방법을 사용하는 것은 연구자들이 사전에 갖고 있는 개념적 틀보다는 연구대상자들로부터 개념을 도출해내는 데에 초점을 두기 때문이다.

다섯째, 질적 연구에 있어서 의미는 매우 중요한 관심사이다. 질적 연구자는 사람들이 그들의 삶에 의미를 부여하는 방법에 관심을 가진다. 즉 연구대상자의 관점에 관심을 가진다.

질적 연구자는 연구상황에 조작을 가하지 않고 자연적으로 발생하는 현상을 이해하려고 한다.

질적 연구는 구체적인 관찰에서부터 출발하여 일반적인 원리를 구축하므로 귀납적이다. 귀납적 연구는 개인에게 연구의 초점을 두는 경우, 귀납적 연구는 개인적 경험에서 시작되며 현장 연구 전에 그 경험들이 무엇일지에 대해 분류하거나 정리하지 않는다. 따라서 질적 연구의 실제 상황에 토대를 두고 있는 근거 이론(Grounded Theory)이다.

질적 연구는 직접적 및 개인적 접촉을 강조한다. 질적 연구의 핵심은 현장 연구이다. 현장에 들어간다는 것은 연구자가 연구대상자들과 직접적이고 개인적인 접촉을 하는 것을 의미한다.

질적 연구의 상세함은 적은 수의 사례에서 비롯된다. 사례 연구는 어떤 특정한 사람, 문제 및 상황을 깊이 있게 연구할 때 유용한 방법으로, 질적 연구는 상세하게 전체적으로 사례를 기술하려고 시도한다.

신뢰성 있는 연구가 되기 위해서 연구자는 연구대상에 대해 중립적인 거리를 유지할 필요가 있다. 질적 연구에 있어서 중립성이란 연구자의 객관적이고 냉담한 태도를 의미하는 것이 아니라, 세계를 있는 그대로 이해하려고 하며 세계의 다양성과 복잡성을 받아들이고 어떤 이론이나 연구결과를 입증하거나 지지하려고 하지 않는 것을 의미한다. 그러나 이런 중립적인 자세를 취하기가 쉽지 않다. 그러므로 인간이 자료수집의 도구가 되는 질적 연구에서는 연구자의 편견과 실수가 가해질 수 있는 자료에 대해 심사숙고해야 하며, 조심스럽게 다루어야 한다.

질적 연구설계는 현장 연구가 수행되기 전에 완전히 구체화될 수는 없다. 즉 질적 연구설계는 현장 연구가 수행되면서 시작된다. 질적 연구의 특징들을 종합해 볼 때 질적 연구의 목적은 경험의 의미를 이해하는 것이므로, 하나의 현상을 떼어 내어 구성요소들을 분석하는 양적 연구와는 달리, 어떻게 부분들이 모여 하나의 전체를 이루는지 이해하려고 한다. 질적 연구에서는 상황들을 그것들의 독특성 안에서 특정 맥락의 일부로서 이해하고자 하며, 그 상황들의 상호작용들을 이해하려고 노력한다. 그러므로 질적 연구자는 상황에 대한 이론의 검증이나 예측보다는, 상황의 본질과 의미를 심층적으로 이해하는 데 주 관심을 둔다.

양적 연구의 목적은 인과관계, 일반적 법칙 및 통제를 탐색하는 것이다. 반면에 질적 연구의 목적은 인간행동의 이면에 있는 관념, 느낌, 동기, 신념 등을 보다 심층적으로 이해하는 데 있다. 즉 인간들이 그들이 처한 환경 속에 있는 사건, 사물, 타인 및 상황에 부여한 해석과 의미를 탐색하는 데 그 목적이 있다.

양적 연구자들은 인간의 느낌이나 사고와는 분리되어 존재할 뿐만 아니라 수량적 기법으로 표현되는 객관적 자료에 초점을 둔다. 그러나 질적 연구자들은 인간의 마음속에 존재하며 꾸밈없는 언어로 표현되고 보고되는 주관적 자료에 관심을 갖는다.

양적 연구자들은 신뢰성 있는 자료를 강조한다. 즉, 반복 가능한 자료를 강조한다. 반면에 질적 연구자들은 타당성을 강조한다. 타당성이란 연구자가 연구하고 있는 것에 대한 진정한 모습을 완전하고 총체적으로 나타내는 것을 말하는 것으로 질적 연구자들은 연구주제를 보다 철저하고 풍부하게 심층적으로 이해하는 것을 가장 중요하게 생각한다.

질적 연구는 이론과 경험적 탐구가 그 안에 서로 맞물려 있는 입장을 취하고 있다. 질적 연구자들은 연구 이전에 혹은 연구 초기에 이론을 전개시키거나 적용하는 것은 연구대상자의 시각을 볼 수 있는 연구자의 능력을 왜곡시킨다고 생각하므로 이론적 아이디어는 현장 연구 도중 혹은 말미에 등장하며 연구에 선행되어서는 안 된다고 주장한다. 결과적으로, 질적 연구방법이 갖는 제한점은 질적 연구방법에 대한 노력과 양적 연구와의 통합에 대한 길을 모색하는 계기가 되었다고 볼 수 있다.

Ⅲ. 결론

본질적으로 질적 속성을 지니는 연구과제는 연구설계가 연속성을 지닌다는 것을 특징으로 지적할 수 있다. 그러나 대부분의 다른 논점들은 질적 접근과 양적 접근에 모두 해당되며, 사회 과학의 어떤 연구설계에도 적용될 수 있는 부분이다.

질적 연구방법은 상호 관련성을 가진 많은 철학적, 이론적, 사회적 관점에 그 기반을 두고 있다. 이 중 가장 자주 언급되는 관점은 현상학이다. 현상학은 인간행동의 주관적 측면들을 강조한다. 다시 말해서, 인간

행동의 이면에 숨어있는 동기와 신념을 강조한다. 사람들의 견해 또는 지각을 이해하는 것이 현상학자들의 목적이기는 하지만, 현상학자들은 세계에 대한 사람들의 지각과는 관계없이 존재하는 외적 상황을 반드시 부정하는 것은 아니다.

질적 연구와 밀접한 관련성을 가진 또 다른 관점은 상호작용론이다. 이 이론은 여러 가지 사물, 사람, 상황과 사건들에 부여되어 있는 의미를 강조한다. 사물 그 자체에서 의미가 도출된다기보다는 인간이 그 사물에 부여한 해석에 의해 의미가 나타난다는 것이다. 이 이론은 인간들이 상대방을 어떻게 지각하고, 사회적 관계를 어떻게 조정하고 조직하며, 사회와 조직된 집단 내에서 어떻게 살아가느냐에 관심을 갖는다.

모든 연구자가 똑같이 동일한 관점을 나타내는 것은 아니더라도, 대부분의 질적 연구자들은 사람들이 자신의 환경 내에서 일어나는 사건들과 자신의 경험들에 의미를 부여하고 해석한다고 생각하고 있다. 따라서 질적 연구자들의 생각은 인간들이 각기 타인들 간의 경험과 상호작용을 통해 실재에 대해 자기 나름대로의 지각을 발달시킨다는 것이다. 실재에 대한 인간들의 지각은 각자의 마음에 따라 달라질 수 있는 것이기 때문에, 실재에 대해 여러 가지 견해가 있을 수 있다.

대부분의 질적 연구자들은 스스로 해석할 수 없는 실재의 존재가능성을 믿는 동시에, 많은 실재가 나타난다고 생각하고 있다. 다시 말해서 외적 상황은 우리 사회가 그것을 개념화하고 정의를 내렸기 때문에 비로소 존재하게 되는 것이다. 따라서 실재는 역동적이고 변화될 수 있으며, 또 계속 변화된다.

질적 연구의 특성은 어떤 목적을 위해 아주 적합하게 기여할 수 있다. 일반적으로 교육에 있어 질적 연구는 사회적, 문화적 현장으로서 의미를 갖는 학교, 학급 및 여러 교육적 장면들에 관심을 기울여, 이러한 장면들을 설명하며, 그러한 현장에 직접, 간접으로 관련되어 있는 사람들이 그 속에서 일어나고 있는 것을 어떻게 인식하고, 거기에 어떤 의미를 부여하는 가를 이해하도록 하는데 사용될 수 있다. 즉, 질적 연구는 학교라는 교육현장이 가지는 사회적, 문화적 측면들을 연구하는데 사용될 수 있다. 이 같은 연구결과들은 어떤 목적을 나타내는 데 유용함을 알 수 있다.

질적 연구는 이론개발에 적합한 방법이다. 질적 연구자들은 학교와 학교 이외의 다른 상황에서 자연적으로 발생하는 교육적 토픽이나 사안에 관한 자료를 계량적 연구에서 얻은 자료까지 포함해서 다양하게 수집한다. 결과적으로 그들은 이론, 아이디어, 가설을 경정하기 위해 얻어진 자료에서 패턴을 찾아내기도 하고, 일관성이나 비일관성을 찾아내고자 한다. 수집된 자료에서 특수한 사실들이 함께 묶여짐에 따라 가설과 이론이 구성되는 것이다. 질적 연구자들은 특수한 관찰로 시작해서 일반적 패턴을 찾아내거나 이론을 구성하는 방향으로 연구를 진행한다.

질적 연구는 여러 관점이나 각도에서 볼 수 있다. 연구의 대상을 한 사람으로 하는 사례 연구인지, 대상을 여러 사람으로 하는 복합대상인지, 장소 연구인지 하는 것이다.

질적 연구의 또 다른 차이점은 지배적으로 사용되는 자료수집 방법의 유형에 있다. 질적 자료는 참여관찰, 심층면접, 문서수집, 비디오테이프 등을 통해 수집될 수 있고, 이들 방법 가운데 두 가지 이상을 결합해서 사용할 수도 있다.

질적 연구에서 참여관찰과 심층면접이 가장 보편적으로 사용되는 자료수집 방법인데, 두 가지를 결합해서 자주 사용한다. 참여관찰에서 연구자는 탐구대상의 생활과 자연적 상황에 참여하고, 그들이 말하고 행하는 것에 관한 자료를 체계적이면서 눈에 띄지 않게 수집한다. 참여관찰과 심층면접 다음으로 사용되는 자료수집 방법은 문서수집과 사진, 비디오테이프 자료이다. 문서수집에서 연구자는 종종 신문기사, 사진, 책, 잡지 기사, 메모, 공식 기록 등 인간의 행동과 지각을 이해할 수 있는 자료면 무엇이든 수집하여 분석한다. 문서수집 및 분석은 보충적인 정보를 수집하기 위해 사용된다. 또 사진이나 오디오, 비디오테이프이라는 매체를 통한 자료수집도 질적 연구의 중요한 자료수집 방법이 되고 있다.

자료수집 방법과 연구과정은 때로 개별적이고 직관적으로 결정되고, 독창적일 수 있다. 연구자는 구조, 사건의 순서, 이야기의 어조, 은유 등과 같은 것을 통해 이야기하기의 요소들을 적용할 수 있다.

보편적으로 질적 연구자들은 탐구하고자 하는 토픽을 보다 깊이 이해하기 위해 허용되는 연구의 범위 혹은 폭을 제한하기 쉽다. 하지만 많은 연구자를 연구에 참여시키거나 연구의 기간을 연장함으로써 이해의 깊이를 해치지 않는 가운데 폭을 증가시킬 수 있다. 연구의 범위를 결정하는 일은 그 연구를 수행하는 데 활용할 수 있는 자료와 깊이 관련되어 있다. 활용 가능한 자료가 많을수록, 연구의 범위를 제한시킬 필요가 없게 된다. 그러나 최종적인 분석에서는, 활용 가능한 자료가 주어진다고 하더라도 연구의 범위는 그 연구를 수행하는 연구자가 가지는 특별한 관심거리, 목적과 경험에 따라 차이가 있을 수 있다.

질적 연구를 얼마나 오랫동안 수행해야 할 것인가라는 문제에 대한 답을 쉽게 내릴 수는 없다. 어떤 연구는 수개월이 걸릴 수도 있고, 어떤 연구는 수년간 지속될 수도 있다. 연구자가 한 현상을 보다 오랜 시간 동안 보다 집중적으로 연구하게 되면, 그 현상을 보다 철저하게 이해할 수 있다는 점에 주목해야 한다. 그 이유는 참여를 연장하면 연구자가 연구하고자 하는 현상에 부딪히는 복합적 영향에 이를 수 있기 때문이다. 이러한 일은 연구의 대상이 되는 토픽, 문제점 또는 이슈에 가장 관련성이 있는 특징들과 요소들을 연구자가 확인하는 데 도움이 된다. 연구자는 연구를 계속 수행해서 아무것도 더 얻을 수 없다고 확신할 수 있을 때까지, 그 현상을 자세히 파악할 필요가 있다. 연구의 목적, 범위, 기간 등은 다양하지만 한 토픽에 대해 가치로우면서 깊이 있는 연구결과를 얻어내려면, 질적 연구자들은 일반적으로 중요한 노력을 지속해야 한다.

지금까지는 연구자가 스스로에게 어려운 질문들을 제기하고, 이에 대한 답변을 찾아가는 방식의 중요성이 강조되었다. 또 이에 다른 질문들 논리의 과정도 매우 중요하다. 연구자가 유용한 연구기획을 만들어내고 의사결정을 하기 위해서는 연구의 전 과정에 대한 자신의 주관적인 사고가 필요하기 때문이다. 본질적으로 질적 속성을 지니는 연구과제는 연구설계가 원활하고 연속성을 지님을 알 수 있다.

Chapter 3

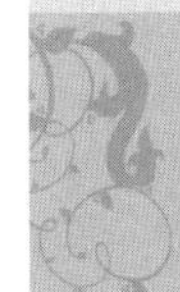

질적 연구계획과 그에 수반되는 문제

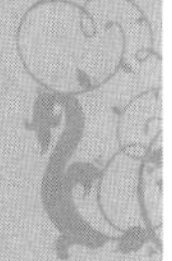

Ⅰ. 서론

어떠한 현상을 알기 위해서, 연구자는 무엇이 그것에 적합한지를 알아야 하며, 연구계획에 있어 토론에 대한 논점을 중심으로 알아보고자 해야 한다. 비록, 우리가 계획에 대한 특별한 형식을 내세우지 않았더라도, 연구에 수반되는 여러 문제에 주의를 기울여야 한다. 계획안에서, 연구자들은 연구의 가능성을 나타내고, 연구의 각 면을 검토하고, 현장 조사에 필요한 것을 예상하고, 계획 세울 지침을 마련한다.

계획은 현장 연구과정과 현장에서 드러나는 기회에 따라 바뀌기 마련이다. 계획 없는 연구는 필요 없는 탐구를 확장할 수도 있다.

먼저, 연구결정은 무엇을 연구할 것인가 하는 연구문제를 선정하는 것이다. 만약, 연구자가 그 밖의 어떤 것에 대해서도 개념화된 계획을 하지 않았다면, 논점, 불확실성, 딜레마를 이해해야 한다. 이것은 연구를 하면서, 고려할 수 있는 것에 대한 의식을 가질 때, 자신의 취향, 합리적 판단을 하는 데 유리하다. 또한 연구자가 선택한 주제가 흥미로운 연구인지 확인한다. 즉 관심에 대한 적절한 주제를 찾아야 한다. 그러나 그 주제가 어느 누구도 관심을 가지지 않는 개인적인 것이어서는 안 된다.

연구주제는 주요한 감정 문제를 다루어선 안 된다. 어떤 현상을 이해하는 것과 해결을 필요로 하는 개인적인 논점을 구별할 수 있어야 한다. 연구주제는 개개인의 경험, 즉 연구자가 생활하고 있는 환경에서 얻은 경험, 어떠한 상황에 대한 관찰로 얻은 경험 등에서 선정될 수 있다.

연구자가 지역을 선택했으면, 문제 진술을 함으로써 명백히 설명해야 한다. 문제 진술은 연구의 종합적인 의도를 나타내고 연구를 할 것인가 말 것인가에 대한 방법을 제시한다. 일반적으로, 양적 연구는 연구문제에서 나타나는 다양한 면을 확인하고, 그들 간의 관계를 결정하는 데 보다 관심을 두고, 대개 가설을 수반한 구체적인 연구문제를 가진다. 문제 진술을 하는 데 있어서, 연구계획은 주제에 대한 질문 모두를 메모함으로써 시작된다.

자료수집의 초기 단계에서, 연구자는 어떤 상황에 대한 포괄적인 기술을 원하는지 혹은 그 상황의 특정한 면에 대한 이론을 개발하고 싶은지에 대한 마음을 분명히 하는 것이 좋다.

연구상의 절차라 할 수 있는 연구과정은 연구방법에 따라 달라진다. 연구과정은 다시 양적 연구과정과 질적 연구과정으로 나누어 볼 수 있다. 질적 연구방법론과 양적 연구방법론에 관한 입장들은 서로 양립할 수 없는 대립적 관계에 있다는 주장에서부터, 두 가지 방법론을 함께 사용하는 것이 더 바람직하다는 입장에 이르기까지 다양하다. 최근에는 양적 연구방법뿐 아니라 질적 연구방법에 관한 연구와 관심이 증가하고 있으며 질적 연구방법과 양적 연구방법, 이 모두는 그 나름대로 과학적 연구에 적합한 연구방법들로 볼 수 있다.

질적 연구에서 방법론적 처방이 결핍되는 이유는 질적 연구의 본질 자체와 관련이 되어 있다. 첫째, 질적 연구는 표준화와 획일화보다는 연구자의 고유한 감정을 살려준다는 점에서 색다른 의미의 높은 이점을 가진다. 그러므로 학교나 학급을 연구하거나, 현장 연구라 부르는 연구를 하는 연구자들은 자신들이 관심을 갖는 문제와 관련지어 자신들이 갖고 있는 적성과 그 일의 맥락 등에 유의할 필요가 있다.

둘째, 모든 형식들은 양식에 의해서 영향을 받고 그 양식은 개인적이기 때문에 불가피하게 질적 연구에 개인적 차원이 개입될 수밖에 없다. 이것은 전통적인 연구방법론에서는 최소화하고자 노력했던 것들이다. 질적 연구에서는 개인의 고유한 특징이 책임져야 할 것도 아니고 쉽게 대체되는 것도 아니다. 질적 연구자들은 그들의 연구물에 자신의 고유한 특징을 담는다.

셋째, 질적 연구는 때로 사건 흐름의 예측을 가능하지 않게 해서 연구자들이 스스로 예측하지 못했던 조건에 기초한 행동의 과정에 적응해야만 한다.

연구자는 연구수행을 위해 필요한 지식과 기술을 가지고 있는지 점검해야 한다. 어떤 질적 연구자들은 연구자가 개념구조, 연구설계, 다른 이론들에 의해 영향 받을 것을 두려워하여 자료수집이 시작된 이후에도 연구보고서 비평에 대항해 논쟁한다. 또 이러한 가능성을 인정함에도 불구하고, 자료수집 전에 연구보고서 비평의 이점이 나쁜 결과를 초래하는지를 생각한다.

자신의 연구를 유용하게 하는 방법에 있어서, 다른 연구를 하는 것은 특별한 사고방식을 필요로 한다.

이론은 연구들이 나아갈 방향을 제시한다. 연구자가 가진 이론은 문제를 개념화하는 것부터 자료를 수집, 분석하는 데까지 영향을 미친다. 어떤 연구자든지 자신이 속한 학문에 이미 친숙해 있으므로 연구 시작 전부터 연구자가 가진 이론은 연구에 영향을 준다고 볼 수 있다. 연구자가 가진 학문적 배경에 따라 연구문제, 선택, 자료수집, 결과에 영향을 받는다.

초보적인 연구자들은 현장에 처음 도착했을 때 연구의 초점과 주제에 뛰어들 수 있는 이론적이고, 실제적인 배경을 가지고 있지 않다. 따라서 자료수집을 하는 동안 어느 정도 자료에 대한 분석이 필요하다.

처음에 연구자는 관심의 대상인 현장과 사람들, 쟁점에 대한 이해를 위해 폭넓은 자료를 모은다. 관찰 가능한 것과 흥미 있는 것을 근거로 연구의 초점을 맞추고 몇 번의 방문과 몇 번의 면접 후에 범위를 좁혀가는 것이 좋다. 특정한 주제나 현장, 연구대상에 맞는 자료를 많이 수집할수록 그 문제에 대해 깊이 생각할 수 있고, 결과 분석을 더 실리적으로 할 수 있다.

자신의 선택이 연구과정과 결과에 미치는 점을 이해해야 한다. 또한 연구자는 자신의 어느 정도까지 참여자가 되는 것이 가능한가를 생각해 보아야 한다. 그 답은 연구자가 '참여'라는 용어를 어떻게 이해하느냐에 따라서 다양해질 수 있다.

연구참여자 선택을 잘 하기 위해서는 한 지역에서 나타날 수 있는 여러 면을 통해 얻어지는 상황을 확인하고, 세계적이고 철저한 선택과 방법을 사용하는 것이 필요하다. 질적 연구에 있어 참여자 선택 전략은 연구자 자신의 상상과 판단에 의한 해명, 설명, 이해의 다양한 목적이 있다.

연구자는 그 자신이 연구상황 안에서 연구대상을 관찰하고, 질문하고, 참여자들과 상호작용을 함으로써 자료수집과 분석을 수행하는 도구가 되어야 한다.

질적 연구과정에서는 질적 연구가 이루어지는 과정들을 간단히 나타내고 있다. 이에 질적 연구를 위한 문제 및 연구의 내용 수집에 직접적인 영향을 미치는 문제, 연구를 위한 자료수집 전략에서는 자료수집의 다양한 방법들을 제시하여 그에 수반되는 문제들을 알아보고자 한다.

Ⅱ. 본론

1. 질적 연구의 과정과 연구

연구자들이 실제 현장에서 자료를 수집하기 전에 해야 할 일들이 있다. 이것은 흔히 연구계획서 작성에서 제시된다. 연구계획단계에서 포함되어야 할 것은 연구의 가능성과 앞으로 진행될 연구들의 각 단계들을 계획하고, 현장에서 필요한 것들을 준비하며, 현장 연구를 위한 지침서를 만드는 것이다. 그러나 만약 연구의 계획단계가 분명하게 세워지지 않았을 경우 연구는 많은 시행착오를 겪게 되고, 불필요한 연구를 하게 된다. 이러한 의미에서 연구계획단계는 현장 연구에 앞서 이루어져야 할 중요한 단계이다. Spradley는 질적 연구의 사이클형 연구절차에서 연구자를 탐험가로 비유하였다. 어떤 계획은 갖고 있으나 미지의 분야를 탐험하는 가운데 새로운 발견을 토대로 이전에 세웠던 계획을 언제라도 수정할 수 있는 탐험가에 비유한 것이다.

연구자가 연구를 할 때 가장 우선적으로 고려해야 할 것이 연구문제의 선정, 즉 무엇을 연구할 것인가를 결정하는 것이다. 연구문제는 연구의 목적과 이론의 수준에 따라 그 범위와 추상성의 정도, 간결성에 있어서 다양하다. 연구목적과 연구문제 간의 구분은 연구의 개념과 중요성과 연구의 경험적 내용을 연결하기 위해서도 필요하다. 연구목적과 문제는 서로 밀접한 관련이 있으며, 관심에 있어서도 중복되는 부분이 많이 있다. 연구의 목적이 궁극적으로 연구의 결과라면 연구문제는 연구에서 논의되어야 할 구체적인 가설 또는 문제라 할 수 있다.

연구의 과정 중에서 가장 먼저 결정해야 할 연구문제는 기본적으로 연구자 자신의 관심과 흥미에서 출발하여야 한다. 그러나 다른 사람들의 흥미를 끌 수 없고, 자신의 감정에 치우친 연구문제를 선정해서는 안 된다.

첫째, 연구문제는 그 범위가 명확하고 구체적이어야 한다. 둘째, 연구문제는 교육 실천 개선에 직접적으로 공헌하는 것이어야 한다. 셋째, 일반화를 고려하여 연구문제를 선정해야 한다. 넷째, 연구문제는 연구자의 능력에 맞는 것을 선택해야 한다. 다섯째, 시간, 장소, 경비를 고려하여 계획된 시간 내에 충분히 끝낼 수 있는 연구문제를 선정해야 한다. 규모와 복잡성에 있어서 합리적인 연구를 택하여 시간 내에 그리고 이용 가능한 자료들 내에서 연구가 완성될 수 있도록 해야 한다.

질적 연구과정에서 연구가 진행됨에 따라 처음 선정했던 연구문제가 수정될 가능성이 많다.

질적 연구자들은 사람, 시간, 장면을 연구되어져야 할 것으로 생각한다. 또한, 연구에 사용된 이론을 기초로 사건, 행동, 의미를 고려한다. 이것은 연구문제를 형성하는 이론과의 관련성을 고려하여 선택되어야 하고, 결정된 모든 것은 구체적인 것으로 명확히 제시되어야 한다.

연구에 사용된 이론은 모집단과 선택절차에 영향을 준다. 거대 이론은 대규모 모집단을 요구하는 반면 학교 교육 이론과 같은 실재 이론은 선택된 모집단의 규모가 작다. 또한 연구에 사용된 이론은 표집 단위 또는 선택 단위를 위한 대안적 전략을 제시하기도 한다.

일반적으로 연구문제를 선정하고 난 뒤 자료수집의 절차에 들어간다. 즉, 자료수집이라는 것은 현지조사에서 나온 기본적인 질문에서 시작된다. 자료를 수집하는 방법은 다양하지만 그 중에서 대표적인 것이 관찰과 면담을 이용한 자료수집 방법이다. 관찰방법은 또 다시 비참여관찰방법과 참여관찰방법으로 구분할 수 있다. 비참여관찰이란 연구자 자신이 직접관찰 대상이 되는 행위에 참여하지 않고 관찰하는 것을 말한다면, 참여관찰은 연구자 자신이 직접관찰대상이 되는 행위에 참여하여 관찰하는 것을 말한다. 면담은 사람들이 습득한 문화적 의미를 발견하도록 고안된 질문을 사용하는 것으로 서술적 질문, 구조적 질문, 대조적 질문이 있다.

연구자의 자료수집은 연구자의 세계관에 의존한다. 즉 다른 세계관, 다른 철학, 다른 이론적 관점은 유사한 연구문제를 설명하기 위해 자료를 수집하는 데 있어 서로 다른 자료를 수집하게 한다. 최근에 연구자들은 연구의 신뢰도와 타당성을 높이기 위해 조사분석과 같은 자료전략과 문화기술학적 설계를 결합하여 사용하기도 한다.

질적 연구과정에서 자료수집과 분석은 동시에 일어나는 회귀적이고, 역동적인 과정이다. 다시 말하면, 수집된 자료를 분석하고 다시 자료를 수집하고 수집된 자료를 다시 분석하는 과정이 끊임없이 되풀이된다. 반복되는 이러한 과정을 통해 연구의 방향은 조정된다. 만약 연구자가 계속해서 자료를 수집하기만 하고 분석하지 않게 되면 산더미 같이 쌓인 자료로 인해 연구를 효과적으로 수행하지 못하게 될 뿐 아니라 연구의 방향까지도 잃어버릴 위험이 있다.

연구의 결론에 미치는 이론의 영향력은 자료의 의미를 해석하는 틀을 제공하는 것이다. 연구자들은 최근의 연구목적과 문제, 연구설계상에 변화가 있을 때 이것을 이론적으로 명확하게 진술해야 한다.

이론은 연구들이 나아가야 할 방향을 안내해 준다. 더욱이 실제적인 교육적 상황에서 수집된 자료를 근거로 개발된 이론은 현 교육상황에 적합한 기능적 이론이 될 수 있다. 이러한 의미에서 질적 연구는 이론개발에 적합한 방법이라 할 수 있다. 즉, 질적 연구자들은 양적 연구자들과는 달리 미리 설정된 가설이나 이론을 검증하기 위하여 연구하는 것이 아니라 연구가 진행됨에 따라 얻어진 자료를 수집, 분석하는 가운데 가설이나 이론을 구성해 나가기 때문이다.

연구자가 가진 이론은 문제를 개념화하는 것에서부터 자료를 수집하고 분석, 해석하는 것에까지 영향을 미친다.

연구자는 연구를 형성하는 이론적 틀을 구체화해야 한다. 연구에 사용된 이론적 틀은 연구자가 세계와 연구하려는 현상에 대해 가지는 가정과 편견을 포함하는 연구자 자신의 철학과 세계관 및 가치관, 연구자가 훈련을 받은 학문분야 등과 같은 여러 요인들에 영향을 받는다.

이론과 연구문제 형성과의 관계는 밀접한 관련이 있다. 일반적으로 연구자가 문제형성을 하는 방법은 다음의 세 가지 방법 중 하나이다.

첫째, 기존의 이론이 연구문제를 발생시키는 근원이 될 수 있다. 둘째, 연구자의 전공분야 내의 이론적 모델에 영향을 받는다. 즉 연구자가 어떤 학과에서 공부를 하고 있는가 하는 것에 영향을 받는다. 연구자가 어떤 학문의 분야에서 훈련을 받았느냐가 최초의 구성과 분석적 틀 그리고 현상을 설명하는 것과 연구의 결론에 영향을 준다. 셋째, 이론이 실험을 위해 선택된 현상의 한 측면을 설명하기 위해 연구자에 의해 추구될 수 있다. 이런 경우, 경험적 조건, 특정 학문분야에서의 패러다임, 또는 대안적 이론으로부터 발생한 연구문제는 적절한 이론을 기초로 재형성될 수 있다.

연구자의 자료수집은 연구자의 세계관에 의존한다. 즉 다른 세계관, 다른 철학, 다른 이론적 관점은 유사한 연구문제를 설명하기 위한 자료를 서로 다르게 수집한다. 분석 단위는 연구를 형성하는 이론적 관점에 의해 선택되어 진다. 상징적 상호작용과 같은 넓은 이론적 틀은 자료가 개인 간 교환을 반영하기를 원한다. 이 상호작용은 지속적인 사회적 상호작용 내에서 관찰된다.

연구의 결과 부분에서는 독자가 이해할 수 있는 형식으로 분석된 원자료의 제시와 원자료의 해석, 이들 원자료의 해석과 의미를 더 일반적인 개념 또는 이론적 틀로 통합하는 것, 그리고 연구결과의 중요성과 적용가능성 등을 진술해야 한다. 이 중에서도 연구의 결론에 미치는 가장 중요한 이론의 영향은 원자료의 의미를 해석하는 틀을 제공하는 것이다. 또한 이론은 연구결과의 적용 가능성 수준에도 영향을 주는 데 거대 이론은 보편적인 적용 가능성을 강조하고, 중범위 이론은 주어진 범위 안에서의 적용가능성을 찾는다.

질적 연구의 전반적인 과정을 살펴보면, 먼저 연구문제를 선정하고, 그 연구문제에 적합한 연구대상을 선정하며, 연구장소를 선정한다. 그러고 나서 선정된 연구대상에 대한 관찰을 시도하고, 이러한 관찰을 토대로 주요 정보제공자와 면접을 한다. 마지막으로 관찰과 공식적, 비공식적 면접을 통하여 얻은 자료와 정보들을 되도록 빨리 기록하고, 이 기록을 반복 검토하여 내용을 분류, 분석하게 된다.

이러한 연구과정에서 연구문제를 선정하고 그 문제에 적합한 연구대상을 선정하는 단계는 연구의 초기 단계로 이후 자료를 수집하고 분석하는 제 단계에 계속적으로 영향을 미치게 된다.

연구과정에 있어서 최초의 단계는 무엇을 연구할 것인가, 즉 연구문제를 선정하는 것이다. 연구문제의 선정은 양적 연구방법을 활용하는 연구자에게나 질적 연구방법을 활용하는 연구자에게나 어려운 과정이라 하겠으나, 질적 연구자의 경우 특히 어려울 것이다. 왜냐하면 연구문제를 선정하는 과정을 비롯한 제 과정이 양적 연구보다 다소 덜 구조화되어 있고 더 애매모호하기 때문이다.

일반적으로 연구문제를 선정하는 과정은 먼저 흥미 있는 연구영역을 확인하고, 그 구체적인 연구문제들을 진술하고, 연구문제의 실행가능성을 검토하고 마지막으로 다양한 진술과 가설을 사용하여 연구문제를 구체화하는 것이다. 양적 연구자는 연구문제에서 나타나는 일련의 변인들을 확인하고 그들 간의 관계를 결정하는데 보다 관심을 둠으로 대개 가설을 수반한 구체적인 연구문제를 갖는 반면, 질적 연구자는 일련의 현상에 대한 이해에 보다 주된 관심을 둠으로써 보다 일반적이고 전반적인 문제를 갖게 되며 그 가설들은 연구의 전 과정에 걸쳐 형성되기도 한다.

연구문제의 선정은 매우 쉬운 일 같지만, 그렇게 쉬운 일이 아니라는 것은 앞에서도 계속 언급해 왔고 또 실제로 연구문제를 찾기 위하여 노력해 본 사람들은 누구나 공감할 것이다. 연구문제는 다양한 원천에서 선정될 수 있다. 학교사회의 경우 교사와 학생, 학생과 학생, 교사와 교사 사이에서 일어나는 대인관계라든지 연구자의 관심분야의 학문적 경험 등에서 연구문제가 선정될 수 있다. 연구문제는 전문적인 문헌을 고찰함으로써도 선정될 수 있다. 선행연구와 관계문헌의 독서, 최신의 연구보고서, 연구논문 등 전공분야에 대한 학문적인 탐색을 통하여 연구문제가 선정될 수 있다. 또 연구문제는 연구자 개개인의 경험에서 선정될 수 있다. 연구자가 생활하고 있는 환경에서 얻은 경험, 어떠한 상황에 대한 관찰로부터 얻은 경험 등은 문제선정의 훌륭한 원천이 될 수 있다. 특히 이것은 연구자의 흥미와 밀접히 관련되어지는데, 이는 연구상황을 이해하기 위해 장시간의 연구기간이 필요한 질적 연구에서 무엇보다 중요하다고 볼 수 있다. 다음으로 연구문제는 전문가에 의해서 제시된 혹은 지정된 것일 수 있다. 문제에 접근하는 한 가지 방법은 관심분야에서 연구를 수행하는 전문가에게 연구문제 제시를 요구하는 것이다. 이는 연구경험이 보다 많은 관심분야 전문가는 이미 무엇이 행해지고 있고 특정한 실제영역에서 무엇이 행해져야 하는지를 이미 알고 있기 때문이다.

이러한 방식의 연구문제 선정은 한편으로 흥미롭지 못한 것일 수도 있다. 그러나 어떠한 연구문제가 선정되든 가장 중요한 것은 연구자는 상당 기간 연구문제를 수행해야 할 것이기 때문에 최종적인 선정은 반드시 연구자의 흥미와 관련되어져야 한다는 것이다.

그러나 질적 연구에 있어서 많은 경우 연구문제는 특히 현실세계의 관찰, 거기서 발생하는 딜레마, 문제 상황들과 관련하여 선정될 수 있다. 따라서 이들 연구문제는 양적 연구의 경우처럼 그 연구문제가 이론에서 도출된 가설과 같이 진술되지는 않는다. 오히려 질적 연구문제들은 어떠한 문제 상황에 대한 관찰, 어떠한 사회문화체제 내에서의 그 상호작용과 과정에 초점을 맞추어 거기서 선정되는 것이다. 이러한 연구문제를 선정하고 나면 선정된 연구문제를 평가하는 것이 필요하다. 연구문제가 연구자에게 흥미로운지, 연구자는 연구를 완수하기까지 필요한 시간과 돈을 충분히 확보할 수 있는지, 연구자는 연구수행능력, 지식, 기술을 가지고 있는지, 연구문제는 실제로 연구 가능한 것인지를 살펴보아야 한다. 연구문제는 자료의 수집과 분석이 가능한 것이어야 한다. 만약 자료가 수집되고 분석될 수 없다면, 연구문제는 연구의 토대를 형성할 수 없다. 연구문제의 연구가능성을 결정하기 위해 연구자는 구체적인 연구문항을 형성하고, 연구목적을 진술하며, 연구절차를 진술하여야 한다. 질적 연구자는 자료수집방법으로 참여관찰, 정보제공자 면접, 문서자료수집의 용이성을 살펴보아야 한다. 질적 연구자들은 연구문제를 선정할 때 미리 자신의 관심영역에 적절한 연구장소를 선정하여 이러한 연구장소에의 접근가능성을 고려해야 하며, 이들 연구장소에서 연구자에게 정보를 제공해 줄 것을 고려하여 연구문제를 선정해야 할 것이다.

질적 연구는 다양한 사회적 상황과 이들 상황 내에서 생활하고 있는 개개인들을 관찰함으로써 연구문제에 대한 답을 찾아나간다. 그리하여 질적 연구자들은 인간이 그들 자신과 주위 상황을 어떻게 인식하고 있으며, 이들 상황 속에서 생활하고 있는 이들이 의식, 사회구조, 역할 등을 통해 그들의 주변 환경을 어떻게 지각하고 있는가에 많은 관심을 갖는다.

먼저 연구장소의 선정은 어떤 하나의 연구장소 또는 연구자의 관심 영역에 적절하게 접근 가능한 몇 가지 연구장소를 탐색하는 것이다. 연구장소는 연구문제에 적합해야 하며 자료수집에 많은 영향을 미쳐야 한다. 연구장소의 일반적인 특성과 연구목적에의 적합성을 인식한다는 것이 중요하기는 하지만, 대부분의 경우 연구자가 계속 있어 왔던 곳이나 현재 관계하는 장소는 피해야 할 것이다.

일단 연구장소가 선정되면 연구장소 내에서 연구자로 하여금 그 문화를 보다 잘 이해할 수 있도록 정보를 제공해 주는 사람을 선정할 수 있다. 이러한 사람을 정보제공자 혹은 참여자라 부른다. 정보제공자는 연구상황에서 연구자가 접근하지 못한 특별한 지식을 가지고 있는 연구집단의 일원이다. 이러한 정보제공자는 어떤 점에서 종종 대표성을 띠지 못한다. 그들은 보다 많은 지식을 가지고 있고, 보다 나은 의사소통 기술을 갖고 있으며, 다른 집단 구성원들과 상이한 관점을 가질 수 있다. 그러나 정보제공자의 선정에는 많은 문제가 따른다. 정보제공자는 연구자가 접근하고자 하는 연구영역을 어느 정도 규제하는 힘을 가지기 때문에, 연구자가 정보제공자에 의해 조종당할 위험이 항상 존재하는 것이다.

시간 또한 연구의 대상이 될 수 있다. 그러나 인간집단과 인간 개개인의 삶이라고 하는 것은 너무나 긴 것이어서 그 전부를 선택할 수는 없는 것이다. 따라서 연구자들은 일정한 시간대를 선택한다.

질적 연구에서 연구의 대상 즉 연구장소와 행위자 그리고 그들의 행위, 연구시간을 선정하는 과정은 전반적으로 볼 때 다른 연구와는 달리 일률적으로 일어나지 않으며, 연구과정과 더불어 점진적으로 융통성 있게 이루어지는 것이다.

연구자는 자료수집을 위한 사전 준비를 해야 한다. 먼저 선입관을 제외하고 가설을 나중에 개발한다. 질적 연구는 다양성을 중시하므로 인간, 사물, 현상 등에 대한 면밀한 관찰이 필수적이다. 현장 연구의 자료수집의 주요한 한 방법은 가능한 한 그 현장을 직관하는 것이다. 그러기 위해서 한 곳에서 오랫동안 집중적인 참여관찰을 하면서 사전의 아무런 개념적 기대를 가지지 않고 자료를 수집하고 현장에서 연구자가 연구와 관련된 질문에 대해 직관력을 가지고 연구자료를 모아서 귀납적으로 결론을 맺어야 한다.

질적 연구의 타당성을 높이고 다른 연구자들로부터의 비판을 막기 위해 다양한 자료수집 방법, 다양한 자료활용, 둘 이상의 연구진을 구성하는 삼각 검증법은 연구나 평가결과의 타당성을 향상시키기 위한 전형적인 전략이다. 그리고 둘 이상의 연구진을 형성함으로써 한 사람이 가질 수 있는 편견을 지양하고 발견된 사실을 확인할 수 있다. 이 전략의 이론적 근거는 연구방법들을 통합함으로써 관찰자들이 각 방법의 독특한 결점들을 극복하는 동시에 강점들을 취할 수 있다는 것이다.

Glesne & Peshkin은 현장 연구에서의 초기 참여관찰시의 유의점을 들고 있다. 현장일지는 독서카드를 이용하여 각 장마다 주제를 붙여서 기록하며, 나중에 분류하거나 찾아보기 쉽게 색인을 붙여 보관할 수도 있다. 기록은 참여자가 보거나 보지 않는 데서 하거나 관계없지만 참여자의 반응에 따라 적절히 이루어질 수도 있다.

첫째, 일지의 한 쪽은 비워 두고 기록해 나간다. 즉 한 쪽만 현장 참여시 기록하고 저녁에 숙소에 와서 다른 한 쪽에 첨가하여 기록하거나 현장을 스케치하는 데 사용하는 것이다. 둘째, 현장일지 양쪽에 여분을 남겨 두어서 나중에 부호화할 수 있도록 한다. 셋째, 일지기록을 간략하게 할 수 있는 표기법을 나름대로 개발한다. 넷째, 일지를 기록할 때에는 다른 사람과 관찰내용에 대해 이야기하거나 토의하지 않는다. 다섯째, 현장에서의 기록은 그 날 일과가 끝났다고 하더라도 계속하여 기억을 더듬어 묘사하고 규명해 보완하여야 한다. 여섯째, 예기치 않는 사건이나 일도 연구에 관련된 정보를 제공하므로 현장 기록을 해두어야 한다.

연구자는 연구주제에 무엇을 포함시킬 것인가를 결정하고, 참여관찰의 초점을 잡아야 한다.

2. 질적 연구에서 방법의 의미

연구자들은 미리 제시되는 초점을 스스로 선정하거나, 현장의 전문가들이 관심을 갖고 있어서 자신들의 실제 현장에 연구결과가 되돌려지기를 바라는 그런 문제들을 가지고 협의해서 정할 수 있다. 미리 정해진 목표 또는 초점이 있을 때, 예기치 않았던 초점의 등장은 특별한 주의를 요한다.

관찰 계획에는 관찰자가 주의를 기울여야 하는 변수가 구체적으로 명시되어야 한다. 만약 한 사람 이상의 관찰자가 하게 되면 그들 상호간의 일관성이 보장되도록 계획되어야 한다.

직접관찰에서 중요한 것은 인터뷰의 활용이다. 우리는 사람들이 자신의 행동과 감정, 삶에 대해서 얘기하는 것을 들어볼 필요가 있다. 대체로 인터뷰는 형식적이고 질문을 던지는 형태로 진행될 필요도 없고 그래서도 안 된다. 인터뷰를 하는 사람은 사람을 편안하게 해준 후에, 그가 알고자 하는 것을 말해 주면 되지, 경직되거나 기계적인 방법으로 대할 필요는 없다.

좋은 인터뷰를 하는 것은 좋은 대화에 참여하는 것과 같다. 즉 열심히 듣고 추상적인 것보다는 구체적인 사례에 초점을 맞추면서 질문해야 하는데, 추상적인 질문을 통해서는 의미 있는 정보를 얻기가 힘들기 때문이다.

자료에 출처로 사용될 수 있는 사건과 작품들은 관찰자의 감각과 통찰력에 의해서만 한정된다. 상상력은 관련된 자료를 기술하는 과정에서 보면 조금 이상한 요소로 보일 수 있으나, 실제로는 그렇지 않다. 정보는 연구자가 그것에 의미를 부여할 수 있을 때 비로소 자료가 된다. 자료와 자료를 결합하여 이론적인 틀을 구성하고자 할 때, 상상력을 통한 작업은 좀 더 큰 의미를 갖게 된다. 상상력은 어떤 종류의 연구에서도 절대적으로 중요한 요소이다. 자료가 아직 정리되지 않았을 때, 예기치 않았던 상황이 벌어지고 복잡해질 때 상상력을 통해서 상황을 인지할 수 있게 된다. 그것 없이는 연구가 제대로 진행되지 않고, 상상력을 통할 때 비로소 통찰력과 확실성을 갖춘 것이 될 수 있다.

사진과 비디오, 영상 자료들은 한 장면을 보는 과정과 원자료를 기술하고 해석하는 과정에서 엄청난 도움을 줄 수 있다. 교육 관련 연구나 교육과 평가에 관련된 국가 보고서에서 이러한 자료들이 활용되지 못하는 현상은 느리게 개선되고 있는 중이다. 이것이 극복되어 확대된다면 질적 연구에서 해석하는 자료 외에도 비디오테이프나 영상 자료가 중요한 비중으로 활용될 것이다.

또, 노트에 기록하는 것과 때때로 테이프에 녹음하는 것은 질적 연구를 수행하는데 중요한 도구이다. 이 방법을 통해서 신뢰할 수 있는 기술과 확실한 해석을 할 수 있게 하는 자료와 인용, 기억을 얻을 수 있다. 연구자들이 노트를 하고 녹음을 하는 것은 우선 그들이 의미 있고 중요한 것을 인식할 수 있는 능력에 의존한다. 이것은 작업 과정에서의 상상력의 활용이 요구된다는 점이다. 노트 기록도 기억하기 위한 한 방법이다. 우리가 모든 것을 기억하고자 한다면, 어떤 것도 보지 못할 수 있다. 어떤 경우에는 역사적 기록이나 실존에 대한 살아 있는 설명을 놓칠 수도 있다.

무엇을 기록할 것인가에 관한 결정을 내리는 한 방법은 초점을 맞출 목록을 먼저 결정하는 방법이다. 대체로 초점을 미리 분명하게 해두면 문제를 풀어 가는데 도움을 얻을 수 있다. 그런데 갑자기 등장하는 강조점에 대해서는 주어진 이론, 관찰자가 그 장면에 부여하는 가치 등을 고려하여 선택할 것인가의 여부를 결정해야 한다.

기록된 자료를 활용하기 위해서 중요하다고 판단되는 것을 그 발생 지점에 따라 분류하는 방법을 택할 수 있다. 그러면 시간의 배열에 따라 적절한 해석을 가하는데 도움을 받을 수 있다.

교실과 교사, 학교에 관한 질적인 연구는 대체로 이야기 속에서 표현된다. 즉, 연구자가 그 상황에 대한 그림이나 그들이 연구한 공동체를 보여주려고 한다는 것이다. 그들이 본 모든 것이 다 쓸모 있는 것은 아니고 실제 그 시간의 상황을 설명하는 카메라조차도 덜 쓸모 있는 경우가 있기 때문에, 초점을 찾아내는 일과 자신들이 말하고자 하는 것을 선택하고 조직하는 일이 중요하다.

이 목적을 달성하기 위해 활용되는 한 가지 형식은 주제를 세우고 관찰되는 사건들로부터 구성되는 메시지를 보는 것이다. 연구자가 함께 주어지는 자료를 점검해서 주제를 확인하는 일도 필요하다. 생각과 코멘트가 있는 인터뷰 자료와 색인카드도 어떤 방식으로든지 주제를 범주화하기 위해서 활용될 수 있다.

주제의 구조는 보고서를 작성하기 위한 초점을 선택하는 한 방법이다. 다른 방법은 시간을 초월하여 사태를 조직하는 방법이다. 이 과정에서 사태들은 필연적으로 붕괴될 것이다. 이것이 발생하는 그 정도는 연구자가 제공하기를 원하는 세밀함의 수준과 그가 가지고 있는 관련 자료의 양에 의존한다.

자료를 조직하는 방법은 해석과 평가, 주제를 잡기 위한 수단으로서의 가능성이 풍부하고 충분히 대표성을 지니는 하루 또는 에피소드를 선택하는 방법이다. 어떤 특별한 의미보다는 특정한 시기 동안에 발생한 사건들과 관련지어 연구대상자의 맥락과 특수성을 이해할 수 있기 때문이다. 중요한 것은 시간의 길이보다는 연구자가 기술하고 해석하고 평가하기 위한 증거 자료의 질이다. 평균적으로 말하면 경험이 더 많을수록 관찰에 필요한 시간도 짧아진다. 전문가들은 초보자들보다 상황을 훨씬 더 빨리 읽을 수 있기 때문이다.

색인은 연구에서 사용된 현장 기록들과 자료들, 질문들, 답안지, 그 외의 다양한 자료들을 실을 수 있고 이것들이 활용될 수 있는 여지가 높다는 점에서 생각하는 것 보다 많은 관심을 기울여야 할 부분이다. 그 중에서 몇 개의 자료들은 제대로 활용되었겠지만, 많은 것들은 질적 연구가 갖추고 있어야 하는 일관성을 해치거나 저해할 수 있는 소지가 있다는 점에서 색인으로 처리하는 것이 더 나을 수 있다. 독자들은 어떤 질문들이 활용되었는지 숙제가 무엇이고 교사가 직접 만든 시험지가 어떤 것인지를 알고 싶어 한다. 또 독자들은 연구물에 나온 학생이 무엇을 좋아하고 각각에 대해 교사가 어떤 평을 했는지를 알고 싶어 할 수도 있다.

일단 일반화가 나타나는 다양한 양식을 인식하게 되면, 그 양식들이 적용되는 방법에 관하여 보다 명확하게 질문할 수 있다. 속성을 파악하는 데 있어서 어떤 대상 혹은 과정의 부류를 특징짓는 주된 속성에 대한 이미지는 우리의 경험 속에서 그것들의 존재를 밝히는데 사용된다. 부분적인 정보를 근거로 해서 추론을 할 수 있고 하기도 한다. 부분 정보이지만 충분히 있기만 하면 어느 정도 신뢰를 갖고 분류하고 판단을 내린다. 그러나 갖고 있는 정보가 유일한 속성에 관한 경우에는 신뢰 있는 판단과 추론을 하기 위해서 필요한 정보의 양이 극히 적은 경우가 있다. 예를 들어, 누군지 모르지만 자주 빛깔의 장미색 조끼를 입고 있는 사람을 만나기를 요구받았다면, 그 사람을 정확히 알기 위해서는 특정한 한 가지 속성만 살펴보게 하는 것이, 그 속성이 우리가 찾고 있는 것이 무엇인지 누구인지를 인식하게 해주는데 충분하다.

질적인 세계와의 직접적인 면은 일반화의 가장 중요한 재료 중의 하나이다. 그러나 우화, 그림 등을 통해 간접적으로 얻어지는 또 다른 중요한 재료가 있다. 가장 유용한 인간 능력 중의 하나가 타인의 경험을 통해 학습하는 능력이다. 인간은 모든 것을 직접적인 경험을 통해 학습할 필요가 없다. 재담꾼에게 귀를 기울여서 일들이 어떻게 진행되었는지를 알고, 지금 일이 어떻게 진행될 것인지를 판단할 때 전해들은 바를 사용한다.

질적인 사례 연구는 일반화를 위한 많은 기회들로 이루어져 있다. 이런 연구는 전형적으로 무작위 표본 추출에 의한 것이 아니고 사례 연구처럼 특별한 경우에 관심을 두고 있다.

질적 연구와 평가의 난처하고, 복잡하고, 때로는 위험하며 잠재적으로 유해한 측면에 있어서, 질적 연구가 수반하는 윤리적 갈등, 딜레마에 대해서 알아보도록 하자. 질적 연구자와 평가자의 연구와 행동이 윤리적이어야 한다는 점에는 의견의 일치를 보이고 있다. 연구자들은 비윤리적인 행동을 삼가야 하고 선한 행동을 하는 것이 악한 행동을 하는 것보다 더 좋다는 데는 이의가 없다. 모든 사람들은 거짓이 나쁘고 정직한 것이 좋은 것이라는데 동의한다. 모든 인간은 타인들과 좋은 관계를 선호한다. 그리고 다른 사람들을 속여 보겠다는 것은 도덕률을 위반한다고 생각한다. 가능하다면 다른 사람으로부터 좋은 평판도 얻고, 차후에 더 나은 삶으로 다가갈 수 있도록 하는 도덕적 전형이어야 한다. 문제는 간단하기 때문에, 간단히 응용할 수 있는 규칙만 있다면, 규칙을 따르고 그렇게 하면서 우리가 항상 옳은 것을 행하고 있음을 확신할 수 있게 가르칠 수 있다.

연구자들은 관찰 대상자, 예를 들어 교사에게 자신들이 원할 때는 언제라도 연구를 그만 둘 권리를 가지고 있음을 알려 주어야 하는가? 그렇게 한다면, 그것이 연구에 어떻게 영향을 줄 것인가? 그러나 처음부터 그런 선택권을 주지 않는다면, 그들이 그만 둘 권리를 가지고 있음을 깨닫지 못할 것이다. 이런 문제를 해결하는 방식은 도덕적 행위를 유도하는 어떤 원리에 호소하는 것이다. 이것은 아주 간단한 일처럼 보이나 정보를 제공하는 것을 그만 둠으로써 어떤 사람이 사회적으로 이로운 연구를 계속 진행시킬 확률을 증가시킨다. 사람들은 또한 철회된 정보가 연구대상자에게 아무런 해를 끼치지 않을 것이라고 믿는다.

매우 좋은 이유들 때문에, 질적 조사에서 윤리적인 문제에 특별한 관심을 보내야할 필요성이 특히 중요하다고 볼 수 있다. 윤리적인 측면을 소홀히 하면 연구자나 연구대상자 모두에게 심각한 문제를 야기할 수 있다. 전통적인 질적 연구에서 자료는 대체로 단기간에 얻어진다. 즉, 학생들에게 표준화된 검사를 실시하거나 관찰 계획을 지닌 사람이 교실에서 한두 시간을 보낸다. 질적 연구자들은 주변을 배회한다. 그들은 대상자들을 알게 되고, 때로는 자신들의 연구대상자들과 친구가 되고, 연고자들이나 연구대상자들이 예기치 못한 것들을 배우고 학습이나 학교에 대해서 친밀한 생각을 가지려고 노력한다. 더욱이 보고의 형식을 일반적이고 추상적으로 하기보다는 더욱 상세하고 구체적으로 한다. 연구되는 상황과 사람들을 확인할 수 없을지라도, 연구대상자들은 확인이 가능하기 때문이다. 지금까지의 내용은 윤리적인 갈등을 해결하기 위한 것이 아니라, 질적 연구에서 윤리적인 갈등, 딜레마를 살펴보는 것이었다. 연구를 시작하면서부터는 갈등과 딜레마를 가지고서 일을 하게 된다. 그럼에도 불구하고 고려할 수 있는 사항과 쟁점에 대한 의식을 어느 정도 가지고 있어야 한다. 그런 의식을 가질 때, 감수성이나 인간의 가장 소중한 능력인 합리적 판단을 하는데 더욱 유리한 위치에 서게 될 것이다.

3. 질적 연구자료와 문제점

질적 면접은 심층적이고, 또는 느슨하게 구조화된 형태의 면접을 지칭한다. 일반적으로 이러한 면접은 다음과 같은 특징을 갖는다. 먼저, 공식적인 질문이나 답변의 형태보다는 대화나 논의하는 형태로 진행된다. 주제가 화제 중심적이고, 전지적, 이야기 식의 접근방식을 취한다. 연구자가 질문의 구조화된 목록 없이, 다루고자 하는 일정 범위의 화제, 주제나 논제만을 가지고 있을 때 이루어진다. 그리고 자료가 상호작용을 통해서 나온다고 가정한다. 면접 보는 사람 혹은 상호작용 자체가 자료출처가 된다. 질적 면접은 일대일의 상호작용 또는 보다 큰 집단과의 상호작용을 수반한다.

면접은 질적 연구에서 가장 널리 활용되는 조사방법이다. 그러나 연구자가 왜 질적 면접을 수행해야 하고, 또 이를 통해서 무엇을 얻어낼 것인가를 심각하게 고려하지 않고 무작정 면접을 시행해야 한다고 가정하는 것은 옳지 않은 일이다.

연구자의 존재론적 입장에서 볼 때 사람들의 지식, 견해, 이해, 경험 그리고 상호작용이 자신의 연구문제가 탐구하고자 하는 사회적 실체의 유의미한 속성이다.

연구자의 인식론적 입장에서 볼 때, 이러한 존재론적 속성들에 관한 자료를 나타내는 방법은 이들과 접촉하여 대화하고, 이야기를 들으며, 이들의 설명과 견해에 접근하는 것이다. 그러나 연구자는 면접의 인식론적인 결함을 충분히 인식하고 있어야 한다. 예를 들어, 만약 연구자가 사람들의 경험에 관심이 있다 하자. 이들은 면접을 통해 단순히 열거할 뿐이다. 사람들의 해석이나 이해에 관심이 있다면 단순히 이들과 대화하는 것만으로는 충분하지 않을 수도 있다는 것을 알아두어야 한다. 연구자는 면접을 통해서 나타나는 해석과 이해에만 접근이 가능할 뿐이다.

사회적 설명을 구축하는 방법에 대한 연구자의 견해에 따라서는 질문서와 같은 광범한 형태의 조사에서 얻어지는 피상적인 형태의 자료보다 자료의 깊이, 복합성과 완전성에 비중을 둔다. 이를 위해서는 많은 수의 사람들을 대상으로 겉으로 드러나는 현상에 대한 피상적인 분석보다는 사람들의 사고와 경험에 대한 깊이 있고 복합적인 이해가 필요하다. 즉, 겉으로 드러나는 현상에 대한 광범한 이해보다는 해당 주제에 대해 보다 깊이 있는 이해를 시도하게 된다.

연구자는 자료의 창출과정에서 단순히 가치중립적인 자료수집가가 아니라 보다 적극적이고 반항적이어야 하며, 그리고 이 과정에서 자신의 역할을 점검하여야 한다. 대부분의 질적 연구자들이 이러한 바람을 가지고는 있지만, 연구과정에서 연구자 자신의 역할을 점검하며 제기되는 도전적 문제들을 과소평가하지 않는 것이 중요하다.

연구자가 연구문제를 탐구해 가는 여러 방법 중의 하나로 질적 면접을 수행하기도 한다. 질적 면접은 새로운 것을 추가하거나, 연구문제를 다른 각도에서 보다 깊이 있게 접근하는 데 도움이 된다. 즉 면접을 다른 방법과 나란히 시행하여 그 결과가 얼마나 잘 확인되는가의 여부를 살펴볼 수도 있다.

질적 면접을 기획하고 수행하는 것은 미리 정해진 일련의 질문들을 묻기 위해서 구조화된 질문을 만들어내고 사용하는 것보다 매우 복잡하고 끈기를 요하는 작업이다.

우선, 질적 면접을 위해서는 충분한 준비가 필요하다. 질적 면접을 수행하는 연구자는 면접의 구조와 흐름을 갖추는 데 많은 노력을 기울여야 한다. 만약 질적 연구자가 구조화된 형태의 질문들을 준비하는 것이 적절하지 않다고 판단한다면 다른 대안을 활용하여 목적을 달성하기 위한 일련의 기술들을 개발하여야 한다.

질적 연구자는 면접과정에서 민첩하고, 효율적으로, 조리 있게, 그리고 연구문제와 일관되는 방향으로 대처할 수 있어야 한다. 면접의 상호과정에서 유용한 자료를 창출해낼 수 있어야 하며, 질적 면접을 수행하는 사람은 면접이 진행되는 과정에서 그 내용과 순서에 관한 순간적인 결정을 내릴 준비가 되어 있어야 한다. 연구자는 질문의 본질과 형태, 범주와 순서에 관하여 생각하여야 하며, 이러한 문제들을 어떻게 다룰까 하는 것을 미리 생각하여야 한다.

면접 과정에서 연구문제와 관련된 정도에 따라 무엇을, 그리고 어떻게 물을 것인가를 수시로 판단하는 것처럼, 특정 주제에 대해서 어느 정도의 깊이와 폭으로 다룰 것인지도 즉석에서 결정된다. 면접하는 사람은 대상에 따라서 특정 주제를 다루는 폭과 깊이를 어떻게 배합시킬 것인지를 결정하여야 한다. 모든 면접은 딱딱하지 않고 가벼운 질문이나 주제로부터 시작된다. 면접이 진행되는 과정에서 면접하는 사람은 항상 다음에 무엇을 물을 것인지를 결정하게 된다. 면접하는 사람은 자신의 주제나 주요 문제에 대한 주의를 환기시키는 메모를 가지고 있을 수는 있지만, 그럼에도 불구하고 면접하는 사람은 관련이 있는 화제들을 재빨리 연결시키고, 또 주제에 관련되는 내용이지만 미리 예상하지 않았던 이야기가 나오더라도 이를 확인하여 이에 관한 대화를 이어갈 수 있는 능력을 지녀야 한다.

면접이란 사회적 상호작용을 적절히 다루어내는 기술과 관련된다. 이들은 일상적 사회상황에서나, 친구, 동료나 조언자들과 연습할 수 있으며, 또는 예비조사(pilot study)를 통해서 이루어지는 것이 바람직하다. 예비조사에서 이루어지는 면접을 녹음하거나 비디오로 찍은 후 이러한 점들을 잘 검토하고, 또 동시에 이러한 도구들을 사용하는 훈련의 기회로 삼을 수도 있다. 결론적으로, 면접하는 사람은 자신이 더욱 계발해야 하는 기술이 무엇이고, 또 이러한 기술들이 향상되는 것을 확인할 수 있는 방법을 찾아낼 필요가 있다.

질적 면접의 사회적 상호작용에 대한 준비 못지않게 중요한 것은 연구문제에 대한 인식을 높이고 지식을 축적하는 것이다. 연구자가 면접과정에서 그대로 꺼내 쓸 수 있는 구조화된 형태의 질문목록이 있는 것이 아니다. 질문의 내용, 형태, 범위와 순서에 관한 결정을 즉석에서 내릴 수 있는 기술을 계발할 수 있는 방법을 익혀야 한다. 이러한 결정들은 매우 신속하게 이루어져야 하며, 동시에 우발적이 아니라 전략적인 고려가 수반되어야 한다. 질적 면접에서 연구자가 세부적인 면접의 틀을 미리 준비하는 것이 아니므로 면접과정에서 발생할 수 있는 모든 사항들을 미리 예견할 수는 없다. 그러나 무엇이 흥미로운 것인지를 인식하고 면접에서 무엇을 추구할 것인지에 대하여 분명한 생각을 지니고 있어야 한다. 중요한 것은 질적 면접이 결코 쉬운 선택이 아니라는 사실이다. 이는 질적 면접이 일상생활의 대화와 크게 다르지 않으며, 누구나 할 수 있다는 일부의 견해에 반대되는 것이다. 질적 면접이 가치 있고 용도가 많기는 하지만, 동시에 이론적, 실용적, 사회적, 윤리적으로 매우 어렵다는 점을 강조하고자 한다. 결국 질적 면접을 시행하는 결정이 가볍게 이루어져서는 안 된다는 것을 말한다. 이는 질적인 연구에서 매우 광범하게 활용되는 방법이다. 질적 면접은 질적 연구자들에 의해서 사회적 실체의 존재론적 요소로 간주되는 것을 파악하기 위해 적절하고 실용적인 방법으로 여겨진다. 구체적인 연구문제와 결부된 원칙에 근거하여 논리적인 선택이 이루어지는 것이 결정적으로 중요하며, 면접의 시행과 분석과정도 이러한 논리에 의해서 나타나야 한다. 앞에서 설정된 틀을 활용하여 질적 연구의 주요 수단으로 활용되어 온 관찰에 대해서 살펴보면 다음과 같다.

연구자의 존재론적 관점이 상호작용, 행동과 권위, 그리고 사람들이 이를 해석하고 반응하는 방법 등을 핵심적인 것으로 간주하는 경우, 연구자가 상호작용에 관심이 있을 수 있다. 연구자는 특정상황에서 발생하는 상호작용에 관심이 있고, 특히 자연스런 주변 상황 속에서 상호작용을 살펴보기를 원하기도 한다.

연구자의 인식론적 입장이 사회생활에 대한 지식이나 증거가 관찰, 참여, 생활경험, 상호작용하는 상황 등에 의해서 나타난다고 생각하는 경우, 연구자는 경험자, 관찰자나 참여관찰뿐 아니라 동시에 이러한 자료를 해석하는 사람이 될 수 있다는 것에 근거를 둔다. 관찰방법을 선호하는 많은 사람들이 실제로 연구자가 경험의 공유, 참여 또는 연구대상자를 통하여 주변상황에 대한 인지자가 될 수 있다고 주장한다. 비록 참여자와 행위자들 모두의 관점을 포괄하는 것은 아니라 할지라도, 연구자들이 경험을 통해 사회적 주변 상황을 객관적으로 이해할 수 있다고 믿는다. 연구자가 연구과정에서의 자신의 역할을 적극적인 개념으로 규정하는 경우, 관찰방법을 활용하는 대부분의 사람들이 현장 기록에 자신도 포함시킨다.

연구자가 연구문제를 탐구하는 여러 방법 중의 하나로 관찰을 하는 경우, 연구자는 여러 방법을 결합시키는 것과 그 가능성을 세밀히 검토할 필요가 있다. 일반적으로, 관찰자가 핵심적인 참여자들과 의도적으로 면접을 하는 것은 흔한 일이다. 관찰과 문서나 시각자료를 병행하여 활용하거나 나타내는 경우도 많다. 연구대상이 되는 현장에 연구자 자신이 직접 뛰어들어 이해를 꾀하는 것이 다른 데서 다른 방법으로 시도하는 것보다 윤리적이라고 판단하는 경우, 연구자는 숨어서 또는 드러내놓고 하는 관찰의 윤리성 문제, 그리고 참여자와 관찰자의 역할을 각각 어느 정도로 조화시킬 것인가 하는 문제 등에 대하여 심사숙고하여야 한다.

연구자가 관찰을 하기 위하여 연구대상이 되는 현장, 주변상황이나 상호작용에 개입할 때는 관찰의 과정이나 기법뿐 아니라 사회적 상호작용에도 대비하여야 한다. 연구대상이 되는 현장, 주변 상황이나 상호작용이 혼란, 복잡스럽고, 또한 여러 가지 일들이 동시에 발생하기 때문에,

관찰과정이 면접을 수행하는 것보다 장애가 더 많고 힘이 들 수도 있다. 따라서 연구자는 관찰에 관련되는 어려운 질문들을 스스로 제기하고 가능한 한 미리 이에 대비하여야 하며, 자료창출의 전 과정을 통하여 전략적 결정을 지속적으로 내릴 수 있어야 한다.

우선 연구자는 자신이 어느 정도까지 완전한 관찰자가 되어 현장 상황에 아무런 영향을 미치지 않고, 또한 관찰이 자신의 현장 경험이나 감정에 의해서 오염되지 않고 이루어질 수 있는가를 생각해 보아야 한다. 연구자가 현장에서 거리나 중립성을 유지한다는 이러한 관념은 많은 학자들에 의해서 실제로는 불가능할 뿐만 아니라, 현장에 연구자 자신을 투입하는 인식론적인 목적에도 어긋나는 것이라고 생각한다. 연구문제에 적절한 자료를 창출해 낼 수 있는 상황이나 현장을 찾는 것은 이론적으로나 실제로 어려움이 수반된다. 이론적으로, 연구자는 자신의 지적 궁금증이 무엇이고, 어떠한 현상을 탐구하고자 하는가를 충분히 고려하여야 한다.

관찰의 목적이 특정한 현장이나 어떤 상호작용에서 무슨 일이 일어나고 있는가를 직접 보고자 하는 것이지만, 연구자가 지니는 이론적인 문제는 무엇을 관찰하고, 무엇에 관심을 둘 것인가 하는 점이다. 만약, 관찰에 근거하여서는 특정한 현장이나 어떤 상호작용에 대하여 완전하고 중립적인 설명이 불가능하다고 생각한다면, 연구자는 관찰의 선택과 관점의 문제를 어떻게 다룰 것인가를 고려하여야 한다. 모든 관찰은 불가피하게 선택적으로 이루어질 수밖에 없으며, 특정한 관찰 관점에서 이루어지기 때문이다. 중요한 것은 연구자가 특정 관점에서 선택적으로 어떻게 관찰한다는 사실을 자신이 이해하려고 노력하여야 한다는 점이다. 이는 연구자가 현장에서 들여다보고자 하는 것이 무엇인지를 인지하고, 자신이 관찰한 애용과 자신이 관심 있고 적절하다고 판단한 것들이 어떻게 알려졌는지에 대해 비판적인 의식을 지녀야 함을 알 수 있다. 따라서 질적 면접을 준비하기 위한 절차와 마찬가지로, 관찰을 시작하기에 앞서서도 세밀한 준비가 이루어져야 한다.

연구자가 현장에 머무는 동안에 적절한 자료를 어떻게 창출해 낼 것인가 하는 것은 방법론적인 문제이다. 연구자가 초점 없이 단순히 현장을 배회하는 것은 시간만 낭비할 뿐이다. 연구자는 어떻게 자료를 창출할 것이며, 어떻게 자료를 수집하고 의미 있는 관찰을 할 것인가를 생각해 볼 필요가 있다.

관찰한 것을 어떻게 기록할 것인가 하는 질문은 질적 면접의 경우와 유사하다. 연구자는 관찰을 하면서 동시에 기록을 할 것인가, 관찰 후에 현장 노트를 작성할 것인가, 비디오, 녹음기, 모형, 도표와 같은 다른 도구를 사용할 것인가 등을 결정하여야 한다.

연구자가 기록하는 주요 내용, 현장 노트의 주요 주제 등을 어떻게 맞출 것인가 하는 문제들은 모두 연구문제나 연구자가 탐구하고자 하는 지적 궁금증에 밀접하게 연관되어야 한다. 관찰 기록은 결국 주제, 화제나 관심분야를 중심으로 구성되기 마련이다. 따라서 연구자는 어떻게, 그리고 왜 관찰을 하는가 하는 문제뿐만이 아니라 자신의 관심이 어디에 있는가를 분명히 인식하고 있어야 한다.

질적 자료 중에서 문서의 분석은 사회조사에서 널리 활용되는 방법의 하나이며, 많은 질적 연구자들에 의해서 유용하고 적절한 연구전략으로 간주된다. 연구를 위해서 또는 연구과정에서 나타날 수 있는 문서는 일기, 시간표, 기록된 설명과 이야기, 도표 및 목록 등으로 연구자에 의해서 만들어지거나, 연구대상자들로 하여금 만들게 부탁할 수도 있다.

연구자가 자료창출의 다른 방법과 병행하여 문서나 시각자료를 활용하고자 하는 경우, 문서는 종종 개인의 회상이나 면접, 관찰 등 다른 방법을 통해 수집된 자료를 입증하거나 명료화하기 위한 목적으로 사용된다. 또한 면접과 관찰에 병행하여 시각적 이미지나 설명, 시각 자료나 유물의 검증을 시도할 수도 있다. 면접과 관찰에서 문서나 시각자료를 적극적으로 활용할 수도 있다. 예를 들어, 사람들에게 사진에 대한 그들의 반응을 물을 수 있으며, 문서를 읽고 논평을 요구할 수도 있다. 문서와 시각자료가 연구자의 연구문제에 대안적인 시각을 제공하거나 다른 것을 추가할 수도 있다.

적절한 문서나 시각자료가 존재하는 경우, 이는 매우 실용적인 답변으로서, 문서나 시각자료가 존재하였기 때문에 연구자가 이를 활용하는 경우를 말한다. 많은 분량의 문서나 다양한 형태의 시각자료들을 충분히 검토하기 위해서는 많은 시간과 노동력이 필요하다는 사실을 알아야 한다.

관찰은 시각자료의 창출이나 면접의 수행과 병행하여 이루어질 수 있다. 더욱이 각 방법과 관련해서 비록 완전히 같지는 않다 하더라도 중복되는 유사성을 보이고 있다. 연구자는 자신의 활용하고자 하는 각 방법에 대하여 핵심적인 질문을 제기해 보는 것이 바람직하며, 이러한 이유에서 질적 자료에 대한 논점은 비슷한 틀을 활용하여 이루어졌음을 알 수 있다.

III. 결론

질적 연구계획과 그에 수반되는 문제를 알아보기 위해 지금까지 질적 연구의 과정과 이론, 방법, 연구자료에 대한 문제점에 대해서 알아보았다. 질적 연구를 함에 있어 고려해야 할 중요한 요소는 연구장소에 대한 것과 연구자가 연구장소에 실제로 들어가 가능한 한 그 장소의 자연스런 일부가 되도록 하는 일이다. 또 연구장면과 참여자 간 상호작용을 인식하고, 경우에 따라 이를 조절할 필요성이 있다는 것이다. 참여자가 제공한 자료는 장소, 참여한 활동 또는 자료가 수집되는 특정 시점에서 그 상황에 작용하는 사회적 변인들에 따라 바뀔 수 있다. 따라서 수집된 자료의 의미를 충분히 인식하기 위해서, 연구자는 참여자의 특성들, 그 상황에 작용하는 조건들, 이러한 요인의 여러 가지 상호작용 등을 알아야 한다.

질적 연구자에게 친밀관계 형성은 중요시된다. 질적 연구의 정보제공자 또는 참여자는 그들이 연구자를 신뢰하고, 다정한 우호적인 관계를 맺을 때 정상적으로 행동할 가능성이 더 높아진다. 또한 연구자는 일반적으로 변화될 수 없다고 생각되는 성, 인종, 연령, 민족 등의 개인적 특성들이 친밀관계의 형성과 유지를 촉진할 수도 있거나 저해할 수도 있다는 사실을 인식하여야 한다.

질적 연구자들은 일반적으로 연구의 초기 단계에서 그 상황에 있는 사람 중 한 사람 내지 두 사람의 지지를 획득하고 통찰력 있는 사람과 친밀관계를 형성하려고 시도한다. 그들은 그 상황에 있어 연구자의 후원자가 되고, 연구의 초기에 주요한 정보의 원천이 되기도 한다. 그들은 연구자에게 그 연구상황의 역사를 이야기해 주고, 초기 단계에서 연구자의 길잡이로서 도움이 된다.

연구자가 가정한 역할이라면 어떤 것이든 가치 있는 자료가 된다. 왜냐하면 연구장소의 정보제공자와 어떤 관련성이 있든지 간에 관계없이 그곳에서 수집된 자료는 전체적 모습을 기술해 주는데 도움이 되기 때문이다. 정보제공자가 연구자를 믿고 신뢰하게 되었을 때, 윤리적인 문제를 고려해 보아야 한다. 참여자가 연구자를 수용하면, 보다 깊이 있고, 개인적이며 사적인 정보를 얻어낼 수 있다. 이 경우 연구자는 밝혀내어야 할 정보의 내용과 양을 주의 깊게 평가해 볼 필요가 있다. 연구자가 참여자로부터 신뢰받고 있다는 입장을 가정하는 경우, 연구자가 심각하게 평가해 보아야 하는 윤리적인 책임감이 요구된다.

연구에서 연구자의 역할은 상황의존성, 참여자들의 정체성, 연구자의 성격, 가치 등에 따라 정의되며 연구자로서의 역할과 학습자로서의 역할로 구분된다.

연구자로서의 역할은 연구자가 문제의식을 갖고 그 상황 속에 속하는 것이다. 연구자는 참여자들에게 정보를 제공해 줄 수 있지만 연구자 자신을 관찰할 수 있는 정보 제공자로부터 피드백을 받도록 해야 한다. 연구자는 기준, 용어, 도구 등을 활용하여 연구한다. 학습자로서의 역할은 연구참여자들에게 배우는 학생 입장에서 열심히 들으려 해야 한다는 것이다. 참여자에게 덜 위협적인 존재로 인식됨으로써 참여자의 도움이 필요한 특정장면에 대한 정보와 비밀을 공유할 수 있게 된다. 상호간의 신뢰, 존중으로 다른 사람과의 관계가 발달할 수 있고, 자료수집과 분석을 할 때 주관적인 면을 사용하여 기술하도록 할 수 있다. 그러므로 질적 연구는 연구자가 참여자와 관찰자, 외부인과 내부인, 연구자와 학습자라는 입장을 동시에 가지고, 현상을 보고 이해함으로써 기술하도록 한다.

연구자는 그 자신이 연구상황 안에서 연구대상을 관찰하고, 질문하고, 참여자들과 상호작용을 함으로써 자료수집과 분석을 수행하는 도구가 되어야 한다.

연구자의 역할은 여러 가지가 관련되어 있고 복잡하다. 질적 연구자들은 그들이 가정한 사회적 역할에 따라 정보제공자를 향한 그들의 연구입장을 습관적으로 드러내 보이고, 정보제공자가 그들에게 부여한 사회적 지위와 위치에 대한 내용을 기술한다.

질적 연구에서 사용되는 전략은 그 연구의 방향을 결정해 준다. 연구자가 특정한 문제, 질문 또는 이슈를 마음속에 가지고 그것에 관한 가설이나 이론을 개발하기 원하는 경우, 분석적인 전략을 활용할 수 있다. 연구자는 문제 또는 이슈에 관한 자료를 최초의 사례, 즉 정보제공자, 학급, 학교에서 수집한다. 이러한 초기 자료로부터 그 자료에서 관찰되는 목록과 패턴의 분석에 기초하여 잠정적인 가설이 형성된다. 연구자는 새로운 사례를 계속해서 적합지 않은 후속사례가 나타나지 않을 때까지 가설을 확대하고 검증한다. 이것은 자료에 관해 생각하고, 그 자료를 가지고 연구를 수행하는 하나의 대표적인 방법이다. 이 방법은 연구자에게 가설에 대한 절차를 제공하지만, 축적된 증거를 체계적으로 연구하는 과정을 통해 그것을 새로운 가설로 가다듬는 가운데, 최초로 형성된 가설의 명백한 장점을 유지하도록 유의하게 한다. 질적 연구에서 또 다른 연구전략은 연속적인 비교 전략이다. 분석적 전략이 수많은 사례로부터 세부적인 내용들이 보다 많이 수집됨에 따라, 가설 또는 이론은 신속하게 개발되어 계속적 검증과 수정을 거치게 된다. 그러나 연속적 비교 전략에서는 수많은 사례로부터 광범위하고 다양한 특수한 사실들이 먼저 결정되고, 그 다음에 이론구성을 위해 계속적으로 종합해 간다.

질적 연구에서 사용되는 전략은 연구의 독특한 필요성을 충족시켜 주는데 융통성이 있다. 질적 연구에 여러 가지 전략이 사용될 수 있지만, 연구자가 신뢰 있는 결과를 성취할 가능성을 높여주기 위해서는 어떤 유형의 잘 개념화된 전략 또는 방안이 필요하다고 생각한다.

참여관찰에서 연구자는 일반적으로 잘 활용되지 않는 여러 가지 자료수집 절차들을 활용하여 정보와 자료를 모을 수 있다. 관찰 상황에서 그 상황의 일부가 됨으로써, 연구자는 자료가 수집된 전후맥락과 더불어 수집된 자료를 이해하는 데 도움을 주는 경험들을 축적해 가게 된다. 연구자가 관찰 상황의 일부가 됨으로써 국외자가 되는 것을 막을 수 있고, 이렇게 함으로써 연구자는 정보나 자료를 보다 쉽고 편안하게 얻어낼 수 있을 뿐 아니라, 광범위하고도 심층적 자료를 수집해 낼 수 있다.

참여관찰 자료수집 절차는 면접과 같은 자료수집 절차를 함께 활용하게 된다. 참여관찰이 면접과 결부되어 활용되는 경우, 연구자는 참여자들의 말과 행동 간의 상호관계를 연구할 기회를 가지게 된다. 연구자는 관찰을 통하여, 참여자들이 면접에서 말하는 것이 관찰된 상황에서 그들이 실제로 나타내 보이는 행동을 반영하는 것인지 아닌지를 확인할 수 있다.

면접은 질적 연구에서 자료수집 절차로 활용되는 경우도 있지만, 그것은 참여관찰과 병행해서 활용되고 있다. 면접은 연구자가 관찰에만 의존해서 얻어낼 수 있는 것보다 참여자가 하나의 상황이나 현상을 어떻게 해석하고 있는가에 대해 보다 깊은 이해를 얻어내도록 하는 수단을 제공해준다.

질적 연구자들은 사람들의 지각을 알아낼 수 있는 가장 좋은 방법은 미리 구조화되지 않거나 최소한으로 구조화된 개방적 면접이라고 생각한다. 면접에서는 연구자가 미리 묻고자 하는 적합한 질문을 모르고 있거나, 면접 대상자들에게 무슨 말을 해야 가장 좋을지를 기본적으로 모르고 있어야 한다. 미리 구성되지 않았거나 꼭 필요한 부분에 대해 최소한의 구조화된 면접에서는, 적합한 질문이란 연구자가 면접의 진행과정에서 의미 있는 것에 대해 민감함으로써 제기될 수 있다고 본다. 면접이 너무 엄격하게 구조화되어 있으면, 참여자나 정보제공자는 사적으로 그들의 이야기를 자유롭게 할 수 없게 된다.

질적 연구자들이 수집한 자료를 기록하는 방법은 주로 현장 노트이다. 현장 노트들은 연구자가 현장에서 보고 들은 것과 그 자신의 느낌, 반응, 생각들을 기록해 놓은 것이다.

현장 노트를 기록하기 위해 충분한 시간을 할애하는 것이 중요하다. 현장 노트와 기록은 관찰자의 존재이유이다. 많은 질적 연구자들은 만약 수집된 자료가 기록되어지지 않으면, 연구자가 현장에 존재해 있지 않았던 결과 마찬가지라고 본다. 상세하고도 잘 정리된 현장 노트를 작성하는 것은 개인적으로 상당한 훈련과 시간을 요하는 엄격한 작업임에 틀림없다. 한 시간의 현장 관찰을 현장 노트로 작성하는 데는 서너 시간 이상을 요할 수도 있다. 만약 연구자가 연구의 질을 적절히 유지하기 위해서는, 현장 노트를 적당히 사용해서는 안 된다.

결국 자료는 매개물에 기록된다. 자료기록을 위해 공책이 흔히 사용되지만, 대부분의 연구자들은 필요한 대로 개별 페이지를 끼워 넣을 수 있는 클립보드를 활용한다. 이외에도 색인카드도 흔히 사용된다. 현장 노트 기록을 조직할 때에 쉽게 알 수 있도록 부호화하고, 계열화하는 것도 중요하다. 페이지나 카드는 날짜별로 순서를 세워 철하고, 날짜별로 중요한 요인들이 쉽게 확인될 수 있도록 부호화되어 있어야 한다. 자료의 유실에 대비해서 연구자들은 기록된 자료들은 반드시 복사해 두는 것이 좋다. 자료기록이 없으면 연구의 추진은 실제로 불가능하게 된다.

질적 연구에서의 방법론적 결정은 질적 연구가 수행되는 도중에 내려져야 한다. 흔히 질적 연구자들은 연구하고자 하는 것에 대한 하나의 관점만을 가지고도 연구에 착수한다. 가설, 설계, 자료수집 방법 등을 설정해 놓고, 연구가 진행됨에 따라 초점을 잡아간다. 이러한 결정은 연구가 진행된 후에 수집된 자료에 의해 이루어지게 된다. 이런 방법으로 연구자는 가장 적합한 연구문제에 초점을 맞추고, 가장 적합한 방법을 활용할 가능성을 증진시켜 간다.

수행할 연구방법을 결정하는 과정은 생각하는 만큼 윤곽이 뚜렷한 것이 아니다. 모든 결정은 연구의 방향, 조건 혹은 연구에서 다루어질 자료에 따라 연구자에 의해 내려지는 것이다. 질적 연구는 현장에서 얻어지는 자료의 성격에 따라, 그 연구의 구조를 변경시켜 갈 수 있다. 질적 연구를 수행함에 있어, 수집된 자료를 분석하기 위해, 연구자에게 체계적이고 일관된 주의집중이 요구된다고 볼 수 있다.

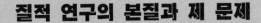

Chapter 4

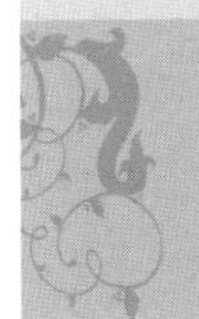

질적 연구의 본질과 제 문제

Ⅰ. 질적 연구입문

질적 연구란 용어는 민속기술학적 연구, 자연주의적 연구, 문화인류학적 연구, 현장 연구 또는 참여관찰 연구(Jacob, 1987; 1988) 등과 같은 여러 가지 연구방법론을 묶어서 기술한 일반적 용어이다. Edgerton(1984)이 기술한 바와 같이, 질적 연구를 수행하는 데는 여러 가지 방법이 있을 수 있지만, 질적에서는 특히 연구자가 연구대상의 삶에 가능하면 완벽하면서도 자연스럽게 뛰어들 것을 요구한다. 또 질적 연구는 장기간의 참여하에 연구자의 존재 그 자체가 자연적 조건이 될 것을 요구한다. 연구자는 사람들이 말하는 것을 듣고, 그들이 행하는 것을 관찰하고, 필요하다면 그들에게 질문을 하고, 가능하면 언제나 그들의 활동에 참여한다. 또한 연구자는 문서화된 정책과 기록, 프로그램의 설명서, 사진과 기타 유사한 문서들을 분석하기도 한다.

Erickson(1986)은 질적 현장 연구를 다음과 같이 보다 형식적으로 정의하였다. 즉, 현장 사태에의 집중적이며 장기간에 걸친 참여, 현장 노트와 면접 노트의 작성과 이와는 종류가 다른 증거가 될 말한 문서(즉, 메모, 학교기록, 학습활동의 실례, 오디오테이프, 비디오테이프) 수집을 통해 그 현장 사태에서 발생한 일을 세밀하게 기록하는 것, 그 현장 사태에서 얻은 문서기록에 대한 분석적 숙고, 상세한 설명, 인터뷰에서의 직접인용, 해석적 논평 등을 통한 결과의 보고 등이 포함된다. 질적 연구를 위와 같이 수행하려면, 현실사태에서 일어나는 일상적 사건들을 주목해서 기술하고, 이 사건에 관련된 사람들의 입장에서, 그리고 그 사건의 중요성을 확인해 보는 과정에서 남달리 철저하고 내성적인 노력이 있어야 한다.

1960년대 비해, 그 수는 적지만 특수교육과 그 인접학문 분야에서도 공식적이든 비공식적이든 질적 연구방법론을 사용하는 연구자의 수가 날로 늘어나고 있다. 질적 연구는 시설에 수용되어 있지 않고 지역사회에 통합되어 서비스를 받고 있는 경도 및 중등도 정신지체자의 생활목적, 가치, 사회적응 등을 광범위하게 장기적으로 연구하는 데 주로 적용되어온 방법론이었다. 지금까지 질적 연구와 같은 노력이 있었기에, 정신지체자가 사회생활에 어떻게 적응하는지, 그들의 생활 목적과 가치가 무엇인지, 가능하면 정상적인 사회생활을 영위하는 데 이들이 어떤 유형의 지원을 필요로 하며, 지원이 필요한 경우 얼마나 많이 필요한지 등을 이해할 수 있게 되었다. 이제 특수교육과 그 인접 학문의 다른 연구자들도 질적 연구방법론을 사용하기 시작했다. 따라서 질적 연구가 아직은 특수교육 연구에 폭넓게 사용되어 온 접근이 아니라 하더라도, 현재 그에 대한 인식과 그 활용이 점차 늘어나고 있다.

Ⅱ. 질적 연구와 양적 연구의 차이

흔히 질적 연구는 실험주의적 혹은 실증주의적 연구로 불리는 양적 연구와 대조되는 것으로 인식된다. 질적 연구와 양적 연구에 대해 일부학자들은 사회현상의 연구방법에 대한 경쟁적인 관점으로 보고 이들은 본질적으로 서로 다른 인식론적 가정에 기초하고 있다는 것을 강조한다.

예를 들면 Filstead(1979)는 질적 연구와 양적 연구의 차이는 지식의 본질, 사회적 현상을 개념화하기 위한 인식의 틀과 이런 현상을 파악하는 과정에 있어서 차이가 있다고 주장하였다. 한편 일련의 학자들은 질적, 양적 연구는 단순히 사회를 탐구하는 여러 가지 방법을 의미하는 것으로 파악하여 이들 간의 통합조차 가능하다고 주장하였다.

먼저 Goetz & Lecompte(1984)는 질적 연구와 양적 연구의 차이를 다음 네 가지의 차원, 즉 귀납적 대 연역적 차원, 주관적 대 객관적 차원, 이론의 생성 대 이론의 검증 차원(generation vs verification), 구성화 대 수량화(construction vs enumeration) 차원으로 연구방법의 차이를 밝혔다.

여기서는 Stainback & Stainback(1988)이 제시한 다음의 10가지 준거를 통하여 질적 연구와 양적 연구의 차이를 논하고자 한다.

1. 목적

양적 연구의 목적은 인과관계, 일반적 법칙과 예언 및 통제를 탐색하는 것이다. 양적 연구의 기초는 '자연'과학에서 채택한 '과학적' 모형이다. 반면에 질적 연구의 목적은 인간행동의 이면에 감추어진 관념, 느낌, 동기, 신념 등을 보다 심층적으로 이해하는 데 있다. 본질적으로 질적 연구는 의미추구를 지향하고 있다. 즉 인간이 그들이 처한 환경 속에 있는 사건, 사물, 타인 및 상황에 부여한 해석과 의미들을 탐색하는 데 있다.

2. 실재

양적 연구는 개인의 신념과는 별개로 객관적 실재를 지닌 사회적 사실이 있다고 가정한다. 양적 연구자들은 사실과 행동의 원인에 초점을 두고, 이러한 사실들은 변화하지 않는다고 생각한다. 단 하나의 고정되고 검증 가능한 실재만이 존재한다고 믿는다. 또한 사실의 축적을 강조한다. 이에 반해, 질적 연구자들은 실재는 개인이나 집단이 특정 상황을 규정하는 과정을 거쳐 사회적으로 구성된다고 가정한다. 질적 연구자들은 실재의 변화성이나 역동성을 중시한다. 교육적 사안에 대한 인간의 지각은 복합적이고, 갈등적이며, 변화한다. 따라서 실재는 역동적이다. 질적 연구자는 과거와 현재의 연구결과가 중요하다고 생각하며, 변화하는 실재에 대한 후속연구를 수행하기 위한 기초로 그러한 연구결과들을 참조한다.

3. 관점

양적 연구자들은 국외자(outsider)의 관점에서 실재 또는 '외적' 사실들을 연구하려 한다. 다시 말해, 그들은 분절되고 객관적인 관점을 견지한다. 양적 연구자들은 교육적 문제에 관한 사실들을 연구함에 있어, 사람들마다 다소 차이가 있을 수 있는 사적 직관이라고 하는 잠재적인 편견으로부터 탈피해야 한다고 본다. 이와는 대조적으로, 질적 연구자는 내재자(insider)의 관점을 강조한다. 그들은 연구하고자 하는 교육활동이나 교육절차를 직접적으로 경험했던 사람들과 대화를 나누고, 스스로 그 활동을 관찰하거나 참여하여 직접적인 경험을 하기도 한다. 그들은 직접적 경험이야말로 가장 의미 있는 자료를 제공해 준다고 믿는다.

4. 가치

양적 연구자들은 연구가 가치중립성을 유지해야 하고, 이렇게 할 수 있는 방법은 객관적이며 계량적인 연구방법론을 고수하는 것이라고 생각하고 있다. 양적 연구방법론으로 연구를 설계하는 목적은 연구를 수행하는 상황에서 가능하면 주관적 요소를 분리하고 배제하기 위한 것이다. 한편, 질적 연구자들은 연구과정에서 연구자의 가치관이 개입되는 것은 필연적인 현상이며, 연구를 수행해서 그 결과를 보고할 때, 연구자는 이러한 점을 반드시 이해하고 고려해야 한다는 점을 강조한다. 질적 연구자들에 따르면, 연구자가 연구하려는 문제를 선정하고, 연구문제의 골격을 구성하고, 측정도구와 연구설계의 방법을 선택하여, 거기서 얻은 자료를 분석하고 해석할 때, 연구자는 자신이 가진 가치관에 영향을 받게 마련이다.

5. 초점

양적 연구자들은 개별적 방식으로 사물을 관찰한다. 그들은 특정한 연구변인을 확인해서 연구를 위해 이를 분리시키려고 한다. 양적 연구자들이 이러한 작업을 하는 목적은 연구를 조직화하고 사태를 통제하기 위해서이다. 결과적으로, 그들은 특정의 연구변인에 관한 자료를 수집하기 위해 선정된 표준화 검사, 질문지, 미리 설계된 관찰도구 등을 사용한다. 이와는 대조적으로, 질적 연구자들은 완전한 또는 총체적(holistic) 관점을 얻기 위해 하나의 전체로서 탐구되어야 할 문제이면 무엇이든 연구하려고 한다. 총체적 관점에 도달하기 위해서는 자료를 광범위하게 준비할 필요가 있다. 학교 서류와 기록, 사진, 비디오테이프, 신문기사, 관찰노트, 피면접자의 진술, 사례사 등의 자료뿐만 아니라, 심지어 양적 연구의 결과까지도 질적 연구자가 수집할 수 있는 자료의 대상이 될 수 있다. 이렇게 함으로써 질적 연구자는 그가 수행하는 연구가 무엇이든 그것을 위해 깊이 있고 완전한 묘사를 해낼 수 있다.

6. 방향

양적 연구절차는 고도로 조직화되어 있으며 흔히 검증(verification) 지향적이다. 양적 연구에서는 미리 설정된 가설을 검증하기 위해 변인과 절차를 엄격히 통제한다. 가설에 대한 편견이나 선택적 지지를 방지하기 위해 융통성은 억제된다. 반면에 질적 연구의 절차는 융통성 있고, 탐색적이며, 발견 지향적이다. 질적 연구자는 연구의 진척에 따라, 수집한 자원과 유형을 변화시키거나 첨가할 수 있다. 최초로 수집한 자료는 연구와 관련된 다른 자료의 자원과 유형으로 연구자를 안내해 주는 길잡이로서의 역할을 한다. 질적 연구자들에 의하면, 이러한 방안은 보다 엄격히 제한된 접근으로 성취될 수 있다기보다는 연구되고 있는 것에 대한 보다 심층적이고 타당한 이해를 얻는 데 도움을 준다고 본다. 일반적으로 말해서, 어떤 사실을 검증 또는 발견하는 데 양적 연구와 질적 연구를 모두 사용할 수 있지만, 양적 패러다임은 이론, 아이디어, 개념 등을 검증 내지 입증하는 데 관심을 가지며, 질적 패러다임은 아이디어와 개념의 발견과 탐색, 이론의 구축에 더 주안점을 두고 있다.

7. 자료

양적 연구자들은 인간들의 느낌이나 사고와는 유리되어 존재할 뿐더러, 전형적으로 수량적 기법으로 표현되는 객관적 자료에 초점을 둔다. 양적 연구자들이 생각하기에, 사실들은 인간의 외계에 독립적으로 존재한다. 이와 대조적으로, 질적 연구자들은 인간의 마음속에 존재하고, 전형적으로 꾸밈없는 언어로 표현되고 보고되는 주관적 자료에 관심을 갖는다. 질적 연구자들은 인간들이 자신이 처한 환경 속에서 일어나고 있는 사건들에 담겨있는 의미를 이해하는 일이 중요하다고 생각한다.

8. 도구

양적 연구에서 가장 흔히 사용되는 자료수집 도구는 지필식 검사, 미리 구성된 관찰기록, 질문지, 평정척도 등이다. 이러한 도구들을 사용하면 연구대상으로부터 동일한 방법으로 동일한 자료를 동시에 수집할 수 있게 된다. 한편 질적 연구에서 자료를 수집하는 가장 중요한 도구는 바로 연구자 자신이다. 질적 연구자의 말을 빌자면, 인간은 그들 생활 속의 사태에 사람들이 부여하는 의미를 파악할 수 있는 가장 훌륭한 도구이기도 하다. 그처럼 주장할 수 있는 한 가지 이유는 인간이 자연적 사태에서 질적 연구를 수행할 때, 직면하게 될 다양한 실재를 두루 포괄하고, 또 거기에 적응해 나갈 수 있을 만큼 충분한 융통성을 지닌 유일한 도구이기 때문이다.

9. 조건

연구하고자 하는 변인 이외의 다른 변인이 행동변화 또는 변인들 간의 기능적 상호 관련성에 미치게 될 가능성을 배제하기 위해, 양적 연구의 자료는 통제된 조건하에서 수집된다. 이와는 대조적으로, 질적 연구의 자료는 자연적(naturalistic) 방법으로 수집된다. 자연발생적인 상황에서 프로그램과 절차를 연구한다. 이 방법에서는 수집하고 있는 자료에 자연적으로 영향을 미치는 변인들이 아무런 구애 없이 계속 작용할 수 있다.

10. 결과

양적 연구자들은 타당성 있는 자료를 얻게 되기를 희망하지만, 실제에 있어 신뢰성 있는 자료를 더 강조한다. 신뢰성이란 일관성이나 안정성이란 말과 같은 의미로서, 연구자가 얻은 연구결과를 반복하고 재생시킬 수 있는 연구자의 능력을 말한다. 반복 가능한 '경성적' 자료는 '과학적' 방법의 필수요건으로 받아들여지고 있다. 반면에 질적 연구자들은 신뢰성에는 별다른 관심을 기울이지 않고, 타당성 있는 자료를 강조한다. 타당성이란, 연구자가 연구하고 있는 것에 대한 진정한 모습을 완전하고 총체적으로 나타내는 것을 말한다. 질적 연구자에 의하면, 연구하고 있는 토픽을 철저하고, 풍부하게, 또한 심층적으로 이해하는 일은 무엇보다 긴요하다.

이러한 질적 연구와 양적 연구의 경향성의 차이를 종합적으로 정리해보면 다음 표와 같다(Glesne & Peshkin, 1992).

<양적 연구와 질적 연구의 차이>

	양적 연구	질적 연구
목적	예언과 통제: 인간행동의 원인과 결과를 탐색한다.	이해: 인간의 해석과 지각을 이해하려 한다.
실재	정체성: 실재는 변화되지 않는 사실로 구성되어 있다.	역동성: 실재는 인간의 지각이 변화됨에 따라 변화한다.
관점	국외자: 실재는 양으로 나타낼 수 있는 자료로 존재하고 있다.	내재자: 실재는 인간이 존재하고 있다고 지각하는 바의 것이다.
가치	가치개방성: 가치는 적절한 방법론적 절차로 통제할 수 있다.	가치제한성: 가치는 영향력을 가지며, 연구를 수행하고 보고할 경우 이해되고 고려되어야 한다.
초점	개별성: 미리 선택하고 정의한 변인을 연구한다.	총체성: 전체적 또한 완전한 상황이 추구된다.
방향	검증: 미리 설정한 가설을 검증한다.	발견: 수집된 자료에서 이론과 가설을 발견한다.

자료	객관성: 자료는 인간의 지각과는 독립되어 있다.	주관성: 자료는 환경 속에 있는 인간의 지각이다.
도구	비인간: 미리 구성한 검사, 관찰기록, 질문지, 평정척도 등을 사용한다.	인간: 인간이 일차적 자료수집 도구이다.
조건	통제성: 통제된 조건하에서 연구를 수행한다.	자연성: 자연적 상태에서 연구를 수행한다.
결과	신뢰성: '엄격'하고 반복 가능한 자료를 얻기 위한 실험설계와 절차를 강조한다.	타당성: '실제적'이고 '풍부'하며 '총체적' 자료를 얻기 위한 연구설계와 절차를 강조한다.
접근 방법	가설과 이론이 선행됨 조작, 통제 형식적 도구 사용 실험적 연역적 요소의 분석 규준의 탐색 수량화 추상적 언어	가설과 기초 이론의 발견 묘사(기술) 도구로서의 연구자 자연적 귀납적 패턴의 탐색 다원성과 복합성의 탐색 비수량화 구체적 언어
연구자의 역할	공정성 객관적 기술	개인적 관여와 편파성 공감적 이해

Ⅲ. 질적 연구의 제 문제

실증주의에 기초한 과학적 접근방법에 대한 비판과 1960년대의 현상학에 힘입은 질적 연구는 현상에 대한 일차적 자료 및 총체적 정보를 제공해 줄 수 있으며, 사회 구성원들의 관점과 해석, 의미에 대한 이론화라는 유용한 연구결과를 가져다주었다.

그러나 질적 연구는 연구결과의 신뢰도, 타당도 및 일반화 가능성에 있어서 여러 가지 비판을 받기도 하는데 예컨대, 주관적 연구, 편견이 게재된 연구, 일화적인 연구, 르포 등이 그것이다. 질적 연구가 가지고 있는 문제점들과 그 대안에 대해 Bryman의 논의를 중심으로 고찰해 보자.

1. 해석의 문제

사회현상에 대한 연구대상자의 해석을 탐구하는 것이 질적 연구의 기본 목표라는 것에는 의심할 여지가 없다. 그러나 어떻게 타인이 인지하는 것처럼 인지할 수 있는가? 즉 질적 연구자들 내에서도 논쟁되는 문제는 질적 연구자가 실제 연구대상자의 관점에서 설명을 하고 있는가? 그리고 그들 관점에 대한 연구자의 해석이 갖는 타당성을 어떻게 평가할 것인가? 등에 관한 것이다.

예컨대, 사모아인을 연구한 Meadm(1928)와 Freeman(1983)의 연구결과의 불일치와, 멕시코의 한 마을인 Tepozlan에 대한 Redfield(1930)와 Lewis (1951)의 연구결과의 불일치는 동일한 연구대상에 대한 질적 연구자들 간의 상이한 가정과 해석에 기인한 것이라고 볼 수 있다.

이러한 해석에 있어서 불일치의 문제가 발생하는 이유는 연구자가 실제로 연구대상자의 세계관 안으로 들어가려고 했는지, 그들의 세계관을 적절히 이해했는지, 그리고 행위와 사건에 대한 연구자의 해석이 연구대상자의 해석과 일치하는지를 확인할 수 없기 때문이다.

이러한 문제에 대한 대안으로 나타난 것이 구성적 문화기술적 연구이다. 구성적 문화기술적 연구는 자료의 복원가능성을 강조하는데, 사건의 순서, 대화, 현장 기록 등의 원자료를 꼼꼼하고 자세하게 기술함으로써 연구대상자가 이것을 어떻게 이해하는가에 대한 대안적 해석을 가능하게 한다.

질적 연구가 갖는 해석상의 문제에 대한 또 다른 대안으로는 연구자가 그의 연구결과를 연구대상자에게 제시하는 응답자 타당화를 들 수 있다. 예를 들면 Bloor은 Beachside 학교에 대한 그의 연구에서 여러 가지 방법으로 응답자 타당화를 실시하였는데, 자신의 연구논문을 연구대상자에게 나누어주었을 뿐만 아니라 연구대상 학교에서 두 번이나 세미나를 개최하였으며 또한 논문을 교장에게 주어 교장이 각 부서의 교사들에게 돌리는 방법을 사용함으로써 연구의 신뢰성을 확보하고자 하였다.

결국 연구자가 제시한 연구대상자의 관점에는 연구대상자가 세상을 보는 방식, 그것에 대한 질적 연구자의 해석, 그리고 연구자가 속해 있는 문화적 공동체에 제시하기 위해 연구자가 행한 해석의 각색이라는 세 가지 요소가 포함되어 있으므로, 여기서 해석의 문제가 발생하는 것이다.

2. 이론과 연구의 문제

질적 연구는 이론과 경험적 탐구가 그 안에 서로 맞물려 있는 입장을 취하고 있다. 질적 연구자들은 연구 이전에 혹은 연구 초기에 이론을 전개시키거나 적용하는 것은 연구대상자의 시각을 볼 수 있는 연구자의 능력을 왜곡시킨다고 생각하므로 이론적 아이디어의 명시는 현장 연구 도중 혹은 말미에 등장하며 연구에 선행해서는 안 된다고 주장한다. 즉 질적 연구에 있어서 이론은 현장 연구과정에서 도출되고 현장 경험 내에서 정련되고 검증되며 점차적으로 자료수집의 마지막 단계에서 추상적으로 정교화된다.

질적 연구에서 이론과 탐구간의 연계에 있어서 가장 많이 사용되는 접근법은 Zamaniecki(1934)가 제창한 분석적 귀납법이다. 분석적 귀납법은 현상의 범주들 간의 관련성을 알아보기 위해 자료를 세밀히 검토하고 최초의 사례를 조사하여 연구가설을 개발한 후 다음 사례를 토대로 가설을 수정하는 방법인데, 분석적 귀납법의 주요 단계를 살펴보면 다음과 같다.

첫째, 초보적 문제의 규명, 둘째, 문제의 가상적 설명, 셋째, 가설의 적합성을 결정하기 위한 사례의 검토, 넷째, 가설과 적합하지 않은 사례가 발견되었을 때 가설 중단 또는 문제의 새로운 규명, 다섯째, 부정적인 사례로 인한 가설의 재설정, 여섯째, 부정적인 사례가 더 이상 발견되지 않을 때까지 이 과정을 계속해 나가면서 보편적인 관계를 설정하는 것이다.

그러나 Bulmer(1979)는 연구자가 정말 연구과정의 마지막 단계까지 그가 알고 있는 이론이나 개념을 보류할 수 있는가에 의문을 제기하였다. 또한 질적 연구자는 이론적 사고를 보류할 수 있는가의 문제와는 별도로 이론적으로 중립적인 방식으로 연구를 수행할 수 있는가에 대해서도 비판을 받고 있다.

3. 일반화의 문제

자연적인 상황에서 연구를 수행하는 질적 연구에 있어서 그 결과를 일반화하는 데는 많은 어려움이 있다. 첫째 이유로는 인간은 독특성을 지닌 다양하면서도 복잡한 존재이며 또한 자연적 장면들도 복합성과 독특성을 가지고 있기 때문이다. 둘째 이유는 시간의 변화나 경과에 따라 연구결과가 일반화되기 어렵기 때문이다. 특히 질적 연구는 학교, 지역사회, 범죄 집단 등 대체로 하나의 장소에서 이루어진 연구이므로, 하나의 사례에 의존하는 것은 연구결과를 어느 정도까지 일반화할 수 있는가 하는 문제를 던져 준다. 만약 연구결과가 특수한 상황에만 적용될 수 있는 것이라면 사례 연구를 통해 사회정책에 영향을 줄 수 있는 질적 연구자의 능력은 감소될 수밖에 없다.

따라서 질적 연구의 일반화 가능성을 높이기 위한 방안으로 삼각검증법(Triangulation)을 들 수 있다. 삼각검증법이란 질적 연구가 단일 연구, 단일 자료원천, 단일 연구자로 인해 생기는 편견을 방지하기 위해 다양한 자료수집방법, 다양한 원천의 자료, 둘 이상의 연구진을 구성하는 방법 등을 일컫는다.

질적 연구에서 일반화를 증진시키기 위한 구체적인 연구전략을 살펴보면 다음과 같다.

첫째, 하나 이상의 사례를 연구하는 것이다. 예를 들면 Skolnick은 미국의 한 도시인 Westville에서 경찰에 대한 참여관찰을 수행하면서 이 도시와 비슷한 규모이며 유색인종의 비율과 산업 등 여러 면에서 유사한 도시인 Eastville도 함께 연구하였다. 이러한 방법으로 Skolnick은 보다 넓은 관점에서 Westville을 관찰할 수 있었으며 두 도시의 경찰이 서로 다른 방식으로 정보제공자를 다룬다는 것도 밝혀냈다.

둘째, 양적 연구에 있어서의 공동연구처럼 여러 연구자들이 수행한 다수의 사례들을 고찰하는 것이다. 예를 들면 한 가지 사례에 대한 공동연구로서 의과대학 학생문화에 대한 연구가 있으며, 하나 이상의 사례에 대한 공동연구로는 Galton과 Delamont가 논의한 ORACLE(Observation Research And Classroom Learning Evaluation) 연구를 들 수 있다.

셋째, 연구대상이 될 수 있는 사례들 중에서 전형적으로 어떤 특징을 갖고 있다고 밝혀진 사례를 연구대상으로 삼는 것이다. 예를 들면 국제인쇄공 노동조합에 대한 연구가 있는데 이 노동조합은 다른 조합과는 달리 내부조직이 민주적이기 때문에 선정되었으며 따라서 민주주의를 조장하는 힘이 어디에서 나오는가를 연구하는데 적합한 사례였다.

하지만 일부 학자들은 위와 같은 다양한 연구전략을 통해 일반화를 강화시키는 것이 모든 연구에 있어서 반드시 필요한 것을 아니며, 수행하는 연구의 목적과 내용에 따라 방법을 달리 할 수 있다고 지적하였다. 즉 일반화는 여러 연구들의 결과를 수집하여 통합하거나 혹은 대량표집에 의한 연구에서 중시되어야 할 문제라는 것이다.

이상에서 질적 연구가 직면하고 있는 여러 가지 문제점 및 이를 극복하기 위한 다양한 노력들을 고찰해 보았다. 결과적으로 질적 연구방법이 갖는 제한점은 질적 연구방법에 대한 자성적 노력과 양적 연구와의 통합에 대한 길을 모색하는 계기가 되었다.

Chapter 5

자료수집 방법

Ⅰ. 질적 연구를 위한 자료수집

연구에 있어서 질적이냐 양적이냐 하는 것은 연구방법론의 문제인데, 연구방법론은 연구논리(Research Logic)와 연구기법(Research Technic)의 두 측면을 포함한다. 연구논리는 한 연구의 이면에 전제되어 있는 그 연구를 지배하는 철학적 인식론을 표명한다. 따라서 인식론이 다르면 연구의 방향과 과정이 달라진다. 연구논리적인 측면에서 질적 연구는 인간행동의 주관적 측면을 강조하는 현상학적 인식론에 바탕을 두고 있으나, 여러 갈래의 전통 속에서 형성되어 질적 연구의 배경이 되는 인식론도 매우 다양하다. 즉 현상학적·해석학적·실존주의적·상징적·상호작용론적·연극사회학적·민족방법학적 등의 연구논리를 비롯하여, 문학적, 미학적, 역사학적 연구 등도 질적 연구의 논리를 공유하고 있다. 질적 연구는 일반적인 자료수집전략으로 심리측정도구나 설문지, 구조화되지 않은 면접, 구조화된 면접, 생계사에 대한 자료수집, 비표준화된 조사, 표준화된 조사, 다양한 관찰지나 관찰유형, 인간이 양산한 다양한 산물 수집 그리고 문서 등을 포함하고 있다.

이번 장에서는 문화기술학적 또는 질적 연구에 있어서 어떻게 자료를 수집하는가에 대한 방법을 제시하고자 한다. 먼저 자료를 수집하기 위하여 현장에 들어가기 전에 연구자가 미리 갖추어야 할 자세를 제시하고 구체적인 자료수집방법 및 유의사항을 살펴보자.

1. 자료수집을 위해 현장에 들어가기 전의 준비

1) 선입관을 배제하고 가설은 나중에 개발한다.

대부분의 양적 연구에서는 연구자가 먼저 가설을 설정하여 관찰을 시작하며, 이 가설들에 관련된 정보를 모으기 위해 설계된 관찰 모형을 개발하여 연구에 임한다. 그러나 문화기술학적 연구 또는 질적 연구에서는 연구자가 특정한 가설을 가지고 시작하지 않으며 특정 기대나 선입관을 배제하려고 노력하면서 관찰에 임한다. 오히려 관찰자료를 모으고 분석하는 가운데 연구자는 관찰한 현상을 이해 또는 설명을 돕기 위해 가설을 개발한다. 선입관의 배제에 대하여 Leach는 문화적 차이를 표현하는 '원시적', '퇴보적', '미개발적', '유치한', '무지한', '단순한', '태고적의', '문명적의' 등등의 우월성 또는 열등성을 나타내는 독단을 벗어나야 한다고 한다. 특정 원주민에 대하여 Leach는 그들이 연구자와 다른 배경을 가진 사람이기 때문에 '다른' 사람 그 자체에 관심을 두어야 한다고 한다. 그러므로 선입관이 연구자의 관찰에 대한 객관성을 저해할 수 있기 때문에, 연구자는 연구참여과정 중에도 수시로 자신의 생각을 점검해야 하는 것이다.

2) 면밀한 관찰과 직관이 필수적이다.

질적 연구방법의 현장 참여관찰에 있어서는 세 가지 측면의 유의를 요한다. 첫째, 질적 연구는 일상세계의 다양성을 중시하므로 인간, 사물, 현상 등에 대한 면밀한 관찰이 필수적이다. 둘째, 그 현장에서 일어나는 다양한 행동, 사건, 태도, 삶에 대한 반응(표정, 몸짓), 가치관 등에 대한 상세한 기록을 요구한다. 이러한 활동을 통하여 산출된 풍부한 자료는 양적 연구의 가설형성과 계량적 기초를 제공할 뿐만 아니라 양적 연구가 놓친 정보나 왜곡을 밝히는 데에 기여하기도 한다. 셋째, 현장 연구의 자료수집의 한 방법은 가능한 한 그 현장을 직관하는 것이다. 이에 대한 뒷받침은 한 곳에서 오랫동안 집중적인 참여관찰로 아무런 사전의 개념적 기대를 가지지 않고 자료를 수집하여 현장에서 연구자가 연구와 관련된 질문에 대해 직관력을 가지고 연구자료를 모아서 귀납적으로 결론을 맺는 것이다. Jackson은 '학교에서의 도덕적인 생활' 프로젝트를 시카고의 한 공립초등학교 1학년 교실 내부를 관찰하면서 수많은 의문들이 떠올라서 어느 것이 훌륭한 질문인지 혼란스러웠다고 한다. 그런데 마음 한 구석에서 계속 "너의 직관을 따르라"라고 읊조렸기 때문에 나중에 큰 도움이 되었다고 한다.

이런 접근은 특히 인류학자들에게 있어서 가르쳐지기 보다는 신비한 과정을 거쳐서 이루어진다고 볼 수 있다. 가장 바람직한 준비는 인류학이나 사회학 교육과정의 전공과목과정에 대한 확고한 이론 또는 기초를 가지는 것이다. Alfred Kroeber는 의과대학 학생이 아메리칸 원주민사회의 현장 연구방법에 대한 조언을 구하러 오면, ① 먼저 인디언을 찾아라(실수로 엉뚱한 집단을 탐구하지 말라), ② 연필과 메모지가 필요하다, ③ 그 펜이 잘 쓰이는 것을 확인하고 남에게 빌려 주지 말라는 조언을 했다고 한다. 이런 조언은 연구에 대한 사전의 어떤 선입개념이 없이 현장에 들어가서 실제로 그 상황에 당면해 봄으로써 스스로 어려운 문제들에 대처해 보고 결론적으로 분석기준을 구하게 된다는 것이다.

3) 연구결과를 확증할 수 있도록 삼각검증법이나 그에 상응하는 대안책을 강구한다.

한 연구자의 시각에서 참여관찰을 통한 자료수집은 그 자료의 정확한 이해나 다른 사람의 지각을 정확히 반영하고 있는가가 확인되지 않으면 그 연구결과를 확증할 수가 없다. 그 연구자의 단일한 편견이나 선호하는 측면위주로 자료를 수집하거나 해석하는 경우 질적 연구의 적합성 및 타당성은 상당히 훼손될 것이다.

질적 연구의 타당성을 높이고 다른 연구자들로부터의 비판을 막기 위하여 다양한 자료수집 방법, 다양한 자료원천 활용, 둘 이상의 연구진을 구성하는 방법이 있다. 이러한 접근을 '삼각검증법(Triangulation)'이라고 하는데, 삼각검증법은 연구나 평가결과의 타당성을 향상시키기 위한 전형적인 전략이다. 이 접근은 다양한 측면의 자료수집과 다양한 자료의 활용, 그리고 둘 이상의 연구진을 형성함으로써 한 사람이 가질 수 있는 편견을 지양하고 발견된 사실을 확인할 수 있다. 이 전략의 이론적 근거는 연구방법들을 연합함으로써 관찰자들이 각 방법의 독특한 결점들을 극복하는 동시에 강점들을 취할 수 있다는 것이다.

4) 현장 연구장소로서 친숙한 곳이나 현재 관계하는 곳은 피한다.

초기의 문화기술학적 현장 연구는 연구자가 사는 사회와는 아주 동떨어져 있거나 문화양상이 아주 다르고 또한 연구자가 처음 가보는 장소를 선택하여 이루어져 왔다. 사회 인류학자들은 자기 자신이나 자기가 살고 있는 사회는 연구를 하지 않고 왜 아마존 강 상류의 일자형 공동주택에서 불편한 생활을 하였겠는가? 등의 적합하지 않은 연구를 하는 경우가 있다. 이런 경우에는 오히려 연구목적의 적합성에 따라 아마존 강 상류가 아니고 우리가 살고 있는 인근 초등학교의 어떤 특수학급이 그 현장이 될 수도 있을 것이다. 그러나 연구자가 그 현장과 아주 친숙하거나 계속 있던 곳이거나 연고자가 있을 경우 현장 연구 시에 어떤 행동이 출현할 것인가를 상상해 보라. 모 교육대학교의 연구자가 그 대학교의 실습지에 가서 현장 연구를 한다면 그는 초보자, 신참자 또는 학습자로서 그 현장에 수용되는 것이 아니라, 전문가나 경험자로서 관찰에 임하거나 그러한 대우를 받게 되어 자료의 신빙성이나 타당성을 지킬 수 없게 될 것이다. 따라서 현장 연구의 장소로서는 친숙한 곳이나 현재 관계하는 곳은 피하는 것이 바람직하다.

Ⅱ. 자료수집 방법 - 관찰법

일반적으로 질적 연구의 신빙성에 대한 모든 논점은 다양하고 광범위한 자료를 수집하기 위해 일련의 절차를 어떻게 활용하느냐 하는데 의거해 있다. Wolcott(1973)는 "질적 연구결과에 대한 사람들의 회의적 태도는, 특히 그 연구가 복잡한 사회에서 형식적 교육의 어떤 측면들을 기술하는 경우에, 채택된 자료수집 절차의 복합성 정도와 반비례하여 정당화될 수 있다"고 지적하였다.

질적 연구에 활용되는 자료수집 방법에는 여러 가지가 있지만, 그 중에서 가장 대표적인 참여관찰법을 살펴보자.

1. 상호작용적인 방법

상호작용적인 방법에서의 네 가지 전략, 즉 참여관찰, 주요정보자 면접, 생계사, 조사지 등은 참여자에게 어느 정도로 질문하느냐와 그들로부터 얼마만큼 정보를 인출하느냐에 달려 있다. 이러한 방법들은 정보의 획득이 통제 가능한 방식으로 신중한 측정을 통하여 얻어지는 이점을 가지고 있다. 유도와 사적인 상호작용을 통하여 조사자는 연구에서 요청된 질문에 관한 자료를 더 잘 얻을 수 있다. 그러나 이러한 접근은 반작용이 더 심하거나 다소 신중하지 못한 측면을 갖고 있다. 다시 말하자면 관찰자 효과는 참여자를 자유방임적으로나 무의식적으로 자료를 그릇되게 또는 잘못 제공하도록 유도할지도 모른다.

1) 참여관찰

참여관찰에서 연구자는 사람들이 행하는 것을 관찰하고, 그들이 말하는 것을 청취하고, 가능한 대로 그들의 행동에 참여한다.

참여관찰
Levine과 Langness는 17명의 경도 정신지체아의 일상적 의사결정과 추리과정에 관한 연구에서 참여관찰을 사용하였다. 연구자는 11개월 이상 동안 -(중략)- 참여관찰 연구를 수행하였다. 전형적으로, 현장 연구자는 양자를 모두 아는 사람에 의해 참여자[정신지체아]에게 소개되었고, 세탁, 은행 거래, 식사준비, 쇼핑 등과 같은 일상사에 그 참여자와 동반할 수 있게 되었다. 일례로서, 식료품을 사러 슈퍼마켓에 가는 동안의 관찰은 다음과 같은 형태로 진행되었다. 현장 연구자는 그 참여자와 동반하여 그가 일상적으로 가는 슈퍼마켓에서 정규적인 쇼핑을 할 것을 약속하였다. 슈퍼마켓에서 그 참여자가 쇼핑을 하는 동안, 현장 연구자는 따라 다니면서 필요한 경우 노트하고 의사결정과 추리과정에 대해 참여자에게 질문을 하였다.

(1) 참여관찰 방식을 정의한다.

현장작업은 연구가설을 세우고 연구문제의 해답을 얻고, 연구목적을 충분히 달성할 수 있을 만큼 길어야 한다. 문화인류학에서는 최소한 6개월 내지 1년을 현장 참여기간으로 잡고 있다. 여기서 현장 관찰의 기간에 대한 유의점은 전형적으로 정해진 기간이 아니라 연구자가 설정한 연구문제에 달려 있다는 것이다. 한편 Goetz & LeCompte(1984)는 조사자가 조사를 받고 있는 사람들과 같은 방식으로 가능한 한 오래 체류하기를 권하고 있다. 오랫동안 같이 사는 가운데 연구자는 그 사람들과 일상생활의 일부를 같이 하고 활동이나 상호작용을 그 때 또는 가능한 한 빨리 현장 기록하거나 재구성할 수 있기 때문이다. 이같이 가능한 한 오래 같이 살거나, 일정기간 같이 생활하거나, 일정기간 체류한다거나, 일정기간 동안에 정기적으로 특정 시간에 참여관찰 하는 등의 방법이 있다.

(2) **참여관찰 하는 동안의 역할을 정의한다.**

현장기록에 포함되는 것은 연구자의 지각에 근거한 해설인 바, 이것들은 그 집단 내의 연구자의 사회적 역할이나 그 사회적 역할의 결과로서의 사람들의 반응에 영향을 받는다. 이러한 해석적인 기록들은 조사자가 조사하는 가운데 맡은 다양한 역할을 통하여 참여자와의 관계에서 개발하는 감정이입에 기초하고 있다. 참여관찰 동안의 역할의 종류는 연구자로서 지도자와 주로 상호작용(지도자가 주로 참여자의 역할)하는 역할과 연구자로서 연구대상자와 주로 상호작용(그 집단구성원이 참여자의 역할)하는 것으로 나누어 볼 수 있으며, 참여자의 역할은 중립적인 정보제공자, 중재자, 지도자, 연구대상자 등의 역할 가운데 몇 가지를 공유할 수도 있다. Goetz & LeCompte(1984)에 따르면, Janes는 중서부지방의 작은 마을에서 8개월 동안 수행한 현장 작업을 그의 역할에 따라 진행적으로 재정의하여 자료를 구분한 것에 대해 논의했다고 한다. Everhart는 그의 현장 주재가 중학교에서 2년이 넘도록 기간이 연장되었는데, 참여자의 기능으로서 그의 역할에 관하여 재정의한 자료에 대해 자신이 취한 민감성의 변화를 기록했다고 한다. 이러한 예시는 연구자의 현장 참여의 역할에 따라 그 연구자료의 내용 및 수집이 영향을 받을 수 있음에 유의해야 할 필요성을 시사하고 있다.

또한 참여관찰자의 역할은 현장 참여의 정도에 따라 달라질 수 있는데 소극적 참여에서부터 완전 참여에 이르기까지 다양할 수 있다. 일단 현장 참여의 정도가 결정되면, 참여관찰자는 자연스러우면서도 중요한 참여자가 되도록 노력하면서 참여활동과는 본질적으로 성격이 다른 활동을 해 낼 수 있어야 한다. 즉 한 사람의 사회과학자적 입장에서 기록들을 개관해 보기 위해 주기적으로 참여상황으로부터 자기 자신을 분리시켜야 한다(Stainback & Stainback, 1988).

(3) 방언이나 언어의 다양성에 대한 친밀의 정도를 파악한다.

참여관찰은 현장의 조직구조와 그 사람들로부터 현실에 대한 정의를 이끌어내도록 해야 한다. 이러한 정의들은 특정한 언어의 형태로 표현되기 때문에, 특히 중요한 것은 문화기술학자들이 참여자의 방언이나 언어의 다양성에 친밀해야 한다는 것이다. 아동과 청소년들을 연구하는 사람들은 청소년들이 현재 사용하는 언어에 친밀하면서도 침착해야 한다. 또한 그들은 교사와의 대화에서는 교사가 실제로 무엇을 하는가 보다는 무엇이 사회적으로 용납이 되는지에 대한 묘사를 중심으로 인식해야 한다. 가장 중요한 것은 이야기와 일화를 모으는 것과 교사, 부모, 아동들에게 관련된 지배적인 주제에 대한 민감성 개발에 도움을 주는 신화-교사휴게실이나 학생들의 모임에서 생기는 일상적인 소문에서 흔히 발견되는-를 모으는 것이다. 이러한 자료는 무엇이 중요하며, 무엇이 중요하지 않은가, 사람들이 서로를 어떻게 보는가, 집단이나 프로그램에 대한 그들의 참여를 어떻게 평가하는가 등을 나타낸다. 이러한 자료는 한 집단의 공식적·비공식적 목표가 어느 정도로 이루어지고 있는가를 결정하는 근거를 제공해 준다. 예를 들어 Nelson은 중서부지역의 특수교육 기관장들을 분석하였는데 기관장들이 프로그램 및 계획서를 얼마나 성공적으로 이행하는가에 대한 책임을 파악하기 위해서 상부 지도자들과 기관장들 사이에 비형식적으로 교환된 목표진술을 분석하였다.

연구자들이 봉착하는 문제 가운데 하나는 참여자들이 그들이 관찰한 행동과 상이한 자신의 활동이나 신념을 보고한다는 것이다. 그런데 사람들이 자기가 처한 세계에서 어떻게 보고 행동하느냐를 결정하는 수단으로써 참여관찰은 연구자로 하여금 그 사람들이 연구자가 또는 그들이 생각하는 것을 행동하는 것으로 검증 가능하게 할 수 있다는 것이다. 교육과정평가에 있어서, 참여관찰은 연구자로 하여금 사람들이 기대된 방식으로 교육과정혁신에 반응하거나 정보처리하고 있는가를 평가 가능하도록 한다. 이러한 참여관찰을 하면서 가장 유력하게 발견될 수 있는 것은 참여자들이 의도하지 않은 다양한 방식으로 그 혁신에 반응한다는 것이다. 다른 한편, 참여자는 중재자로서 임할 수도 있는데, 연구자가 오해하고 있거나 잘못 알고 있는 것을 바르게 고쳐주기 위하여 매일 현장일지를 재검토하는 역할을 한다. 어떤 연구자들은 참여자와 동료관계를 형성하여 참여자의 충고에 따라 관찰결과를 이중으로 설명해 보려고 한다. 흔히 문화기술학자들은 선정된 정보제공자들로부터 처리 중인 자료나 작업의 분석 등에 대한 반응을 구하기도 하나, 전통적으로 참여관찰은 사회집단 및 문화적 상황을 믿음직하게 묘사하는 자료를 얻는 중립적인 전략으로서 참여자들에 의해 검토되어 왔다. 최근에는 이것이 평가뿐만 아니라 해석 및 묘사를 위한 교육연구에서도 사용되고 있는데, '새로운 학교 연구센터'라는 한 연구에서 공립고등학교의 대안을 찾는 첫 2년간은 교사가 세운 목표를 평가하기 위하여 면접과 참여관찰을 실시했다고 한다. 그런데 기관의 의사결정에 있어서 학생참여라는 하나의 목표는 달성하지 못했는데, 이것이 학생의 관점에서 지적되었다고 한다. 이에 대해 그 연구자들은 이 실패를 학교사회에서 교사의 통제 밖에 있는 성숙요인과 역사요인으로 설명했다.

(4) 참여관찰의 지침

① 현장에 처음 들어섰을 때는 가장 접근하기 쉬운 곳을 찾는다.

Glesne & Peshkin(1992)은 현장 연구에서의 초기 참여관찰시의 유의점을 다음과 같이 들고 있다. 먼저 그 현장에서 가장 접근하기 쉬운 곳이나 반기는 사람들에게 접근하며 서로 알고 지내는 일을 시도한다. 그리고 접근금지구역에 들어가는 경우, 상부기관이나 고위 행정가로부터 허가를 받지 않는 것이 바람직하다. 즉 어떤 학교의 특정 제한구역에 접근하고 싶다면 교장의 허락을 받기보다는 평교사들과 친하게 지내는 가운데 그 구역의 담당자를 통하여 접근할 필요가 있다는 것이다. 그리고 교실수업에 참여관찰을 하러 갈 때에는 직원연수시간에 자신을 공식적으로 소개하여 모든 교사들이 연구자가 무슨 일을 하는지 알도록 한 뒤에 그들의 동의하에 수업 시작 때에 들어가고 마칠 때 나오도록 하는 것이 바람직하다.

② 현장을 연구하고 기록한다.

현장 참여의 허가가 나면, 현장에서 일어나는 모든 것을 관찰하며 연구문제에 대해 적어 내려가야 한다. 그리고 현장을 말로써 묘사하며 그림으로 그려보기도 한다. 현장에 참여한 사람들에 대해서 적어두고 사람들의 몸짓에 대해서도 기록한다. Glesne & Peshkin(1992)에 따르면, 현장일지는 독서카드를 이용하여 각 장마다 주제를 붙여서 기록하며, 나중에 분류하거나 찾아보기 쉽게 명명색인을 붙여 보관할 수도 있다. 기록은 참여자가 보는 곳에서나 보지 않는 곳에서 하거나 관계없지만 참여자의 반응에 따라 적절히 이루어질 수도 있다. 그러나 매일의 기록은 그 날 저녁에 섬세하게 보완될 수 있어야 하겠다. Glesne & Peshkin(1992)이 제시한 현장일지 기록시의 유의점은 다음과 같다.

첫째, 일지의 한 쪽은 비워 두고 기록해 나간다. 즉 한 쪽만 현장 참여시 기록하고 다른 한 쪽은 저녁에 숙소에 와서 첨가하여 기록하거나 현장을 스케치하는 데 사용한다는 것이다.

둘째, 현장일지 양쪽에 여분을 남겨 주어서 나중에 부호화하거나 명명할 수 있도록 한다.

셋째, 일지기록을 간략하게 할 수 있는 표기법을 나름대로 개발한다.

넷째, 일지기록 시에는 다른 사람과 관찰내용에 대해 이야기하거나 토의하지 않는다.

다섯째, 현장에서의 기록은 그 날 일과가 끝났다고 하더라도 계속하여 기억을 더듬어 묘사하고 규명해 보완하여야 한다.

여섯째, 예기치 않은 사건이나 일도 연구에 관련된 정보를 제공할 수 있으므로 현장 기록해 두어야 한다.

③ 연구주제에 무엇을 포함시킬 것인가를 결정한다.

문화기술학을 잘 모르는 연구자들은 사회적 상황, 문화적 장면 또는 관습적 사회집단 속에서 일어나는 모든 일을 기록하려고 시도함에 있어서 황당함을 자주 표현하고 있다. 이와 마찬가지로 초보 문화기술학자들도 모든 것을 받아쓸 수는 없는 그들의 무능함에 좌절감을 느낀다고 한다. 그러나 모든 것을 기록하거나 다 받아쓰는 것, 그 어느 것도 참여관찰자의 목표를 성취하는 것은 아니다. 관찰자 팀이라도 상호작용의 흐름은 너무 복잡하고 미묘해서 그것을 완전히 포착하기는 불가능하기 때문이다(Goetz & LeCompte, 1984).

대부분의 문화기술학자들은 그들이 정의한 주요 측면을 분명히 해주는 현상을 기록한다는 성취 가능한 목표를 취하고 있다. 참여관찰자는 두드러진 현상을 관찰하고 기록하며 무엇을 포함시키고 무엇을 제외시킬 것인가에 대해 민감하도록 하는 풍부한 기회를 보장해 주는 장기간의 현장 체류를 통하여 스스로 그 비결을 발견하여야 한다.

이러한 포함－제외의 결정은 앞에서 언급한 연구주제, 한 연구를 설명해 주는 개념적 이론적 체계, 문화기술학자가 일상적으로 접하는 사건 및 활동과 상호작용할 때 일어나는 자료 그리고 문화기술학자들이 그러한 자료들에 유착할 때 경험하는 육감 및 영감 등 여러 가지 요인에 달려 있다. 그러한 요인들의 다양성은 문화기술학에서 발견되어질 수 있는 다양성을 설명해 주는 만큼 연구장면에서 다양하게 일어나고 있다.

④ 참여관찰의 초점을 잡는다.

문화기술학자들이 참여관찰에 임했을 때 무엇을 하는가는 그 연구의 초점과 직결된다. 그들은 사람들이 무엇을 하는가를 보고, 무엇을 말하는가를 듣고, 그리고 조사를 받고 있는 집단과 사회적으로 친해지기 위해 배우는 학습자로서 참여자와 상호작용한다. 문화기술학자들이 무엇을 보려 하고 무엇을 들으려 하며, 그들이 보고 듣는 것을 어떻게 조직하는 가는 각자의 연구초점에 따라 체계화된다. 다음과 같은 체계가 인류학자나 현장 관찰 사회학자들이 공통적으로 사용하는 관찰구조를 종합한 것이다. 그들이 생각하는 자료들이 복합적으로 해석될 수 있기 때문에 영역별 초점들이 서로 겹쳐지는 것도 있다(Goetz & LeCompte, 1984).

첫째는 그 현장에 노출되어 있는 사람에 관한 질문으로 체계화되고 있다. 즉 그 집단 또는 상황에 누가 있는가? 사람들이 몇 명이나 있으며, 그들은 어떤 부류이며, 누구이며, 관련된 특성은 무엇인가? 그 집단의 또는 상황의 소속자격은 무엇인가?

둘째, 그 현장에서 일어나고 있는 사건과 행동, 대화의 내용에 관한 질문이다. 즉 여기서 무엇이 일어나고 있는가? 그 집단 속에 있는 사람들이 다른 사람에게 무슨 말을 하고 있는가?

무슨 행동이 반복적으로 일어나며, 무엇이 예외적인가? 사람들이 어떤 사건, 행동, 또는 일과에 사람들이 참여하고 있는가? 이러한 활동에 어떤 자원들이 사용되고 있으며, 그 자원을 어떻게 할당하고 있는가? 활동들이 어떻게 조직되고, 명명되며, 설명되고 정당화되는가? 어떤 상이한 사회적 맥락이 발견되는가?

그 집단에 있는 사람들이 다른 사람에게 어떻게 처신하고 있는가? 이 참여 및 상호작용의 본질은 무엇인가? 사람들이 다른 사람들과 어떻게 연결되어 있는가? 이 상호작용에서 어떤 지위와 역할이 드러나는가? 누가 누구를 위해 어떤 결정을 내리는가? 상호작용하기 위하여 사람들은 어떻게 그들을 조직하고 있는가?

그들의 대화내용은 무엇인가? 어떤 주제가 공통적이며, 어떤 주제는 지엽적인가? 무슨 이야기, 일화, 설교를 주고받는가? 언어적 또는 비언어적인 의사소통에서 어떤 언어를 사용하고 있는가? 그들의 대화내용을 주도하는 신념은 무엇인가? 어떤 형태에 따라 대화가 이루어지는가? 어떤 절차를 반영하는가? 누가 이야기하고 누가 듣는가?

셋째, 그 현장의 환경에 대한 질문으로 체계적인 접근을 한다. 즉 그 집단 또는 상황이 어디에 위치하고 있는가? 어떤 물리적 장면 및 환경이 그들의 맥락을 형성하는가? 어떤 자연적 자원이 명백하며, 어떤 기술이 창조되어 사용되는가? 그 집단이 어떻게 공간과 물건을 할당하고 사용하는가? 무엇이 소비되고 무엇이 생산되는가? 그 집단이 활용하는 맥락에서 어떤 시각, 소리, 냄새, 맛, 감각 등이 발견되어 지는가?

넷째는 그 현장에 관련된 시간적 차원의 질문이다. 언제 그 집단이 만나고 상호작용하는가? 그 모임이 얼마나 자주 있으며, 얼마나 길게 지속되는가? 그 집단이 시간을 어떻게 개념화하고 사용하며 할애하는가? 그 참여자들이 그들의 과거와 미래를 어떻게 보는가?

다섯째, 그 집단 구성원 간의 상호작용에 관한 질문이다. 그 집단 내의 인간관계에서 발견된 요소들끼리 참여자의 관점으로부터나 연구자의 관점으로부터 어떻게 연결되고 상호 관련이 있는가? 안정감이 얼마나 유지되는가? 변화가 어떻게 유래되며, 그것이 어떻게 관리되는가? 그 발견된 요소들은 어떻게 조직되는가? 어떤 규칙, 규범 또는 관습이 이 집단을 지배하는가? 이 집단은 다른 집단, 조직, 공공기관과 어떻게 연계되어 있는가?

여섯째, 그 현장에서 일어나고 있는 사건 또는 활동에 대한 의미를 직관하도록 하는 질문이다. 왜 이 집단은 이렇게 하고 있는가? 어떤 의미가 참여자로 하여금 그들이 하는 것에 귀인하도록 하는가? 그 집단의 역사는 무엇인가? 어떤 상징, 관습, 가치, 세계관이 그 집단에서 발견되어지는가?

어떤 문화기술학자들도 한 집단상황을 검증하기 위하여 이 모든 질문을 전부 다루지는 않지만, 그 체계는 관찰 초점의 주요 영역을 다루고 있다.

2. 비상호작용적인 방법

질적 자료를 수집함에 있어서 참여자와의 비상호작용적인 전략은 연구참여자와 교류를 거의 또는 전혀 하지 않는 가운데서 자료를 수집하는 것이다. 여기에는 비참여관찰법이 있다.

1) 비참여관찰

비참여관찰이란 현장에서 일어나는 사건에 개입되지 않고서 그 사건을 관찰하고 기록하는 것을 의미한다. 여기서 연구자의 역할은 냉정하게 기록하는 기록자의 역할이다. 이와 반대로 참여관찰에서는 연구자 자신도 관찰장면 속의 연구대상으로 참여하게 되는 것에 차이가 있다(Goetz & LeCompte, 1984). 관찰에 참여하는 정도가 가장 낮은 것은 일방경, TV나 비디오 등으로 상황을 관찰함으로써 행하여질 수 있다. 또한 행동장면을 관찰하면서 참여자와 상호작용하지 않으면서 이루어지는 형태를 일컫는다(Stainback & Stainback, 1988).

이와 같은 경우, 관찰할 수 없거나 의미를 알 수 없는 경우가 발생할 수 있다. 이러한 단점을 극복하기 위하여 질적 연구자들은 몇 가지의 방법을 추가로 사용하기도 한다. 예를 들면 최현섭(1992)은 이 문제를 해결하기 위하여 교사와 함께 수시로 교직의 어려운 점과 학생들의 일상적인 생활습관 등에 관하여 대화를 나눔으로써 학교의 도덕사회화에 대한 정보를 강화하였다. 또한 이인효(1990)는 교실수업에 상호작용하지 않는 비참여관찰을 했을 때, 교사들의 태도가 예전과 같지 않다는 제보를 많이 받았기 때문에 주요 정보제공자와의 면접과 학교의 규정 및 유인물을 추가로 수집하여 자료를 보완하였다. 여기서 관찰자의 노출이 참여자로 하여금 관찰되고 있다는 의식 때문에 평상시와는 달리 행동하게 한다는 문제가 제기될 수도 있다. 그러나 Shils는 어떠한 상황에서도 관찰대상으로부터 허가를 받아야 하고 연구목적을 밝혀야 한다고 주장하고 있다. 그러나 전형적인 문화인류학적 현장 연구와는 달리 진실을 추구하는 연구에서는 관찰자가 노출되지 않는 방법을 써야 한다는 주장도 있다.

문화기술학자들이 흔히 사용하는 비참여관찰 방법에는 세 가지가 있다. 먼저 행동흐름의 연대기를 기록하는 방법이 있으며, 둘째로 공간의 근접성을 중심으로 일어나는 상호작용 및 행동 형태를 연구하는 방법이 있으며, 셋째로는 상호작용을 분석하기 위한 조서를 만들어 자료를 수집하는 방법도 있다(Stainback & Stainback, 1988). 이 세 가지 방법을 간략히 소개하면 다음과 같다.

(1) 행동흐름의 연대기를 통한 자료수집

대화의 흐름 속에서 행동의 흐름을 분석하고 기록하는 것으로 참여자가 행동하고 말하는 내용을 분 단위로 정확하게 기록하는 방법이다. 이 방법은 비디오로 촬영될 수 있으며, 현장에서 손으로 바로 기록될 수도 있다. 이 접근법은 나이 어린 아동의 하루의 일과 같은 것을 연구하고자 할 때에 적절한 방법이 될 수 있다. 또한 특정 연구주제에 부합되는 연대기를 수집함에 있어서 참여자나 사건 및 상황을 종단적으로 표집하여 비교연구하기도 한다.

(2) 공간 근접성에 따른 상호작용 및 행동 형태 수집

이 방법은 인간에게 근접한 공간영역의 문화를 연구하며, 의사전달 수단으로서의 몸짓 및 표정 따위를 연구하는 것을 의미한다. 예를 들면 초등학교 1학년 아동들의 사회적 능력발달을 연구하기 위해 아동들이 교실 공간을 어떻게 사용하는가를 분석할 수 있다. 또한 백인 아동과 동양인 아동들의 서로 다른 행동행태를 연구하기 위하여 그들의 표정을 분석할 수도 있는데, 이러한 기법들이 여기에 속한다.

(3) 상호작용 분석의 조서

비참여관찰은 다양한 상호작용 분석의 조서를 사용하여 이루어질 수 있다. 이 조서는 관찰자에 의해 현장에서 즉시 만들어질 수도 있으며, 표준화된 조서, 즉 사회성 측정법(Sociograms)도 활용할 수 있다. 이러한 접근에서의 자료수집의 주안점은 참여자들 간에 상호작용이 어떻게 이루어지는가를 기록하는 것이다. 이때의 조서는 조작적으로 정의된 상호작용의 범주에 따라 기록된다. 따라서 이미 구조화된 조서에 맞지 않은 현상들은 자료수집에서 제외되는 것이 특징이다.

Ⅲ. 자료수집 방법 - 면접법

질적 연구에 있어 자료수집하는 방법 중에서 면접법이란, 연구자가 연구대상에 대한 자료를 피험자와의 대면적 관계를 통해 수집하는 방법이다. 즉, 일정한 조건하에서 피험자에게 질문을 하여 피험자가 내적으로 가지고 있는 것을 밝혀내는 방법이다. 질적 연구에서 면접의 주목적은 연구자가 직접 관찰할 수 없는 것을 발견하기 위하여 면접한다. 면접은 행동, 감정 혹은 사람들의 주변세계에 대한 해석방법 등을 알아보기 위하여, 또한 반복하기가 불가능한 과거 사건들에 관심이 있을 때 면접이 필수적이다.

Goetz & LeCompte(1984)는 면접을 세 가지 유형, 즉 계획적인 표준화 면접, 무계획적인 표준화 면접, 비표준화된 면접 등으로 나누었다. 계획적인 표준화 면접은 입으로 시행되는 설문지 형태이다. 모든 응답자들은 똑같은 순서로 똑같은 질문을 받는다. 만약에 더 상세한 질문이 필요하다면 그것도 계획에 따라 이루어진다. 이 유형은 면접실시가 모든 응답자에게 일관성이 있어야 할 때 또한 응답의 결과가 즉각적으로 합산되어야 할 때에 유용하다. 계획적인 표준화 면접의 저변에는 다음과 같은 네 가지의 가정들이 깔려 있다. 첫째, 응답자들이 공통의 어휘를 갖고 있다. 둘째, 질문들이 모든 응답자에게 똑같은 의미를 갖도록 고안될 수 있다. 셋째, 질문들이 공통의 의미를 갖고 있을 뿐만 아니라 면접 그 자체의 맥락을 포함해 그것들이 질문되는 맥락도 같다는 것이다. 넷째, 위의 세 가지 가정들은 선행조사를 통해서 성취될 수 있다.

무계획적인 표준화 면접은 계획적인 표준화 면접의 다양한 형태이다. 동일한 질문과 세부적인 질문이 모든 응답자에게 사용되지만, 배열순서는 응답자의 반응에 따라 바뀔 수 있다. 또한 그 결과는 바로 숫자화될 수 있으나, 질문순서의 융통성은 더 자연스럽고 대응하기가 좋다. 어떤 연구자들은 무계획적인 표준화 면접을 면접안내로서 언급하는데 그 이유는 연구자가 원하는 특별한 정보나 일반적인 질문이 다루어지기가 기대되나, 일어나는 순서나 내용은 무엇이든지 비형식적으로 면접을 하는 동안에 다루어질 수 있기 때문이다. Merriam(1998)에 따르면, 비표준화된 면접은 연구자가 한 현상에 대해 적절한 질문들을 충분히 갖고 있지 않을 때 유용하다고 한다. 따라서 이러한 면접은 미리 마련된 질문 없이 탐색적으로 이루어진다. 비표준화된 면접의 또 다른 접근은 후속면접을 위한 질문을 마련하기 위하여 그 상황에 대해 충분히 알고자 할 때 이루어질 수 있다.

면접이 구조화되었는지 아닌지, 표준화 또는 비표준화 등에 따라 주요 정보제공자 면접, 생계 또는 생애의 역사에 대해 자료수집을 위한 면접 그리고 조사 등과 같은 특수한 형태를 취한다.

1. 주요 정보제공자 면접

정보제공자는 질적 연구수행에 있어서 절대로 빼놓을 수 없는 존재다 (Glesne & Peshkin, 1992). 주요 정보제공자는 특수한 지식, 지위, 또는 의사소통기술을 지닌 사람이며, 연구자에게 기꺼이 그 지식 및 기술을 나누어 가질 수 있는 사람이다. 왜냐하면 그들은 문화기술학자를 거부하는 관찰에 대한 허용－시간, 공간, 또는 관점에 있어서－을 가능하게 하기 때문이다. 그들은 그 지역에 오랫동안 거주한 사람, 지역사회 기관에 근무하는 사람, 문화적 정신이나 지식을 가진 사람들일 수도 있다. 정보제공자들은 질적 연구과정에서 제일 중요하며, 주요 정보제공자 집단을 대표할 수 있는 타당성 있는 자료를 성취하기 위해서는 그들은 조심스럽게 선정하여야 한다.

정보제공자를 면접할 때에는 그들이 평가대상이 되는 것 자체를 불쾌하게 느끼지 않도록 수용 또는 동의를 얻을 필요가 있다. 그리고 참여자가 편안하고 안정감을 가지도록 환경을 수성하고 융통성 있게 접근해야 한다. 질문을 할 때에는 긍정 또는 부정의 단정적 질문보다는 개방형 질문을 하도록 한다. 이에 덧붙여, 면접 시 제공된 정보에 대해서 어느 정도로 회귀적 질문을 할 것인가를 고려하여야 하겠다. 연구자는 연구수행 과정에서 이미 얻은 정보에 따라 연구문제를 변경하거나 새롭게 가다듬을 수 있기 때문에 어느 정도로 주어진 정보를 더 탐색하고 발전적 질문을 할 것인가를 결정해야 한다(Stainback & Stainback, 1988).

주요 정보제공자는 문화기술학적 교육연구에서 다양한 방법으로 많이 사용되어 왔다. 예를 들면 이인효(1990)는 인문계 고등학교 교직문화를 연구하기 위하여 참여관찰과 아울러 정보제공자 면접을 실시하였다. Goetz & LeCompte(1984)에 따르면, Carroll(1977)은 교실에서 일어나는 아이들의 면접으로 놀이와 작업영역에 있어서 참여자들의 구성 개념을 논의했다. Jackson(1968)은 교실 내의 교신에 대한 관찰을 확실히 하기 위한 수단으로서 연구대상 학생을 면접하는 방법을 사용하였다.

한편, 주요 정보제공자는 그 집단의 구성원이면서도 직접적인 연구대상이 아닌 제삼자가 선정될 수도 있다. 예를 들면 정형외과의 간호사와 환자들 간의 의사소통 연구에서, Kirby는 간호사가 아닌 직원으로서 관리인에게 간호사−환자의 관계를 관찰하도록 하였다.

이상에서 살펴보았듯이, 주요 정보제공자로부터 수집한 자료는 연구에 있어서 시간의 제약성 때문에 문화기술학자에게 취득 불가능한 기초선 자료에 첨가될 수도 있다. 또한 주요 정보제공자는 연구자가 관찰한 그 문화 속의 갈등과 발견된 사실이 가치 있는 것인지를 판단하는 데 도움을 줄 수 있다. 그러나 주요 정보제공자는 흔히 개인적인 것들을 반영하기 때문에 조사자에게 분명하지 않은 변인을 처리하여 제공하는 통찰력이 없을 수도 있음을 유의할 필요도 있다.

2. 생계사

인류학자들은 참여자의 생활설화를 유도하는 것으로 생활사 면접이라는 용어를 쓰며 그 사람들의 문화에 관하여 질문 및 추리하는 방식을 고안할 때 사용한다. 교육연구물에 있어서는 생활사에 대한 면접이 대부분의 의도에 있어서 필수적이지는 않지만 생계사, 개인의 전문적인 생활을 구두로 설명하는 이야기 또는 생계에 관한 역사는 참여자가 상황, 사건, 특정의 변화 등에 어떻게 반응하는가를 결정하는 유익한 도구가 될 수 있다.

Goetz & LeCompte(1984)에 따르면, Wolcott(1973)의 초등학교 교장에 대한 연구에서의 기본요소 가운데 하나는 연구자가 현장에 들어갔을 당시의 참여자가 그의 생계를 말하는 것이다. Scheppler도 교육과정 담당 주장학사 수준의 사람들의 역할을 기록하고 분석하면서 생계사를 수집하였다. 특히 Fuchs는 이 방법의 다양화를 추구하였는데, 그는 간헐적인 면접을 통하여 시내에 있는 학교의 신임교사들에게 전개되는 직업의 역사를 추적하였다. 직업사는 교사의 역할에 영향을 미치는 생활 및 훈련 경험에 있어서 서로 상이함을 알아볼 수 있게 할 수도 있으며, 또는 어떤 교사가 주어진 설화식의 프로그램에 가장 참여하기가 용이한지를 예견하는 도구로서도 사용할 수 있을지 모른다. 그들은 유의미한 기초선 자료를 공급할 수 있으며, 학교상황에서의 가치갈등에 관해 유추할 수 있는 근거를 제공할 수 있다. 이 같은 교육행정가 및 교사들의 생계사에 대한 연구는 교육자의 역할, 교사생활, 교수－학습 활동유형, 교육경험 등 교육문화를 이해하는 중요한 자료를 제공할 수 있다.

3. 조사

1) 조사도구를 선정한다.

조사도구의 활용 및 그 도구의 실시에 관련된 절차는 일반적인 연구 전략 중의 하나이다. 그러나 조사가 시작되기 전에 상당한 측면이 고려되어야 한다. 면접자와 응답자는 그 설문도구나 형식이 무엇을 의미하는지 어떻게 구조화되었는지에 대한 일반적이 가설을 함께 알아야 한다. 이러한 가설은 그 양식이 평가 후에, 그것을 채점하는 사람들이 어떻게 선발되고 훈련되는지 등과 일치하여야 한다. 면접자는 응답자와 그 도구에 대해 논의한다고 할지라도 응답자가 알아들을 수 있도록 하는 질문을 하여야 하고, 그 질문은 기대된 자료를 도출하는 것이어야 한다. 연구자와 응답자 사이의 그러한 의미의 일치성을 시도하는 것은 그 자체가 힘들며 이러한 문제는 서로 다른 학문적 접근에 있어서 연구자 간에 공유된 의미가 반드시 형성되어야 한다는 점이 인접 학문적인 연구에서도 주목을 받고 있다. 문화기술학적 조사에 있어서 조사지의 제작은 덜 형식적이고 더 비구조적인 방법으로 얻은 정보에 기초하여 이루어진다. 일단 이 작업이 완성되면 조사도구의 구성이 시작될 수 있다. 이러한 일은 확정된 도구, 참여자-구성도구 그리고 투사적인 도구 등의 세 가지 형식 중의 하나로 선택된다(Goetz & LeCompte, 1984).

주요 정보제공자의 적용가능성을 확증해 주는 구조화된 면접 또는 설문지와 집단에 대한 연구 전반에 관련된 자료는 확정된 조사이다. 확정된 조사도구의 목적은 참여자들이 비슷한 믿음을 가지며 특정 상황을 공유하는가를 평가하는 데에 있다. 예를 들면 확정조사는 교사든 학생이든 개인적으로 검증될 수 없는 많은 참여자들을 투여하는 인구, 즉 교육연구에서는 의무적이다. 확정조사는 나중의 조사를 위해 쉽게 모아 두고 다른 연구자들에 의하여 사용할 수 있는 공식적인 도구를 사용하기 때문에, 그 자료는 다른 연구를 위해 반복사용 가능하고 다른 연구, 즉 대집단과 비교될 수 있도록 한다. 이같이 재사용가능성을 향상시키기 위하여 다양한 표집과정을 사용한다.

조사는 기초선, 과정, 자료의 가치 등에 대한 자료를 제공한다. 그러나 앞에서 제시했듯이 그러한 정보는 한계를 가지고 있다. 가끔 조사를 통한 행동에 대한 자기보고가 실제행동을 정확하게 나타내지 못하는 한계를 가지기 때문에 관찰자료에 의하여 확증되어야 한다. 그러나 자기보고는 개인이 어떻게 사람과 사건에 대해 판단하는지 알아보는데 유익하며 사람들이 그들이 생각하는 것을 생각하는가 또는 그들이 생각하는 것이 사회적으로 용납 가능한 것인지를 가리킨다.

Goetz & LeCompte(1984)에 따르면, 서로 다른 종족 및 사회경제집단의 자녀가 다니는 시내학교들의 교수유형을 분석함에 있어 Leacock은 교실에서의 관찰에 있어서 관찰타당성의 내적 일치도를 이루기 위하여 확정조사기법을 실시하였다. LeCompte는 학생들이 교사가 전달했다고 말하는 공식적인 메시지를 인식하고 있는지의 여부를 확실히 하기 위하여 비슷한 기법을 활용하였다. Ogbu는 도시 하류층 혼합민족 이웃들의 교육에 관한 일반적인 신념 및 태도를 시사하기 위하여 교사, 부모, 학생, 지역사회 참여자 등의 면접에 있어서 Leacock나 LeCompte보다 더 폭 넓게 표집을 하였다.

문화기술학자들 가운데 일반적으로 사용되는 두 번째 영역은 참여자-구성도구로 이루어진다. 이러한 도구들은 사람들이 그 현상에 대해 가진 느낌의 강도를 측정하기 위하여, 또는 사람들이 어떤 항목을 자신의 사회적 물리적 환경에 분류해 넣는지를 알아보기 위하여 사용된다. 이러한 도구는 참여자 각자의 삶을 구조화하는 것에 의견의 일치를 결정하는 것과 연관되어진다. 그리고 그 집단에 의해 중요하다고 사료되는 지식의 범주, 항목들을 범주별로 분류하기 위하여 사용되는 차별기준, 그리고 서로 관련이 있어 보이는 변인의 기능으로서의 개발되는 인지적 또는 사회적 과정들 등으로 구성되어 있다. 이같이 참여자-구성조사는 과정 그 자체와 진가가 있는 자료 두 가지 모두를 제공한다. 문화기술학자들은 참여자들이 살고 있는 세계의 구조 및 그들 세계의 요소를 발굴하기 위하여 여러 가지 기법을 사용한다. 이러한 기법들은 조사자가 응답자에게 도입적인 구조를 제공하기 위해 예비적인 현장 작업의 선행을 필요로 한다.

4. 면접의 지침

면접의 구조를 위한 지침을 찾고 있는 연구자들은 지도, 제시, 구성체계 및 묘사 등 일련의 세부적인 문제들에 봉착하게 된다. 면접 시의 말하는 형식 및 질문구조에 대한 각 설명은 다른 연구자가 똑같은 기법을 사용하여 만든 대안으로 채택될 수도 있다. 여러 연구자들이 개발한 사전-사후 지침들은 사회학자들이 가지고 있는 서로 다른 세계관, 철학적 가정 그리고 가치관 등을 반영하고 있지만, 그러한 지침들은 또한 연구 목적 및 질문을 구별하고, 연구모형 및 이론적 체계의 다양성에 맞게, 그리고 연구장면, 참여자 및 상황을 구분이 가능하도록 하는 체계를 나타내 준다. 결과적으로, 연구자들은 특정 연구의 목적 및 모형과 일치하는 면접구조의 지침을 추구하고 따름으로써 그 분야의 연구에 최대로 기여할 수 있다. 면접형성 및 이행에 대한 다음의 대안적인 전략적 기법에 대한 논의는 질적인 연구를 하는 연구자들에 의하여 만들어진 면접식 연구접근의 종합이며, 면접과정이 어떻게 특수한가를 알도록 의도적으로 보여준다.

면접은 서로 다른 차원에 따라 다양하다. 추구하고자 하는 정보의 종류, 개별질문의 계열화 및 구조, 면접의 예상되는 길이와 횟수 같은 일반적인 논리 그리고 바람직한 면접자-응답자 간의 상호작용, 이 모두는 면접형식의 내용 및 전달에 영향을 미친다. 면접에 임하는 준비는 면접의 유형에 따라 구체화될 수 있을 것이다. 계획적인 표준화 면접은 면접현장에 도착하기 전에 추구하고자 하는 정보에 대한 면접질문을 체계적으로 구성하여 그 면접지가 사전에 검토된 다음에 표준화된 질문을 사전에 작성하여 면접에 임하는 것이지만 질문의 배열순서는 응답자의 반응에 따라 융통성 있게 바뀔 수 있도록 적용된다. 그런데 질문의 방향이 정립되지 않았거나 비표준화 면접인 경우에도 다음의 몇 가지 관점에서 질문형성에 대해 사전 준비할 필요가 있다.

1) Patton의 연구자 질문의 6영역

Goetz & LeCompte(1984)에 따르면, Patton(1990)은 연구자 질문을 6영역으로 나누었다.

① 응답자들이 무엇을 하고 무엇을 해왔는가를 추출하는 경험 및 행동에 대한 질문
② 응답자들이 그들의 행동 및 경험에 대해 어떻게 생각하는가를 추출하는 의견 및 가치에 대한 질문
③ 응답자들이 그들의 경험이나 행동에 정서적으로 어떻게 반응하는가를 추출하는 정서에 대한 질문
④ 응답자들이 그들의 세계에 대해 무엇을 알고 있는지를 추출하는 지식에 대한 질문
⑤ 응답자들이 무엇을 어떻게 보고, 듣고, 만지고, 맛보고, 냄새를 맡는지에 대한 그들의 묘사를 추출하기 위한 지각에 대한 질문
⑥ 응답자의 자기 자신에 대한 묘사를 추출하는 배경 및 인구학적인 질문 등

Patton은 연구자들이 시간의 차원(과거, 현재, 미래)에 따라 질문을 구성함으로써 이러한 방법을 다양하게 사용할 것을 제시했다.

2) Spradley의 질문내용에 대한 유형

Spradley의 질문내용에 대한 유형은 응답자들이 그들의 문화를 어떻게 나누는지에 대한 범주를 만들려는 의도에서 형성되었는데, Patton의 분류와 겹치는 부분이 있다. Spradley 경우 연구자의 질문을 세 가지 형으로 나누었다.

① 응답자의 문화 및 세계에 대한 측면을 추출하도록 된 묘사적인 질문
② 응답자가 그들의 세계를 묘사하는 데에 사용하도록 하는 구조를 만들거나 구체화하도록 하는 구조적인 질문
③ 응답자들이 사용하는 다양한 구조들을 그들이 지각하고 있는 관계 및 그들에게 달려 있는 의미를 추출하기 위한 비유적인 질문

3) Schatzman과 Strauss의 질문의 다섯 가지 유형

Patton과 Spradley와 같이 Schatzman과 Strauss도 질문의 유형을 제시하고 있다. 그러나 사용된 질문의 형태 및 추출된 자료의 종류에 기초하여 형성되었다는 점에서 있어서 이들의 체계는 앞의 두 사람의 것들과 다르다. Schatzman과 Strauss는 질문을 다섯 가지 유형으로 나누었다.

① 누가, 무엇을, 언제, 어디서, 어떻게 등과 같은 의문사로 주로 만들어지는 것으로 응답자의 어떤 사회적 상황에 대한 지식요인을 추출하는 보고적인 질문
② 응답자들이 무엇을 논박의 소지가 있다고 보는가를 추출하는 악의를 옹호하는 질문
③ 대안적인 일의 발생에 대한 응답자의 사색을 격려하는 가설적인 질문(역할놀이 및 시뮬레이션 질문에 대한 것)
④ 응답자의 가치를 추출하는 이상형으로 꾸민 질문
⑤ 응답자의 해석을 추출하거나 확증하기 위한 명제적인 질문이다.

4) 질문의 구조화 및 계열화

Schatzman & Strauss(1973)가 제시한 면접구조의 두 번째 차원은 개별 질문들이 어떻게 구조화되고 계열화되는가를 다루고 있다. 연구자들이 바람직한 자료를 추출하기 위하여 일단 어떤 질문이 요청되는가를 결정하고 나면 면접을 이끌어 갈 대사의 지침을 개발한다. 전반적인 대사형태는 Denzin(1978)이 구체화한 구조 및 표준화에 따라 다양하다. 어떤 것들은 즉석에서 하는 것이 있는가 하면, 어떤 것들은 조심스럽게 그 체계를 구조화하도록 고안된 것이다. 어떤 연구자들은 면접을 연습할 때에만 그 대사를 사용하기도 한다. 다른 사람들은 면접이 이루어질 때 그 대사에 의존한다. 대사도 질문이 구사되고 추가질문이 통제되며, 면접문 및 질문이 조직되고 계열화됨에 따라 또한 달라진다.

대부분의 연구자들은 응답자에게 분명하고 의미 있는 언어로 질문하는 것이 중요함을 강조하고 있다. 이 같이 면접자와 응답자가 서로 거의 같은 언어로 접근하고 있다는 것을 확실히 하기 위해, 응답자가 선발된 집단의 다른 참여자들과 함께 사전 현장 작업이 추천되며, 이는 비교될 만한 응답자에게 그 대사를 사전에 실시해 보는 것과 같다. 이것이 불가능할 때에는 합리적인 대안이 대체될 수도 있다. 예를 들면, Harrington & Gumpert(1981)는 면접자가 될 사람에게 그들의 주제인 생애사에 대한 대사를 시험해 보았다. 응답자로서의 경험을 해 보는 것은 면접자에게 다른 한편으로 얻을 수 없는 의미 및 정서적인 뉘앙스에 민감하게 한다 (Goetz & LeCompte, 1984).

5) 질문의 형태

Pelro & Pelto(1978)는, 예를 들어서 어떤 자료가 필요하고 어떤 분석형태가 취해지느냐에 따라 개방형 및 폐쇄형 질문의 둘 다를 사용할 것을 옹호하였다. 계수화의 목적으로는 폐쇄형 질문이 효율적이며 효과적이다. 질적인 분석의 전략으로서는 개방형 질문이 선호될 것이다. 그들은 질문의 명료성과 모호성을 또한 비교하였다. 여기서 그들이 부여한 명료성과 상세성은 대부분의 상황에서 선호되어야 하겠지만, 모호성 역시 연구목적에 중요한 역할을 할 수 있다. 예를 들면 어떤 연구의 탐사적인 시기에는 문화기술학자들이 응답자의 질문에 있어서 다양성을 추출하거나 정보제공자에게 암시를 주지 않고서 응답자의 의미와 해석을 찾아내거나 응답자의 다양한 대답을 추출하기 위하여 자유분방한 모호성에 의존하기도 한다. 한편, 응답자에게는 무엇이 좋은 응답인지를 노출되지 않도록 면접자가 조심할 필요가 있다. 그러나 적절하게 구사되어 유도되는 질문도 시도될 수 있으며, 이 가운데는 Schatzman & Strauss가 제시한 악의를 옹호하는 질문을 하는 것도 포함된다. 이것은 Patton이 예상질문이라고 이름한 것과 유사하며, 복잡하고 예시적인 응답을 일으키도록 구안된 방임적인 가설을 보이는 설문이 되겠다(Goetz & LeCompte, 1984).

Patton의 질문하기에 대한 안내는 개방형 질문의 사용법, 양분되지 않는 질문의 사용법을 묘사하고 있는데, 그것은 양적인 분석보다는 질적인 분석에 더 적합하다. Patton은 단일한 질문들에 의존할 것을 추천하는데, 그것은 응답자들에게 혼란함을 주기보다는 하나의 아이디어에만 집중할 수 있도록 하자는 것이다. 그러나 모호한 질문과 마찬가지로, 명백하게 서술된 다양한 질문들도 설명적인 목적으로 가능할 수 있으며, 응답자로 하여금 그들이 기술하는 데 선호하는 아이디어가 무엇인지를 나타나게 해 준다.

또한, Patton은 '왜'로 시작되는 물음의 비효과성을 강조하고 있다. 그러한 질문들이 흔히 모호하고, 항상 가상적이며, 너무 추상적이어서 구체적인 자료를 추출하기가 어렵기 때문이다. 이러한 질문들은 논박하는 것처럼 보이며, '왜'로 시작되는 질문은 연구자의 준비가 부적절함을 반영하는 것이다. 그럼에도 불구하고 특정상황 아래에서는 '왜'라는 질문은 연구자의 목적을 적절하게 달성할 수 있다. 예를 들면, 사회적 상황의 인과관계를 연구하는 조사자들의 경우 참여자들이 왜 그런 효과를 얻었는지를 물어 보지 않으면, 잠재적으로 풍부한 자료를 무시하게 되는 것이다.

대부분의 조사자들은 효과적인 면접이 효과적인 탐사(질문)에 달려 있다는 데에 동의한다. 그것은 정교성, 설명, 규명 그리고 상세성을 위해 탐사적인 질문이 유용하기 때문이다. Patton은 Schatzman & Strauss의 보고식 질문(누가, 무엇을, 언제, 어디서, 그리고 어떻게를 묻는 것)이 면접을 진행하는 동안 예상되는 탐사에 유용하게 사용되는 도구라고 제시했다.

Patton은 면접자가 응답자보다 말을 적게 하도록 면접자들에게 경고하고 있다. 면접자에게 지배적인 면접문은 훈련이 잘 되지 않았거나 민감하지 못한 질문이다. 더 중요한 것은, 그러한 면접의 결과는 그 면접이 추출하려 하는 것보다 자료를 덜 제공한다는 것이다. 면접자 자신의 말을 최소화하는 기술과 능력을 함양하기 위하여, 많은 면접자들은 예비기간을 갖는다. 대부분의 경우에 응답자가 질문이나 탐사적인 질문에 대답하기에 앞서 제공되는 암시는 자료를 능률적으로 수집하거나, 아니면 몇 마디 그 이상으로 무너질 수 있다(Goetz & LeCompte, 1984).

마지막으로, 모든 면접의 대사는 응답자에게 연구자의 의도와 방향을 알리는 진술뿐만 아니라, 계열화 및 조직에 조심스러워야 한다. 면접은 연구목적을 간결하게 말함으로써, 응답자의 실체를 보호한다고 가정함으로써, 그리고 상호작용이 어떻게 진행되는가를 이야기해 줌으로써 보다 더 순조롭게 진행될 수 있다. 또한 면접 초기에 언급되어야 할 사항으로, 첫째, 조사자의 동기 및 의도와 연구의 목적, 둘째, 가명을 사용함으로써 응답자들을 보호한다는 것, 셋째, 연구의 내용을 벗어날 때 누가 종지부를 찍을지의 결정을 응답자에게 맡긴다는 것, 넷째, 대가(급료), 다섯째, 예정된 면접시간, 장소, 횟수 등에 대한 계획 등을 제시함으로써, 응답자를 보호하고 편안하게 하여 면접을 순탄하게 진행시킬 수 있다.

각 질문을 배열하는 전략에는 면접의 전반적인 형식이나 말의 구사 등과 같은 변인이 있으며 계열화를 정하는 데에는 두 가지 갈등적인 원리와 연구문제를 다루기 위한 적절한 자료를 얻는 것과 자원을 효과적으로 활용하는 것 등이 있다. 계열화 전략은 응답자를 피곤하게 또는 지루하게 만드는 일을 피하게 하면서 응답의 종합성 및 완성을 확실히 하고 일반적으로 주요한 한 아이디어에 있어서 같은 주제들을 다루거나 궁극적인 것에 대한 질문들은 서로 같이 모이게 한다. 그럼에도 불구하고, 많은 경우에 있어서 연구자들은 응답자에 의해 이미 다루어진 대사를 무시하고 우연히 순서에서 벗어난 면접을 하는 동안 응답자가 자원하여 앞의 응답을 좀 더 정교하게 설명하려 하면 시간을 좀 더 할애해 주기도 한다.

개인에 대한 인구통계학적인 질문을 전반적으로 분산시키거나 그렇지 않으면 이 질문들은 다른 질문들보다 재미가 덜하기 때문에 그들에게 하게 할 수도 있겠다. 대부분의 연구자들은 래포가 형성되어 응답자가 드디어 흥미를 갖게 되는 면접의 한 중간에 복잡하고 상반적이거나 또는 어려운 질문을 넣는다. 예를 들면 감정, 신념 및 해명 등의 보다 복잡한 측면을 형성하고 묘사적이면서도 현재 지향적인 질문을 면접의 한 중간에 넣을 수 있다.

6) 면접 결과에 영향을 줄 수 있는 개연성 고려

조사자들이 다루어야 할 주제를 선정하고 그 주제를 다룰 질문을 만들 때, 면접의 진행체계를 일반적이 논리에 따라 계획하고 동시에 실험할 수 있다. Schatzman & Strauss(1973)는 면접의 결과에 영향을 주는 개연성 다섯 가지를 구체적으로 제시하고 있다: ① 기간, 얼마나 면접이 길어질 것인가, ② 횟수, 그 면접과정을 완수하기 위하여 몇 회나 요구되는가, ③ 상황, 면접이 이루어지는 장소, ④ 면접에 관계할 사람들, 누가 면접자가 될 것이며, 누가 응답자이며, 한 회기에 몇 명이나 출현할 것인가, ⑤ 응답자의 유형, 면접되어야 할 집단의 의사소통 특성 등이다.

기간에 대한 결정은 몇 가지 요인에 의해 이루어진다. 즉 원하는 자료의 양, 그 자료를 얻기 위해 필요한 래포 및 시간, 면접자와 응답자 양쪽

다에게 합리적으로 기대되는 주의력 및 주의집중시간 그리고 정해진 시간 내에 자료수집을 위해 연구계획에 따라 요청되는 응답자의 수 등의 요인에 따라 결정된다. 어떤 연구설계는 주요 사건에 따라 일련의 면접을 구체화하거나 시간의 순서를 설계하며, 다른 연구설계의 경우에는, 한 회기가 너무 길어 질 경우에는 복수의 면접이 되도록 나누어서 진행할 수 있다.

면접장소의 선정은 응답자의 반응에 영향을 주는 것으로 가정되어 지고 있다. 사적인 문제이거나 논쟁적인 문제를 다루는 조사 및 생애사 면접은 흔히 응답자의 집이나 사무실 또는 면접에 응할 사람들이 정하는 곳에서 이루어진다. 다른 한편, 계획 표준화된 면접은 응답자에게 장소가 주는 영향을 똑같이 하기 위하여 같은 장소에서 실시한다.

한 회기에 등장할 면접자의 수는 둘을 넘는 경우가 드물다. 많은 수의 면접자는 응답자와의 래포형성을 어렵게 하는 것으로 간주되며, 대부분의 연구설계에서는 각 회기에 1명의 면접자에게 경제적 지원을 하는 것으로 한정되어 있다. Harrington & Gumpert(1981)의 생애사 조사는 쌍으로 된 팀으로 조직하였는데 이러한 시도가 유용한 전략으로 드러났다. 이 결정은 처음에 면접자와 응답자간의 성별-인종별로 짝이 되도록 만들어졌다. 설계상 면접되어야 할 사람을 흑인, 백인, 남자, 여자로 하여 동질성을 증가시켰다. 면접자-응답자의 특성을 일치시키는 것은 래포를 형성하기 위해 흔히 쓰는 전략이다. 대부분 이러한 면접은 4시간 이상 지속되기 때문에 면접자들은 한 회기 동안 빈틈없이 각성을 하고 있기가 힘들다. 쌍으로 된 면접자팀의 경우는 피로를 피하기 위하여 서로 편하게 해주었고 서로의 면접문에 대해 적절한 탐사질문을 하는 역할을 하게 하였다. 다른 한편, 응답자들은 그러한 과정 동안에 그들의 과거 경험을 재구성하는 데에 너무 몰입하여 거의 피로함을 표현하기 않았다.

시간과 연구자 자원이 한정되어 있을 때에도 응답자들은 한 회기에 집단으로 구성될 수 있다. 예를 들면 Lofland는 어떤 자료가 여러 사람으로부터 한꺼번에 추출되면 보다 더 생산적이라고 한다. Schatzman &

Strauss(1973)는 이 전략을 사람들의 반응의 다양성을 알아보거나 자연적으로 형성된 집단 간의 서로 상이한 쟁점을 발견하는 데에 좋다고 추천한다. 이러한 과정이 영재 학생들을 위한 통합 프로그램의 평가에 사용되었고 이 연구에서 평가자들은 교사, 부모 및 행정가들이 어떻게 그 프로그램을 보는가에 대해 알아보기를 원했다. 학생집단과 같은 큰 집단을 개별적으로 면접하거나 조사하기가 논리적으로 불가능함을 발견하게 되자 어떤 집단의 학생들이 그들의 교육경험에 대해 특별하게 또는 흔히 반대하는 반응을 보였는가 알아보는 '청년여론조사(youth poll)'를 개발했다. 이 경우의 집단 상호작용은 어른에 의한 개인면접이나 지필조사로 얻어질 수 있을 것이라고 기대했던 내용 이상의 솔직하고 분명한 응답이 나오도록 촉진시켰다(Goetz & LeCompte, 1984).

사람들은 다양하게 상호작용하며, 선호하는 상호작용도 다양하다. 아이들과의 면접을 처음으로 경험한 조사자들은 이들 집단 간의 의사소통 양식 및 기술의 대조성에 혼란스러움을 느낀다. 면접과정의 다른 측면을 강화시켜 주는 사전 현장 작업 및 시험적인 면접은 응답자 양식의 다양성을 정확하게 예기하는 데 필수적이다.

이러한 모드 개연성에 영향을 미치는 공통적인 요인 중 하나는 면접자가 응답자가 형성하려는 상호작용의 형태이다. 상호작용의 형태는 법원이나 경찰조사에서 흔히 볼 수 있는 반적개적인 적의를 주고받는 것에서부터 정서적으로 중립적이면서도 지적으로 얽히고설킨 소크라테스의 산파술이나, 심리 치료적인 상황에서 볼 수 있는 개인적인 정신외상에 대한 감정이입의 사용에 이르기까지 다양하다. 이러한 유형들은 연구를 위한 면접에 적절하게 활용될 수 있다. 즉 주어진 적절한 연구목표 및 설계에서 어떤 것이든 선호될 수 있는 것이다. 그러나 대부분의 질적인 연구자들은 일상의 상호작용의 대화유형으로 면접하기를 선호한다.

사회학 연구방법에 대한 Denzin(1978)의 고전적 조사에서, 면접을 위한 대사는 여섯 영역에서 평가되어야 한다고 제시한다. ① 의미의 의사소통, ② 응답자의 흥미표현, ③ 질문과 응답의 명료성, ④ 면접자의 의도의 정확성, ⑤ 면접자의 질문에 있어서 의도의 통합성, ⑥ 응답자의 위조 가능성의 관리이다. 이러한 영역들은 어떠한 자료수집방법이라도 평가할 때에 적용되는 엄격한 영역들이다. 초보 연구자들은 면접의 설계에 대한 Lofland의 관점과 함께 이 영역들의 엄격성을 지키게 되면 면접의 균형을 잡을 수 있다고 말한다. Lofland는 효과적인 면접을 설계하는 것은 마치 하나의 수수께끼를 해결하는 것과 같다고 하였다. 조사자들은 각 조각들은 가지고 놀면서, 가능한 한 많이 모으고 대안적인 모형으로 조직한다. 그러고 나서 그들은 주요 윤곽과 같은 계획을 실험적으로 실시함에 따라 얻어진 대답을 활용하기도 한다(Goetz & LeCompet, 1984).

7) 면접자료의 기록과 평가

면접자료를 기록하는 데는 세 가지 방법이 있다. 첫째는 녹음하는 것이다. 이 방법은 면접에서 거론된 모든 것이 잘 보존될 수 있을 뿐만 아니라 면접자의 면접기수를 개선한다는 점에서 유용하다. 둘째, 장비가 잘 작동하지 않을 경우나 응답자가 불편하게 느낄 경우에, 두 번째 방법으로써 면접을 하다가 간단히 기록하는 것이 좋다. 이 방법은 거론된 모든 것을 기록할 수 없기 때문에 기계적인 기록이 불가능할 때만 사용한다. 세 번째로, 면접이 끝나자마자 기억되는 모든 것을 기록하는 것이다. 이 방법은 면접 동안에 녹음하거나 기록하는 일이 방해가 될 경우에만 사용한다. 이에 Merriam(1988)은 정보제공자가 주는 주요한 진술을 빨리 식별할 수 있도록 주요 개념과 녹음테이프의 위치를 기록하여 찾아보기 쉽게 또는 부호화된 면접일지를 만들어 자료를 분석한다는 아이디어를 제시하고 있다.

녹음된 자료나 기록된 자료들은 컴퓨터에 입력하여 부호화하거나 분류할 수 있도록 저장해 둘 수 있다. 이러한 저장전략은 자료의 수정, 재조직, 분류, 정교화 작업 등에 편리하므로 고려해 둘 필요가 있다. Tallerico (1992)에 따르면 컴퓨터 소프트웨어 프로그램을 이용할 경우 다음과 같은 가능성을 활용할 수 있다.

첫째, 현장일지, 면접기록, 연구자 메모, 문서, 관찰자의 설명 등의 원자료를 컴퓨터 통신으로 받거나 저장할 수 있다.

둘째, 원문을 차례대로 또는 줄별로 자동적으로 번호화하여 각 단락적 개념의 한계를 지을 수 있다.

셋째, 자료의 일부분이나 알아봐야 될 부분을 부호화하여 찾아볼 수 있다.

넷째, 개별자료 및 전체자료의 부호화체계를 수정하기가 쉽고 편리하다.

다섯째, 부호화 된 부분들을 적절한 맥락에 맞게 지표를 만들어 찾거나 재생시킬 수 있다.

여섯째, 자료를 개념별 범주나 다양한 조합별 분류 등에 따라 저장하기 쉽다.

마지막으로 나이, 성별, 민족성, 지방 등과 같은 인구통계학적 자료 등의 빈도와 같은 정보를 계산하여 준다.

면접에서 얻어진 자료는 서로 다른 방법으로 범주화될 수 있다. 그러한 자료는 빈도분포, 사건 및 역사적인 체계, 제도화된 규범 및 지위 등의 세 가지 정보유형으로 조직될 수 있다. 비표준화된 정보제공자 면접은 제도화된 규범 및 지위에 관한 자료를 가장 효과적이면서도 효율적으로 얻는 방법으로써, 그리고 사건 및 역사적인 체계에 관한 자료를 얻는 적절한 형식으로 사용될 수 있다. 반면에 체계적으로 표집되고, 표준화된 면접은 빈도분포에 따라 이루어지는 자료를 얻는 데에 매우 유용하다.

5. 면접법의 장단점

1) 장점

(1) 피면접자는 사적이고 기밀에 속하는 정보를 좀처럼 기술하려고 하지 않는다. 그 정보를 얻으려는 조사자에 대한 신뢰성을 따져보고, 제공한 사실이 제공자에게 해롭지 않도록, 올바로 쓰일 것을 보장받은 연후에야 비로소 조사에 협력하게 된다. 사적이고 기물에 속하는 사실을 토로하도록 하는 데 있어서는 개인적 접촉을 갖는 가운데 신뢰성을 갖도록 하는 끊임없는 자극과 끈기 찬 노력이 있어야 한다.

(2) 읽고 쓸 능력이 없는 자에게는 질문지법의 직접적 적용은 불가능하다. 또한 능력이 있다고 하더라도 일반적으로, 말하는 것보다는 쓴다는 것이 개인에게는 부담이 크고 쓰는 데에는 피면접자에게 인내와 노력이 요구되므로 협조를 얻기가 그만큼 어렵다. 그 결과 조사표본에 제한을 받게 되지만 이에 반하여 면접법은 말을 못하는 사람을 제외하고서는 누구에게도 적용할 수가 있다. 그리고 질문지를 주로 하는 조사에 있어서도 읽고 쓸 수 없는 대상에게는 면접으로 보충하게 된다.

(3) 조사자는 피면접자를 현장에서 직접 만나는 것이므로, 그의 인상, 표정을 통하여, 제시된 사실의 진실성 여부를 판단할 수 있다. 현장에서만 얻을 수 있는 것은, 적지만 중요한 단서를 잡아서 보다 깊은 조사를 할 수도 있다. 그리고 말한 그대로를 적는 것에 그치지 않고, 어떤 이유, 동기로 해서 어떤 방식으로 응답했는가를 살펴서 회답에 자세하지 못한 점이 있거나 모순된 점이 발견되면 그 자리에서 정확한 사실을 추구하는 질문을 할 수가 있다. 이런 점에서 면접법은 융통성이 크고, 복잡한 문제의 조사에 있어서 조사자가 각기 특수 사태에 알맞은 임기응변의 질문으로 진실 되게 조사 목적을 달성할 수 있는 가능성을 지니고 있다.

(4) 면접에 있어서는 피면접자에게 정보를 제공하고 반응자에게 어떤 태도를 키울 수 있는 기회를 마련할 수도 있다. 이러한 것은 일방적인 자료수집에 그치는 질문지나 검사에 있어서는 불가능한 일이다. 이러한 주고받는 기회의 처치(treatment) 또는 치료적(therapeutic) 면접에 있어서 서로의 생각과 정보를 교환할 수 있다는 것은 면접법이 가지는 최대의 장점이자 중점이라고 말할 수 있다.

(5) 면접법은 직접 상대방을 만나서 회답을 구하는 것이기 때문에 피면접자의 회답에 제3자가 개입하는 것을 방지하고 진정한 본인만의 의견을 구할 수가 있다. 면접에 있어서는 피면접자와 직접 대면하는 것이므로 제3자의 개입이 허락되지 않고, 혹 관여되었다고 하더라도 그 영향력이 있고 없음과 강약을 직접 파악할 수 있다.

2) 단점

(1) 누구나 바로 훌륭한 면접자가 될 수 없는 것이므로 일정한 훈련을 통해서 면접방법을 숙달시킬 필요가 있다. 그리하여 필요한 때에 즉각 면접조사자를 얻기는 어렵다.

(2) 면접은 시간이 걸리고, 특히 피면접자가 광범위한 지역에 걸쳐 있는 경우에는 여러모로(여비, 수당 등) 많은 비용이 들게 된다.

(3) 면접자가 미숙할 경우에는 편견, 그릇된 판단 등이 작용해서 자료가 정확성·객관성을 잃을 우려가 있다.

(4) 면접자료는 익명으로 한다고 하더라고 최소한 면접자에게는 피면접자의 정체가 드러나는 것이므로 사람에 따라서는 진실을 말하기 어려운 경우도 생긴다.

(5) 면접을 위한 장소, 그 밖의 조사계획을 위한 준비가 필요하다.

(6) 상대방을 방문하는 경우에는, 미리 시간 약속을 해야 하고, 또 찾아가서 혹 못 만나는 경우에는 조사자의 시간 부담이 커지게 된다. 이 경우 조사자가 자기 편할 대로 피조사자의 선정도 현장에서 바꾼다면 표집설계에 지장을 가져오는 것이므로, 조사 목적에 합당한 대상의 선정이 어려워지게 된다.

(7) 자료를 처리하기가 까다롭다.

(8) 면접자 간에 차이가 있을 수 있다.

(9) 면접자 자신 속에서도 차이가 있을 수 있다.

Ⅳ. 컴퓨터분석과 연구방법

연구전통들을 위한 분석에서 컴퓨터 프로그램의 구체적인 적용과 일부 프로그램들은 원문을 분석하기 위한 컴퓨터 프로그램과 연구전통을 연결할 필요가 있다.

다음은 자료분석과 보고에 도움이 되는 컴퓨터 프로그램에 대해 알아본다. 그리고 질적 보고서를 쓰기 위해 연구 전통 내에서 컴퓨터 분석을 활용할 수 있는 예로서 NUD·IST 프로그램에 대해 논의한다.

모든 질적 연구자가 컴퓨터 프로그램을 자신들의 필요에 적절하다고 보지는 않기 때문에 이는 특히 중요하다. 그러나 컴퓨터 프로그램은 질적 자료를 분석하는 데에 도움이 된다. 특히 규모가 큰 원문 데이터베이스를 이해하는 데 유용하다. 광범위한 현장기록과 면접이 있는 문화기술지나 20~30명의 많은 면접을 수행한 근거이론, 다양한 정보 유형을 가진 사례 연구와 같이 방대한 데이터베이스를 사용하는 그런 연구에는 컴퓨터 프로그램이 헤아릴 수 없이 큰 도움이 된다. 이러한 이점에는 다음과 같은 것들이 있다.

- 컴퓨터 프로그램은 조직화된 파일의 저장 시스템을 제공하여 연구자가 더욱 쉽고 빠르게 자료를 찾아내고 한곳에 이것을 저장할 수 있게 한다. 이러한 측면은 특히 전체 사례들이나 특정 성격의 사례들을 찾는 데 중요하게 된다.
- 컴퓨터 프로그램은 연구자로 하여금 자료가 아이디어든, 진술문이든, 구문이든, 단어든 쉽게 찾을 수 있도록 도와준다. 따라서 더 이상 자료를 파일 카드에 '자르고 붙이고' 할 필요가 없으며, 주제에 따라 그 카드를 정렬시키고 또 재정렬시킬 필요가 없다. 또, 주제나 논지와 관련된 원문을 표시하기 위해 힘들게 '색깔별 코드'를 만들 필요도 없다. 원문을 검색하는 것은 컴퓨터 프로그램을 쉽게 할 수 있다.
- 컴퓨터 프로그램은 연구자로 하여금 데이터베이스를 줄줄이 볼 수 있도록 해 주고 각 문장과 아이디어의 의미에 대해 심사숙고하도록 '하게 한다'. 프로그램이 없다면, 연구자는 원문 파일 내용들을 무심결에 쭉 훑어보고 각 아이디어를 주의 깊게 분석하지 않을 수도 있다.

한편, 컴퓨터 프로그램을 사용하는 것은 많은 단점이 있다.

- 컴퓨터 프로그램은 연구자가 그 프로그램을 어떻게 사용해야 하는지 배울 필요가 있으며, 때로는 질적 연구 절차를 이해하는 데 필요한 학습보다 더 성가신 일이기도 하다. 배운다고 하면, 어떤 사람들은 다른 사람들보다 컴퓨터 프로그램을 더 쉽게 배우기도 하며, 이전에 프로그램을 다룬 경험이 있으면 배우는 시간을 단축시킬 수 있다.
- 컴퓨터 프로그램은 자료에 대한 주의 깊은 분석을 덜 하게 할 수 있다.

컴퓨터 프로그램이 자료를 전체적으로 이해하기 위한 주도면밀한 읽기를 대신할 수는 없다. 즉, 분석과정에서 컴퓨터 프로그램은 보충 절차여야 한다.

- 데이터베이스에서 정보 범주들을 만들면, 컴퓨터 프로그램은 그 범주들을 '고정'시키고 연구자들은 그 범주에 라벨을 붙인다. 데이터가 고정되거나 프로그램에 의해 세트되었다고 믿기 때문에, 사람들은 범주를 바꾸거나 정보에 새 이름을 붙이거나, 상이한 범주하에서 그것들을 조직화하는 것을 꺼릴 수 있다.
- 질적 컴퓨터 프로그램 매뉴얼은 프로그램 '구동'의 단계를 설명한다. 그러한 매뉴얼은 질적 자료분석이나 이야기체 보고서 쓰기에 사용되는 절차, 이 과정을 도울 수 있는 컴퓨터 이용에 대해서는 거의 도움이 되지 않는다.

■ NUD·IST 사용과 분석 특성

NUD·IST(non-numerical unstructured data indexing, searching, and theorizing; Richards & Richards, 1994)는 호주에서 개발된 것으로 IBM형 개인용 컴퓨터나 매킨토시 모두에 사용할 수 있는 널리 사용되는 질적 분석 패키지이다. 이것은 자료분석과 질적 보고서 작성에 도움이 된다. NUD·IST는 최소한 4MB의 램과 분석될 자료의 크기에 따라 자료 파일을 위한 공간(최소한 2MB)을 필요로 한다. IBM형 개인용 컴퓨터에서 이 프로그램은 윈도우 환경에서 작동된다.

NUD·IST는 다음과 같은 시스템을 제공함으로써 연구자들에게 도움을 주고 있다.

- 파일 저장 및 조직화
- 주제 검색
- 주제 교차

- 도식화(Diagramming)
- 틀(template) 만들기

다음은 이러한 분석과정에서 나타나는 특징으로 주목할 필요가 있다.

- 연구보고서를 작성하면서, 제목(title)은 계속 변화한다.
  그리고 임시 제목으로 노드를 구성하고, 그것을 지속적으로 수정하여 내 연구에서 찾고자 하는 중심 생각을 전개한다.
- 인용(quotes)은 질적 연구에 현실적이고 직접적인 느낌을 제공한다. 문서들을 분석하면서, '인용구'라는 노드를 만들고 좋은 인용 자료를 넣는다. 이 접근은 각 주제 안에 여러 개의 '인용구'라는 노드를 만드는 것으로 변형할 수 있다.
- 비교표는 노드를 교차하여 자료를 보여주는 유용한 시각적 자료를 제공한다.
- 추상화(abstraction) 수준은 연구의 복잡성을 보여 주고 독자에게 특정 데이터베이스로부터 광범위한 주제로 연구가 전개되는 것을 이해하도록 도와준다. 나무 다이어그램이나 틀은 이러한 수준과 자료분석의 과정을 잘 보여 준다.

<자료분석 요소, 보고서 작성 목적, 그리고 NUD·IST 절차>

자료분석 요소	보고서 작성 목적	NUD·IST 절차
분석을 위한 틀(tem-plate)	자료분석 계획을 시각적으로 보여 줄 수 있는 형태 개발.	데이터 부분들이 위치되는 단계들을 나무 그림으로 만든다.
주요 주제를 위해 원고에 표제 만들기	참여자들이 한 말을 연구하면서 4~5가지 주요 주제들을 만듦.	각 표제에 대응하는 노드를 만들고 그 노드에 상응하는 텍스트들을 위치시킨다.
원고의 제목 정하기	참여자들이 한 말들로 제목을 만들기-보고서를 현실적으로 만들고, 독자의 주의를 집중시키기 위해.	텍스트에서 발견된 짧은 구문들에 기초하여 노드를 만들고, 대안적인 제목들이 텍스트 분석과정에서 나타나면 이를 이 노드에 붙인다.

원고에 인용문 넣기	주제들, 기술, 해석 등에 대한 견고한 증거를 제공해 주는 좋은 인용문들을 규명.	일반적인 노드를 만들고 그 노드에 모든 좋은 인용문들을 위치시킨다. 각각의 주제나 정보 범주하에 인용문에 대한 노드를 만든다.
참여자들이 한 말 속에서 구문 연구하기	일반적으로 사용되는 단어나 구문들을 위치시키고 그것들을 주제들로 발전시킴.	단어검색, 구문 및 패턴검색 절차를 사용하고 내용들을 노드에 위치시킨다. 그 단어(혹은 구절)의 맥락을 포착하기 위해 그 단어(혹은 구절)주변에 텍스트를 기재한다.
비교표 만들기	정보 범주들을 비교.	프로그램의 매트릭스 기능을 사용한다.
분석 내 추상화 수준 보여 주기	분석에서 범주들을 가시적으로 제시.	'나무' 다이어그램을 제시한다.
은유 논하기	은유가 제시되는 텍스트를 찾아 범주들로 묶음.	상이한 유형의 메타포를 가진 자녀 메타포에 대해 하나의 노드를 만든다. 메타포별로 노드에 텍스트를 배치한다.

Chapter 6

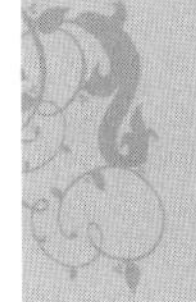

개인적 친밀관계와 주관성 (Rapport and Subjectivity)

Ⅰ. 서론

'친밀관계(Rapport)'는 둘 이상의 사람들 간의 상호신뢰와 정서적 친근성의 관계이다. 질적 연구자에게 있어서 양적 연구자와는 달리 즉 친밀관계는 지대한 영향을 미칠 수 있다.

질적 연구는 양적 연구와 다르기 때문에 개개인이 지닌 정보가 수치로 나타내어지는 것이 아니라 그 항목 자체가 데이터의 성격을 지니므로 피험자로 하여금 좋은 데이터를 얻어내는 것은 매우 강조되는 항목이라고 하겠다.

그런 좋은 데이터를 얻기 위해 질적 연구자가 해야 할 노력 중에 하나가 바로 친밀관계의 형성이다. 즉 참여자들은 연구자와 함께 연구자를 신뢰하고 다정하고 우호적인 관계를 맺으며 믿음을 쌓아가는 것은 참여자들로 하여금 연구자의 정직성을 믿게 하고 그 믿음으로 하여금 참여자들을 솔직하고 기탄없게 또한 정상적으로 행동할 수 있도록 그 가능성을 열어 주는 것이다.

그렇기 때문에 친밀관계의 형성은 때로 연구에 착수할 때부터 연구자가 관심을 기울여야 할 부분이며 극히 사실적인 의미에서 연구결과의 공신력은 친밀관계의 형성 정도에 달려 있다고 해도 과언이 아니다.

Ⅱ. 본론

1. 친밀관계(Rapport)의 정의

친밀관계(Rapport)의 사전적 정의는 “relation characterized by harmony, conformity, accord, or affinity confidence of a subject in the operator as in hypnotism, psychotherapy, or mental testing with willingness to cooperate”라고 되어 있는데 즉 어떠한 연구자료, 특별히 질적 연구자료조사에 있어서 연구데이터를 얻어내기 위한 연구자와 참여자 간의 관계를 의미하며 즉 다양한 전문적인 관계에 있어서의 도구로서의 속성을 나타내는 것이다.

친밀관계는 치료자와 환자 간의 관계 양식을 일컫는 말로서 또 다른 면담 양식에서도 친밀관계의 형성, 관찰, 및 유지를 매우 중요시 여긴다.

연구방법론연구 이외 분야의 친밀관계는 후반부에서 다뤄 보도록 하겠다.

2. 친밀관계(Rapport)의 효용

예를 들어, 카운슬러는 고객으로 하여금 마음을 열도록 친밀관계를 확립시키고 고객의 요구에 그들을 확신시키려 한다. 그리고 그들에게는 고객을 만족시키는 것도 중요하지만 즉 클라이언트의 필요가 우선이 되어야 한다. 이와는 달리 연구자는 그들의 필요가 우선한다. 그러므로 친밀관계는 필수적이지 않지만 좋은 데이터를 얻는데 효과적인 것이다.

문헌 작품의 작업에 있어서 친밀관계는 friendship으로 서로 바뀌어 쓰이기도 하지만 이 두 개념은 약간의 의미상 차이를 지닌다. 그 때 쓰이는 친구라는 용어를 정의를 살펴보자. “one that seeks the society or welfare of another whom he holds in affection, respect, or esteem or whose companionship and personality are pleasurable"이 친구를 나타내는 말이다. 즉, 친구는 liking이라는 개념으로 둘러싸여 있는데 이것은 친밀관계와는 다소 다른 개념으로 둘러 싸여있다. 신뢰와 자신감으로 연결된 친밀관계와는 달리 우정에는 liking이 들어있는 것이다.

좀 더 구체적으로 친구는 그들의 관계를 확립하고 유지시키는데 같은 요소이고 친밀관계는 조금 더 비대칭적으로 다른 연구자에 의해서 조절되는 관계이다.

친밀관계를 형성하고 유지하려는 시도에 있어, 연구자는 자신의 개인적 외모에 주의해야 한다. 의복, 머리모양, 말, 자세 등의 요인이 주어진 상황에서 친밀감 형성의 정도에 영향을 미칠 수 있기 때문이다. 또한 연구자는 일반적으로 변화될 수 없다고 생각되는 성, 인종, 연령, 민족 등의 개인적 특성들이 친밀관계의 형성과 유지를 촉진할 수 있거나 저해할 수 있다는 사실을 인식하고 있어야 한다.

의복과 신체적 특성이 친밀관계의 유지와 형성에 영향을 미친다는 사실 이외에, 연구자는 참여자의 사회적, 문화적, 정치적 관심사와 연구상황에 대한 이러한 요인들의 영향력을 인식하고 존중해야 한다. 또한 연구상황에서 받아들여진 규칙인 에티켓과 관례는 일반적인 규칙으로서 이해되고 준수되어야 한다.

Lincoln & Guba(1985)가 "믿음은 어떤 문제가 성취되고 난 뒤 갑자기 일어나는 것이 아니라, 날마다 생겨나는 것이다"(p. 257)라고 지적한 바와 같이 친밀관계의 형성은 최초의 접촉에서부터 시작되어야 하지만 그것을 전체 연구에서 계속되는 발달적 과제로 보아야 한다.

친밀관계를 형성하는데 여러 가지 방법이 있다. Taylor & Bogdan (1984)은 이에 대해 몇 가지 제안을 다음과 같이 제시하고 있다.

① 연구자는 정보제공자 또는 참여자의 일상적 행동과 그들의 행위 방식에 따라 자신을 조정해 가야 한다.

② 연구자는 참여자와 일반적인 생각을 공유하려고 노력해야 하며 낚시, 아

이들, 질병, 과거 직업, 음식 등에 관한 대화를 통해 그들에 대해 알려고 노력해야 한다.

③ 연구자는 그들의 일상적 활동에 동참하는 참여관찰자의 입장을 견지해야 한다. 다시 말해, 그들 활동의 중요한 일부가 되려는 노력을 경주해야 한다.

④ 그들의 말과 행동에 관심을 가져야 한다.

⑤ 연구자는 거기에 속해 있는 사람과 같은 방식으로 행동함과 동시에 자기 자신의 기준을 잃지 말아야 한다. 그리고 연구자가 해야 하는 일이 아닌 주제넘은 행동은 하지 않도록 한다. 가능하면 긴장을 풀고 편안하게 행동하는 것이 중요하다.

예) 친밀관계의 형성

Edgerton(1984)은 자신의 연구에서 경도 정신지체라는 명칭이 붙여진 21명의 성인과 친밀관계를 형성한 방법을 기술하였다. 지역사회에 통합되어 살아가고 있는 정신지체라 명칭이 붙여진 사람들의 일상생활, 가치 및 사회 적응을 연구하는 것이 이 연구의 목적이었다.

이 경우, 이 사람들 모두의 집을 방문하고, 식당으로 초대하고, 자동차로 심부름을 해 주고, 쇼핑하러 가는 곳에 데리고 가고, 다른 방법으로 그들의 여러 일상적 활동에 동행하기도 했다. 방문 사이의 기간에는, 친밀관계를 계속 유지하고 정보의 단절을 막기 위해 전화 방문을 했다. 자기 존중감, 낙인, 사회 능력, 생활 만족, 보호자와 다른 지원의 원천, 인생의 질, 나의 먹음의 영향 등 관심 있는 토픽에 대한 토론을 하기 위해, 친밀관계가 충분히 형성될 때까지 대화가 자연스럽게 이루어지도록 허용되었다.

그 결과 접촉이 지속적(한 달에 2회)이고 장기적(30개월)으로 이루어졌을 때, 밀접한 유대관계가 개발되고, 참여자가 연구자를 가치 있고 믿음직한 친구로 생각하게 되었을 때, 솔직하고 개방적인 대화가 가능해진다는 사실을 알게 되었다.

질적 연구자들은 일반적으로 연구의 초기 단계에서 그 상황에 있는 사람 중 한 사람 내지 두 사람의 지지를 획득하고 통찰력 있는 사람과 친밀관계를 형성하려고 시도한다. 이 사람들을 때로 핵심정보자라 부른다. 그들은 그 상황에 있어 연구자의 후원자가 되고, 연구의 초기에 주요한 정보의 원천이 되기도 한다. 그리고 연구자에게 그 연구상황의 역사를 이야기해 주고, 초기 단계에서 연구자의 길잡이로서 도움이 된다. Taylor & Bogdan(1984)에 따르면 질적 연구자들은 "연구자 자신을 옹호해주고, 안내해 주고, 다른 사람을 소개해 주고, 증인이 되고 주고, 행위양식을 가르쳐주며, 연구자를 다른 사람들이 어떻게 생각하는지를 이야기해 줄 사람"을 찾으려고 노력한다.

한 사람 혹은 두 사람의 핵심정보제공자와 친밀관계를 형성하는 일은 연구의 초기 단계에서는 아주 가치 있는 것일 수 있지만, 연구자가 핵심정보제공원에만 의존해서는 곤란하다. 연구가 진척되어감에 따라, 연구자는 자신의 정보와 자료원을 확대해가야 한다. 따라서 다양하고 때로 상반되는 견해와 생각을 가진 광범한 사람들과 친밀관계를 형성하는 것이 중요하다. 토픽, 프로그래미 절차, 또는 탐구 대상이 무엇이든 관계없이, 그에 대한 분명하고 총체적인 견해를 얻어내기 위해서는 이런 친밀관계의 형성이 필수적이다. 질적 연구에서는 어떠한 견해와 관점이라도 나름대로 가치 있는 것이라는 점을 명심해야 한다.

3. 친밀관계(Rapport) 형성을 위해 연구자가 갖추어야 할 태도

Measor의 연구는 외모가 학생과 교사에게 모두 다 얼마나 영향을 끼치는 지에 대해서 다음과 같이 설명하고 있다.

"In a research relationship, one presents a particular front or a particular self. My own view is that it is important to come over as very sweet and trustworthy, but ultimately rather bland"

또한 Pettigrew는 참여자들에게 연구자로서의 지속적인 접근을 위해 필요한 것은 문화적으로 적절한 행동양식이라고 하였다. 즉 조사대상자가 매우 불쾌한 반응을 나타냈을 경우 참거나 무관심한 태도로 무시할 수 없기 때문에 소속한 문화적 규칙에 따라서, 존경과 친밀관계를 유지하기 위해 그녀의 반대적인 입장을 나타내야 한다고 주장한다.

외모나 말투 행동 등은 연구대상자가 받아들일 수 있도록 해야 한다. 이때까지 살아온 방식 때문에 적응하기 어려울지도 모르므로 연구자가 갖고 기존의 가치들은 연구자의 바른 길잡이 역할을 하지 못할 수도 있다. 그러므로 상황마다 그때그때 능동적으로 대처할 수 있는 순발력 및 유연성은 연구자가 갖추어야 할 기본적인 자질이라고 할 수 있겠다.

흑인 문화인류학자는 영국인에 대해 적개심을 가진 말레이시아인과 '친밀관계' 형성에 훨씬 큰 이익을 얻을 수도 있는 경우처럼, 성, 나이, 민족성 등은 데이터 접근에 다른 결과를 불러 올 수도 있다. 예를 들어 보자.

그러나 이러한 피부색이나 인종 등은 연구자가 기본적으로 피할 수 없는 어떤 근본적인 것이기 때문에 바꾸기 매우 어렵다. 하지만 다른 특질들로부터 이러한 현상을 극복할 수 있다.

다음으로 성격적 측면에서 빚어지는 결과의 제어가능에 대해서 살펴보자. 예를 들어 Thomas Robbins는 'Jesus Freaks'라는 전향한 사람들의 모임의 멤버처럼 나타나기도 했었다. 이러한 태도는 조사자의 실행가능하고 윤리적인 것에 기대어 나타난다. 그러므로 단순히 그가 참여시킨 연구자들로 하여금 그에 대한 믿음을 주기 위해서, 이때의 상황 연출이라는 것은 거의 친밀관계를 필요로 하지 않는다.

친밀관계의 개념은 연구의 운영에 있어서의 충분한 믿음을 확립해 나가는 것이다. 그것은 조사자가 친밀관계를 확립했을 때야 비로소, 그 시기를 깨달을 수 있으며 당신에게 관심을 가지고 피조사자들의 당신의 접근을 허락하는 것을 알게 되기 때문이다. 그러므로 친밀관계는 자료조사를 위한 일종의 만들어진 인간관계라고 보면 된다.

4. 친밀관계(Rapport)의 확장과 지속

학생들에게 언제 친밀관계를 느꼈을 때가 언제인지 물어보았을 때의 대답들을 살펴보자.

① 인터뷰가 진행되는 방식을 통하여 – 피인터뷰자가 시계를 본다던가하는 경우는 실패의 경우 ⇒ 사람들이 지루하지 않음을 느낄 때가 친밀관계 형성이라고 본다.

② 기분이 좋았다거나, 전에 받아보지 못한 질문을 받았다거나 인터뷰자와 피인터뷰자 간의 관계형성의 진행이 느껴질 때 ⇒ 상호작용이 일어나야 친밀관계 형성이라고 보았다.

이러한 경우를 살펴 볼 때 대부분의 학생들이 자신들에게서 어떤 새로운 경험을 하게 한다던가 무엇을 속에서 이끌어 냈을 때 비로소 친밀관계가 형성이 된다고 주장하고 있는 것이다.

어떤 A라는 사람의 예를 들어보자. 자신도 별로 만족스럽지 못했던 1차 미팅을 거친 후 실험자로부터의 한 통의 편지를 받았다. 첫 번째 미팅 후 피인터뷰자로부터의 편지의 내용은 다시 어울리고 싶다는 내용과 함께 토론해 보고 싶다는 것과 몇몇 연구내용에 필요한 정보들과 도움말 자신의 지나치게 광분한 태도에 대한 사과 등등의 내용을 보면 그 관계가 얼마나 발전될 수 있는지를 쉽게 짐작하게 해 준다.

처음에는 A라는 사람 자신도 처음에 그녀가 사람의 마음을 열 수 있을지, 흥미를 유발시킬지에 대해 스스로 의문을 가져서 인터뷰를 연기했었는데 피인터뷰자의 향상에 놀라웠다고 회상하고 있다. 아이러니컬하게 그녀 자신도 그의 명확하고 논리적인 말에 매료되었다. 이로서 친밀관계가 획득되었다고 볼 수 있다.

일반적으로 연구자와 실험자 간에 쉽게 친해질 수 있는 방법은 흔한 주제거리를 통한 친밀감의 확대이다. 조사자를 알게 되면 일반적으로 사람들은 개인적으로 민감한 논쟁거리를 말하기 좋아한다. 즉 그것은 친밀감 조성의 예, 그들을 이해하기 위한 시간 투자라고 여기면 된다.

D라는 사람의 예를 들어 보자. 결코 외지인들에게 정보를 말해 주기 꺼려했던 사람들도 D는 '으흠, 아하' 등으로 반응함에 따라 총 1시간 30분의 인터뷰 중에서 45분 즈음에서는 좋은 정보를 말해 주고 있었다. 오랜 시간 경과 후에도 친밀관계 형성이 어려운 경우 조사자가 일단 수반한 다른 문제들의 조건의 결정을 하도록 시간이 얘기해 준다.

'접근'처럼 친밀관계는 형성 후에도 지속되어야 한다. 친밀관계 지속의 문제는 관계가 출현함에 따라 조율해 나가는 문제이다. 피인터뷰자가 미심쩍어 하고 믿지 않을 때 그 의심을 날려버릴 만한 방법을 강구해야 한다. 교대로 좋은 데이터에 대해서 관심을 가질 수 있고 또 어떤 연구관계를 중단할 수도 있다.

5. 친밀관계 형성시의 주의점

연구조사자들은 이와 같이 충고하고 있다. 너무나 빈번하게 참여자들과 접촉한다는 것을 경계할 것, 또한 지나치게 그들과 거리를 두어 데이터의 신뢰성에 한계를 두게 된다는 것 등은 오히려 연구자료의 획득에 안 좋은 영향을 미칠 수 있다는 점을 환기시키고 있다.

연구의 주변부에 있는 사람들은 조사자들과 지나치게 친밀관계를 형성하려는 경향이 강한데 이 점을 간과해서는 안 되며 또한 그들이 조사자의 연구에 특정한 범위에 들지 않는 사람들이면 구체적으로 범위를 좁혀야 할 필요성이 있다고 주장한다. 그러므로 결론적으로 항상 연구자는 깨어있는 자세로 자신의 연구방향을 항상 잊지 말고 그 방향에 맞추어 연구를 진행시켜 나가야 할 것이다.

친밀관계를 형성하고 유지시키는 것은 개인이 필요로 하는 시간 이상의 고려할 문제이며 그것은 또 참가자들 간의 사회적 상호작용의 지각이라 불린다. 친밀관계는 형성에서부터 시작하여 그것을 유지시켜 나가는 모든 과정을 포함한다.

친밀관계의 유지에는 '안전밸브'가 필요하다. 일정 기간 동안 잠시 나타나지 않기 때문에 친밀관계가 유지되고 있는지 확인해 볼 필요성이 있다.

6. 친밀관계와 우정(Rapport and Friendship)

친밀관계는 우정의 개념과는 다르다. 데이터의 객관성을 잃을 수 있기 때문에 '지나친 친밀관계'가 되는 것을 주의해야 한다.

데이터의 선입견은 무의식적인 주관적인 데이터의 추출로 이어질 수 있다. 즉 초기에 조사자들은 참여자들의 발언이 증가함에 기쁨을 느끼나 사람들에게서 데이터를 샘플링할 때에 심하게 왜곡할 수도 있거나 지나치게 한 그룹을 과대 일반화하는 결과를 낳기도 한다는 것이다.

조사자가 어떤 데이터를 얻을 때에 가장 좋은 데이터를 찾을 곳을 알고 있으나 몇몇에 의해, 다른 사람들과의 '우정' 때문에 접근이 거절되는 경우가 있다.

또한 참가자들이 연구자를 과대 일반화하는 것도 정확한 연구자료생성에 방해 요인으로 작용한다. 그들은 연구자의 의도에 맞게 행동을 하려고 한다. 그러므로 조사자는 필히 친밀관계는 형성하되 '우정'은 피하려고 노력해야 한다. 만약 '객관성'이 중요하다면 연구자로서 참가자와의 관계의 확인을 구체적으로 증명해 내야 한다. 우정은 선호도의 결정, 관점을 정하는 것, 연구의 위치 선정 등에 있어서 뒤얽는 문제를 야기하기 때문에, 우정은 문제가 될 수 있다.

모든 질적 연구에 있어서 친밀관계의 영향은 매우 필수적이다. 훌륭한 연구와 따로 분리된 측면이 아니라 중요한 한 데이터의 수집에 있어서 중요한 부분을 차지한다.

7. 주관성(Subjectivity)

주관성에 대해서 읽는 것은 다른 관점에서의 연구과정을 읽는 것과도 같다. 이해의 시작을 의미하며 연구자의 성향과 연구 속에서의 주관성을 파악하는데 필수적인 조건이다. 누군가의 주관성이라는 것은 실행시킬 수 있는 능력뿐 아니라 무능력도 함께 포함하기 때문에, 보이지 않은 것을 볼 수 있게 만들기 때문에 주관성은 필수적이다. 그리고 유실될 수 있는 자료의 보호를 가능하게 하는 것, 연구의 초점이 흐려지게 된 것으로부터의 다시 초점을 강화시켜 주기 때문에 필수적인 것이다.

8. 친밀관계와 주관성(Rapport and Subjectivity)

연구자가 가정한 역할이라면 어떤 것이든 가치 있는 자료가 된다. 왜냐하면 연구장소의 정보제공자와 어떤 관련성을 맺었든지 간에 관계없이 그곳에서 수집된 자료는 전체적 모습을 기술해 주는데 도움이 되기 때문이다. Glaser & Strauss(1967)가 지적한 바와 같이, 각각의 측면이 정보의 일부분을 구성하므로 이들을 함께 묶어 주면 전체적 모습을 이루는 데 기여할 수 있기 때문이다. 거의 모든 자료가 가치 있는 것이지만, 수집된 자료와 그 자료에서 유도된 구체적 결론은 그 연구장소에서 연구자가 가정한 역할에 의해 결정된다는 것은 불가피하다. Goetz & LeCompte(1982)는 그런 점을 강조하고자 한다. 일반적으로 말해서, 친밀관계의 형성이 훌륭할수록 그리고 연구자가 가정한 역할의 적합성이 증대될수록, 자료에 대한 이해의 깊이는 깊어질 것이다.

지금까지 권장되어온 것은, 연구자는 정보제공자 또는 참여자가 전형적으로 행동하는 대로 기꺼이 행동하고, 그들과 깊은 사고를 공유하며/하거나 연구자가 묻는 많은 질문에 주저 없이 대답할 만큼 연구자를 가치 있게 보고 신뢰하는 역할의 관계를 형성해 가는 것이다. Fetter가 지적한 바와 같이, 연구자는 참여자와 묵시적인 신뢰감을 증진하는 관계를 발달시켜야 하고, 참여자들이 말과 행동에 대해 가치중립적 입장을 취해야 한다. 이렇게 할 경우 참여자는 연구자를 자기가 속한 집단의 한 구성원으로 수용하게 되고, 연구자와 격의 없는 의견 교환을 시도한다.

정보제공자가 연구자를 믿고 신뢰하게 되었을 때, 연구자는 윤리적인 문제를 고려해 보아야 한다. 참여자가 연구자를 수용하면, 보다 깊이 있고, 개인적이며, 사적인 정보를 얻어낼 수 있다. 이 경우 연구자는 밝혀내어야 할 정보의 내용과 양을 주의 깊게 평가해 볼 필요가 있다. 그리고 연구자가 참여자로부터 신뢰받고 있다는 입장을 가정하는 경우, 연구자가 심각하게 평가해 보아야 하는 윤리적 책임감이 수반된다.

예) 연구자의 역할

연구자들은 주립 시설의 종사자가 그들의 감독자, 그들의 직무, 그리고 시설 수용자에 대해 갖는 관점을 일 년에 걸쳐 연구하는 동안, 정신지체에 관해 간절히 알고 싶어 하는 학생의 역할을 연구자 스스로 자임했다.

참여관찰 연구에서, 관찰자들은 시설의 종사자가 정상적으로 활동을 시작하게 되는 자연적 상황에서 그들과 상호작용하는데 많은 시간을 보내게 된다. 관찰자들은 정신지체에 관심을 가지고 있고, 신뢰감을 솔직함으로 특징 지워질 수 있는 친밀관계를 성공적으로 형성한 대학생처럼 그들 자신을 나타내 보였다.

> Robert Coles는 관찰자에 대해 자신이 가정한 역할을 기술하였다. – 한 등산가에 비유하면서, "항상 되돌아오고, 그가 듣거나 알기를 원하는 것을 정확하게 알지 못하는"(p. 39) 호기심 있는 사람처럼 묘사하고 있다.

적어도 연구 초기에는, 연구자에게 잠재적으로 가치 있는 것으로 인식되어 온 역할의 과제는 '학습자'의 입장을 가정하는 것이다(Lofland, 1971). 참여자가 연구자를 그 장면에서 작용하는 새로운 사람이나 초심자라고 인식하는 경우, 하나의 학습자로서 일을 하는 것은 훨씬 더 용이하다. 이러한 위치에 있는 연구자는 정보제공자에게 덜 위협적인 존재로 지각되기 쉽다. 왜냐하면 이때 연구자는 '평가자' 내지 '비평가'라기보다는 '학습자'로 지각되기 때문이다.

또한 이런 경우에 참여자는 '도움'을 얻고자 하는 특정 장면에 대한 정보와 비밀을 연구자와 공유할 확률이 크기 때문이다. 그러나 이미 익숙해져 있는 장면을 연구하는 경우, 연구자는 전문가의 입장을 일반적으로 견지해야 한다.

왜냐하면 이런 경우에는 이미 초심자 내지 학습자라는 입장에 서기가 불가능하기 때문이다. 이를테면 완전 참여 연구상황에서는 하나의 동료로서의 기대가 보다 엄격하며, '모른다는 것'은 용인될 수 없다. 따라서 '학습자'의 역할은 항상 가능한 선택이 될 수 있는 것은 아니다. 하지만 다음과 같은 Hammersley & Atkinson의 말에서 학습자 역할의 유용성이 명백해 진다. "민속학자는 주시, 청취, 질문, 가설형성, 시행착오 등을 통해서만이 그 상황이 갖는 사회구조의 의미를 획득하고 참여자의 문화를 이해할 수 있다."(p. 39)

Becker(1970)는 연구자와 정보제공자 간에 작용하는 계속적인 역할 관련성을 일관성 있게 점검할 것을 권장한다. 이와 같은 점검에 사용된 일반적인 접근에는, 연구자가 함께 있는 상황에서 사람들이 말하고 행동하는 것과 연구자가 없을 때 그들끼리 하는 말과 행동에 있어 나타나는 차이점을 결정하는 일이 포함된다. 핵심 정보자에게 연구자가 없는 동안 사람들이 말과 행동을 어떻게 하는가를 질문하는 것은 한 가지 방법이 될 수 있다. 이렇게 하면 연구자는 정보제공자가 솔직하고 진실성 있게 대할 수 있도록 필요한 친밀관계와 신뢰성을 형성하였는지에 대한 단서를 얻어낼 수 있다.

질적 연구자에게 가장 어려운 일은 아마 어떤 상황에 매몰되어 감정이입되는 과정에서 초연해지는 일일 것이다. Abrahamson은 전적으로 '토착민'이 되지 않으면서도 그들의 가치와 지각을 깊이 있게 이해하기 위해서는 연구자가 참여자 중 한 사람이 될 필요성이 있다는 점을 지적하였다. 연구자는 관찰한 경험에 완전히 빠져들지 않는 것이 중요하다. 연구자가 '지나치게' 토착화되는 경우, 그 집단에 참여하는 시점과 더불어 그 집단과 자신을 동일시함으로써 자료수집의 책임성을 전형적으로 포기하게 된다.

Ⅲ. 결론

친밀관계(Rapport)는 두 사람 이상의 사람들 간의 상호신뢰와 정서적 친근성의 관계이다. 질적 연구자에게 있어서 양적 연구자와는 달리 친밀관계는 지대한 영향을 미칠 뿐만 아니라 큰 역할을 지닌다.

양적 연구와 다르기 때문에 질적 연구는 개개인이 지닌 정보가 수치로 나타내어지는 것이 아니라 그 항목 자체가 데이터의 성격을 지니므로 피험자로 하여금 좋은 데이터를 얻어내는 것은 질적 연구자에게 있어서 매우 강조되는 항목이라고 하겠다.

그렇다면 그런 좋은 데이터를 얻기 위해 질적 연구자가 해야 할 노력 중에 하나가 바로 친밀관계의 형성이다. 즉 참여자들은 연구자와 함께 연구자를 신뢰하고 다정하고 우호적인 관계를 맺으며 믿음을 쌓아가야 하는 것이다. 이것은 참여자들로 하여금 연구자의 정직성을 믿게 하고 그 믿음으로 하여금 참여자들을 솔직하고도 기탄없이 또한 정상적으로 행동할 수 있도록 그 가능성을 열어 주는 것이다.

친밀관계와 주관성 사이에는 어떤 연결고리가 있다. 연구자의 주관성에 의하여 모두 친밀관계 형성에 긍정적이든 부정적이든 두 가지 영향을 주게 되어 있다.

우정은 연구의 지속에 있어서 필수적인 조건은 아니다. 중요한 것은 조사자만의 주관성이 허구로부터의 조사자를 보호할 수 있다는 것이다.

Bogdan & Biklen(1982)은 질적 연구자가 가정하여 노력해야 할 대표적인 역할에 대해 다음과 같이 간명하게 기술하였다.

> 연구자는 대상자들[참여자 또는 정보제공자]의 세계에 참여할 때도 있지만, 그 세계와 유리되어 있는 경우도 있다. 그들은 대상자들로부터 배우려고 하지만, 반드시 대상자와 같이 될 필요는 없다. 그들은 대상자들의 활동에 참여하지만, 보다 제한적으로 참여한다. 그들은 대상자들의 사고방식을 배우지만, 대상자들과 동일한 사고방식을 갖지는 않는다. 그들은 감정이입하기도 하지만, 또한 숙고적이기도 한다.

위의 논의에서 알 수 있는 바와 같이, 연구자의 역할은 여러 가지가 관련되어 있고 복잡하다. 이것이 전통적으로 질적 연구의 사용해 온 학문분야(예를 들어, 문화인류학)의 연구자가 그들의 독자적인 방법인 질적 연구를 조직하고 수행하기에 앞서, 현장 사태에서 경험 있는 연구자들에게 도움을 주는 직접적 경험을 자주 수용하게 되는 한 가지 이유이다.

끝으로, 그 현장에서 연구자가 가정한 역할을 아는 것에 따라 자료의 해석이 달라질 수 있기 때문에, 조사된 집단들 내에서 연구자의 역할과 지위를 연구보고서에서 분명히 밝혀 놓아야 한다. 질적 연구자들은 그들이 가정한 사회적 역할에 따라 정보제공자를 향한 그들의 연구입장을 습관적으로 드러내 보이고, 정보제공자가 그들에게 부여한 사회적 지위와 위치에 대한 내용을 기술해야 한다(Goetz & LeCompte, 1982).

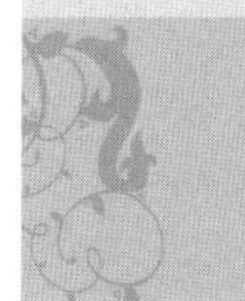
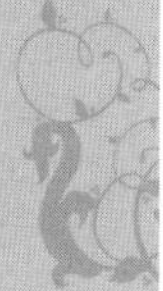

Chapter 7

질적 연구의 윤리성

Ⅰ. 서론

연구조사 방법론에 대하여 근본적으로 연구대상자에게 미칠 수 있는 다양하고도 복잡한 윤리적인 문제에 대한 해결방안의 고려가 매우 중요하다. 윤리적인 고려를 배제할 수 없는 이유는 실험자가 매일 연구대상자와 부딪힘으로 인해서 발생되는 여러 가지 문제들, 윤리적 고려는 참여자와 자료를 매일 접함으로써 생기는 것으로 분리될 수 없는 것이다. 질적 연구조사자는 상호작용적인 특징에 의해 양적 연구조사자보다 훨씬 많은 윤리적 고려사항이 대두되고 있다. Lincoln에 의하면 사회과학 조사에서 가이드라인을 설정하여 윤리적인 면을 구성하는 것을 결정하는 것은 교수 규약이나 연방법에 의해 추정될 수 있다.

그러므로 질적 연구조사자는 현장 연구를 발전 유지시키기 위해서 조사 역할 내에서 윤리적인 면이 무엇을 뜻하는지 끝없이 생각해야 한다.

질적 연구(Qualitative Research)는 수치적 통계로서는 제공될 수 없는 현상을 체계적이고 논리적으로 연구하는 새로운 패러다임이다. 이는 통계절차나 다른 수량화를 통하여 얻을 수 없는 결과를 산출하는 모든 종류의 연구방법을 말하는 것이다. 이러한 연구방법은 다양한 분야에서 활용되고 있는데, 직관에 의한 예측, 의견조사에 의한 예측, 유추에 의한 예측 등과 같은 예측방식에 많이 이용되고 있다. 이러한 연구결과를 좀 더 객관적으로 예측하기 위하여 더 많은 자료, 더 정확한 자료를 요구할 수 있다. 이러한 자료는 과거의 기록된 자료를 토대로 수집할 수 있는데, 구음이나 책자를 포함한다. 구음일 경우 자료의 객관성에 논란이 있을 수도 있으나, 다양한 자료수집으로 이러한 문제는 해결될 수 있다.

질적 연구는 수치적 통계방식처럼 어떠한 수치해석방식에 의해 결과를 산출하기보다는 새로운 논리적 문제 해결 가능성이나 새로운 이론을 제공한다는데 중요성이 있다. 수치적으로 결과를 산출할 수 없는 분야에서도 이러한 질적 연구를 어떻게 하면 수치적으로 결론을 낼 수 있는가 하는 연구가 이루어지고 있으나, 인류학, 문화인류학, 현상학과 같은 경험영역에서 현상을 기술하여야 하는 분야는 단지 수치해석과 그 수치를 적용하는 것은 의미가 없다고 본다. 질적 연구에 수치적 방법은 적용할 수 있으나, 적용수치해석방식을 적용하는 것은 타당치 않다.

문화인류학에 있어서 국민의 문화와 행동과의 상호관계를 이해하는 주제를 가지고 연구를 할 때, 그 중점은 문화사회적 현상을 통한 연구자의 결과해석에 있다. 이러한 현상을 추론하기 위해서는 많은 자료를 수집하여야 하는데 이러한 자료를 수집하는 방법에는 여러 가지가 있다. 특히 연구자는 자료수집을 위하여 그 커뮤니티에 적극적으로 참여하여야 한다. 그러한 과정에서 연구자는 다양한 경험을 하게 된다. 연구자가 모집단에 어떠한 역할을 하느냐에 따라 주민들과의 밀접한 관계와 친밀성이 자료수집에 많은 영향을 준다.

연구자는 또한 그 모집단에서 수집한 자료를 접할 때 윤리적인 문제가 생길 수 있다. 수집한 자료를 분석함으로써 모집단에 형성된 부정을 발견하였을 경우, 연구자는 어떻게 행동을 하여야 하는가 하는 딜레마에 빠지게 된다. 또한 수집된 자료가 모집단의 인권을 침해할 우려가 있을 경우, 연구자는 연구결과 발표에 대한 고민에 빠지게 된다. 연구자는 연구자료사용에 따른 문제점이나 자료해석에 따른 문제점 또는 결과에 따른 문제점에 대하여 스스로 해결하여야 하는 중대한 의사결정에 봉착하게 되며 그 결정에 책임져야 한다는 것이다.

이러한 윤리적인 문제를 어떻게 해결하여야 하는가에 대하여 알아보자. 그리고 이를 위하여 우선 질적 연구의 패러다임과 정의가 되는지에 대해 알아보고, 윤리적인 현상이 어떻게 나타나는가, 해결책은 무엇인가를 조사하기로 하겠다.

Ⅱ. 본론

1. 질적 연구의 효용성

1) 윤리적 규약

어떤 약속 조항 내지는 의무의 강요는 피해야 할 것뿐만 아니라 열망에 대하여 나타내는데, 다른 사람의 권리를 존중하려는 마음을 나타내는 것이다. 일반적으로 연구윤리 규약은 개인의 권리를 말해주는데 사생활, 품위, 기밀, 피해가 밖으로 드러나지 않도록 비밀 유지에도 신경을 써야 한다.

2) 정보에 대한 동의

정보는 얻어 내는 데에도 큰 역점을 두어야 하지만 정보의 발설이나 누출이 되지 않도록 최대한 배려해야 하는 것이다. 정보는 동의를 통한 참여자가 인식하게끔 만들고 참여를 자발적으로 유도해 내야 한다. 조사의 방향으로 평안에 영향을 준다는 것, 참여를 아무 때나 그만둘 수 있다는 것. 즉 “Cooperation and partnership may be more relevant to the ethnical assessment of qualitative fieldwork than whether or not informed consent forms were signed." 이 말 속에 그러한 의미를 담고 있다.

3) 연구자 역할과 윤리적 딜레마

질적 연구조사자는 필드에 나가서 연구조사를 하다보면, 역할이 다양해지고 거기에 따른 윤리적 문제가 대두될 수 있다는 것을 현장에서 알게 된다.

4) 이용자(Exploiter)

이용자는 관계, 접촉, 친구들을 이용하여 자료를 수집할 수 있다. 다음의 예를 보자.

- 학교나 일거리에 대하여 말했을 때 윤리적이 아니다.
- 그 엄마의 존경심이나 품위에 대하여 말할 때는 윤리적이 된다.
- 그녀가 말하는 것을 잘 듣고서 아픔을 느꼈다면 윤리적이 된다.
- 그녀가 배운 것을 그의 전문가적인 행동에 기여할 때 윤리적이 된다.

논문이 통과되고 난 후, 그 주제를 포기하고 다시는 그에 대한 집필이나 말을 하지 않는다면 윤리적이 아니다.

이러한 사람의 관심이 오직 자신의 이익에만 국한한다면 윤리적이 아니지만 그녀가 정직하고 심혈을 기울여 홈리스 엄마와 자식의 학교생활에 대하여 써서 그녀가 얻은 정보를 나누었다면 윤리적이 된다.

5) 개입자(Intervener)/개혁자(Reformer)

이용자(Exploiter)는 피하기를 원하지만 개입자는 의식적으로 결정하는 것을 나타낸다. 연구조사를 하여서 그 결과가 옳은가를 판단하고 공정하지 않음으로써 받는 비난을 바꾸려할 것이다. 연구 결과 잘못된 것을 발견했을 때, 이를 고발할 것인가? 이때 고발을 하면 그들뿐만 아니라 자신의 연구에도 타격이 될 수 있다.

6) 옹호자(Advocate)

옹호자는 개혁자와 달리 연구조사를 하다 나타날 수 있는 문제점에 적극적으로 참여하여 연구목적뿐만 아니라 그 문제 해결에 관심을 갖는 것이다.

7) 친구(friend)

연구자는 자주 다른 사람들과 친밀한 관계를 갖는다. 연구자로서 역할보다 친구라는 것 때문에 비밀 자료를 수집하였다면, 그러한 자료를 사용해도 될까? 친구는 어떻게 될 것이며, 우정은 어떻게 될 것인가. 익명인을 보호할 수 있는가. 개인의 인권을 침해하지 않는가.

8) 연구가와 기타 관계

관계는 어쨌든 간에 일반적으로 비균형적으로 연구자 측에 유리하도록 생성되게 되어 있다. 결국 연구자가 참여자의 권리나 사생활 침해를 보호해야 한다.

9) 사생활에 대한 권리

사생활은 연구조사에서 참여자 권리를 놓고 볼 때, 가장 큰 관심사이다. 참여자가 연구조사자에게 관찰하고 인터뷰할 수 있도록 허락을 할 때, 조사자는 그들의 비밀이나 익명을 보호하여야 한다.

공공장소에서는 일반적으로 서로 관찰할 수 있는 상황을 제공하기 때문에 공공장소에서의 은밀한 관찰을 필요로 할 때 이 문제가 대두된다. 그러나 이것이 조직적으로, 녹취가 되고 분석이 될 때에는 더 이상 단순한 문제가 아닌 것이다.

쓰레기를 통하여 연구할 목적으로 쓰레기를 분석할 때, 편지와 같은 쓰레기에서 사람의 정보를 얻었다면 사생활 권리를 침해하게 되지 않을까?

사생활 보호를 하기 위해 익명에 도시이름도 꾸며진 이름을 사용했더라도 누구든지 쉽게 어디인지를 알아낼 수 있다면 어떻게 될까?

가공인물과 도시를 이용하여 연구조사한 것을 책으로 만들어 조사한 도시에 배포하였더니 자료의 이름이 정확하지 못하다며 다음 연구 때 실제 이름을 사용할 것을 요구했다면 어떻게 할 것인가? 조사자와 참여자 서로의 의견에 의해 이름을 조율할 수도 있을 것이다.

10) 가명의 도입(Deception)

이름을 거론하기 힘든 경우, 가상 이름으로 연구조사를 하였을 때, 독자를 속이는 것이 돼버릴 염려가 있다. 자료를 얻는데 있어서 어떤 기만 척도가 정당화될 수 있는 장소가 존재할까? 노출이 될 수밖에 없는 상황에서 기만이 합법적일 수 있는가? 권력을 가지고 있는 집단을 조사 취재할 경우, 가명의 도입 없이는 접근이 불가능할 것이다. 실용주의자 관점에서 볼 때 가명의 도입이 대집단의 이익에 관련될 때는 정당화될 수 있다는 것이다. 결과보다 결속에 중점을 두게 되면 실용주의적 입장은 퇴색되어진다.

연구조사의 특징에 비추어 볼 때, 아무리 정직하고 마음이 열려있다고 하더라도 현장 연구에 있어서 윤리적인 문제를 끊임없이 생각해봐야 한다.

어떤 윤리적인 규약에 있어서는 지금까지 연구한 것이 개인에게 해를 입힌다면 모두 포기하여야 한다.

11) 상호의존성(Reciprocity)

질적 연구에서 상호의존성은 그 시대에 있어서 연구주제를 금전적으로 보상하는 문제로 알려져 있다. 연구에 참가한 사람이 보상을 지급받더라도 관련된 시간과 연구자와의 이루어진 관계 때문에 상호의존성이 어렵게 될 수 있다.

Glazer에 의하면 상호의존성은 호의와 약속의 상호교환으로, 커뮤니티의 상호 증명이나 감정적인 면을 이루는 것으로 정의하였다. 연구조사자는 사람을 선택한 목적에 대한 수당으로 보지는 않지만 비협동적 질적 연구서 그들의 목적을 달성을 위한 자료를 수집하기 위해서는 돈독한 관계를 만들 수밖에 없는 것이다.

인터뷰를 할 때 상호의존성이 나타날 수 있다. 인터뷰를 하는 사람이 이해를 더 잘 시킨다거나 칭찬 따위를 통해서 중요한 자료를 얻을 수 있다.

연구조사자가 진료사는 아니지만 인터뷰를 하다보면 진료사의 역할을 수행하기도 한다. 한 부분으로서 질적 연구의 결과의 진실성에 대해서 알아보자.

몇 가지 윤리성에 대해서 연구자체에 대하여 추가될 항목이 있다. 그것의 개념은 타당성, 신뢰성, 신빙성, 일반화 가능성 등이다. 이런 것들은 양적 연구에서 보는 것과는 근본적으로 성격이 다르다.

그러므로 연구자들은 양적 연구와 대비되는 개념들을 질적 연구자의 입장에 서서 논의해 보게 될 것이다. 또한 해석적 혹은 현상학적 이론의 관점에서 질적 연구에 있어 진실성 문제를 확립하는 방안을 논의해 보자.

12) 타당성

질적 연구에서 밝히고자 하는 주제와 실제로 연구에서 구명된 것 간에 서로 그 결과가 일치하게 되면 그 연구결과는 타당성이 있다고 볼 수 있다. 질적 연구에서 자료는 연구자가 구명하고자 했던 것을 나타내 주는 것이다. 즉 데이터가 바로 그 결과를 입증해 주는 것이다. 그 데이터의 타당성이 인정되지 않으면 신뢰성과 일반화의 가능성은 실질적으로 소용이 없게 됨은 두 말할 나위가 없다.

질적 연구자들은 "현실 세계에서 자료가 존재하는 대로 탐구함으로써 현상에 대한 직접적인 지식을 마련해 주는 방법"을 통하여 그들의 연구결과에 대한 타당성을 높이려고 주장한다.

예를 들면, 그들은 참여관찰–의도되지 않은 장면에서의 현장적 참여자들과 그들 스스로가 함께 어울려서 수행하는 관찰, 자연스럽게 대화를 주고받는 구조화되지 않은 면접을 하는 것 등과 같은 자료수집 기법을 활용한다. 이런 맥락에서 그들은 연구자 자신의 개념, 조작적 정의, 평정척도 등을 통하여 여과되지 않은 자연 그대로의 자료를 직접 획득하는데 그 목적이 있다 하겠다.

질적 연구자들은 타당한 자료수집의 가능성을 높이기 위해 몇 가지 특수한 접근들을 적용한다. 이런 접근들은 예를 들은 질적 연구자들은 자연스러운 조건을 변경하지 않은 채, 하나의 장면이나 상황에 몰입하여 직접 연구를 한다. 이를 테면 질적 연구자들은 자신들이 "목소리와 섞여 어울리는" 방안들을 활용한다.

시작 단계에서 연구자는 현장에 있는 참여자들로부터 신뢰를 얻기 위해 친밀한 관계를 형성하려고 노력하는 한편, 자연스러우면서도 참견하지 않는 편안한 태도로 참여하기 위해 자연적인 상호작용 패턴을 익혀가야 한다.

Doglas가 지적한 대로 연구자가 현장 참여자에게 덜 참견하면 할수록, 즉 그들에게 연구하고 있다는 느낌을 배제할수록 자신의 방법이 연구에 미치는 영향이 적어지고 수집된 자료는 연구하고자 하는 현상을 더 많이 반영하게 될 것이다.

질적 연구에서 연구자들은 자연적 장면에 들어가서 다른 참여자들에게 성가시게 참견하지 않으면서 참여하도록 강조점이 주어지지만, 모든 연구자들이 참여에 따른 영향을 최대한 줄인다고 생각하는 것은 비현실적이다. 질적 연구자들은 의식적으로 참여자들과 참여 장면에 대해 자신의 출현과 연구과정이 미치는 영향을 인식하고 그것을 이해하려고 노력함이 마땅하다. 한 장면에서 장기간 참여해서 지속적 관찰을 함으로써, 연구자는 참여자들의 행동과 생각을 이해할 수 있게 되고, 이러는 가운데 특정의 연구자나 연구과정에서 입수된 자료에 왜곡이 있으면 쉽게 확인해 낼 수 있다.

결국 Bolster에 의하면, 질적 연구는 다음과 같은 이유들로 해서 타당성이 인정될 수 있다.

> 질적 연구자들은 체계적으로 학급의 특징들을 규정하고, 그 속에서 일어나는 사건들을 관찰하며, 사건들에 대해 사람들이 말하는 것을 들음으로써, 사건들의 패턴과 그들 간의 상호관계성에 대한 이해를 얻게 될 것이다. 결국 결정적 기술은 두 가지 방법으로 타당화된다. 하나는 설명의 일반화가 관찰자료에 기록된 사건들의 패턴들과 일치되어야 하며, 다른 하나는 설명의 얼개가 그 학급 상황에서 일어난 사건들에 대해 교사와 학생들이 부요한 의미와 일치되어야 한다는 것이다.

13) 신뢰성

신뢰성은 흔히 자료나 결과의 일관성 및 불변성으로 규정되고 있다. 실증주의적 관점에 의하면, 신뢰성은 흔히 상이한 연구자들의 시점에서 동일 연구자에 의해 얻어진 자료의 일관성(재검사 신뢰성), 자료를 두 부분으로 분할하는 데 따른 일관성(반분 신뢰성) 등을 의미하는 것으로 알려지고 있다.

몇 가지 이유들로 해서 신뢰성에 대한 실증주의적 접근은 질적 방법을 적용하여 수집된 자료에는 일반적으로 적합하지 못하다. 그 이유 중의 하나는 질적 방법에서 활용되는 접근은 이미 결정된 설계라기보다는 현재 일어나고 있는 것을 다루는 설계이기에, 두 연구자들(즉 실증주의자와 질적 연구자)은 동일한 결과를 산출하기란 어렵다. 실증주의자와 질적 연구자는 구체적 질문의 제기, 활용되는 자료수집 절차, 채택된 연구전략 등 연구설계에 영향을 미치는 상이한 배경과 관심사들을 연구에 반영시키고 있다. 이처럼 상이한 배경과 관심사들 때문에 그들은 또한 상이하게 자료를 해석하게 되고, 마침내 상이한 결론에 도달하게 된다.

어쩌면 상이한 연구자들이 똑같은 탐구 영역이나 장면에 대해 상이한 결과와 해석을 산출해내는 것을 놀랄 일이 아닐 지도 모른다.

양적 연구의 신뢰성이 대부분의 질적 연구들에게 적합하지 않는 두 번째 이유는 연구자가 자료를 수집할 때 대부분의 자연적 장면에서 작동하는 상황적 차이가 미친 영향에 대한 인식 때문이다. 서로 다르거나 심지어 완전히 상반된 자료도 그것이 신뢰성의 결여에 기인한다라기보다는, 상이하게 존재하는 장면(여타 관련 있는 장면의 출현)에서 발생하는 관련 요인들이나 여건들 때문에, 동일한 연구자에 의해 획득될 수도 있다. 즉, 사람들은 특정의 질문, 대화, 관찰, 혹은 장면 등을 둘러싼 역사적 혹은 현재적 상황이 다르게 되면, 하나의 주제나 문제에 대해 상이하게 반응하거나 행동할 수 있다. 질적 연구자들은 자연스럽고 통제되지 않은 상황에서 그들의 자료를 수집하기 때문에 그러한 차이점이 일어나기도 한다.

결국 신뢰성에 대한 전통적 실증주의적 관점은 질적 연구결과에 적용될 때에 정당화되기가 어렵게 되는데, 그 이유는 이론적 입장의 차이 때문이다. 즉 양적 연구방법론은 객관적으로 불변적 혹은 고정적인 자료를 중시하는 반면, 질적 연구자들은 종종 주관적, 역동적 혹은 시간에 따른 변화 가능성이 있는 자료를 수집한다. 이처럼 시간이 지남에도 결과의 일관성이 유지되는 관점에서 신뢰성을 규정하게 되면 이것은 질적 방법으로 수집된 자료의 성질과는 정면으로 상충된다. 사람들의 견해와 지각은 특정 장면에서의 경험과 여타 관련 요인들에 따라 변하기 마련이며, 따라 서양적 연구자들에 의해 규정되는 것과 같은 신뢰성이 질적 연구에 그대로 적용되기는 어렵다.

이처럼 질적 연구결과에 실증주의적 신뢰성의 입장을 적용하는데 상당한 곤란점이 있으므로 Taylor & Bogdan(1981)은 질적 이론과 방법론에 보다 잘 어울리는 관점에서 신뢰성을 재정의하고 있다. 질적 관점에서 보면 신뢰성은 수행되는 연구장면에서 실제로 일어나는 것과 자료로 기록되는 것 간에 합치성이 있음을 의미한다. 서로 다른 관찰장면에 걸쳐 일관성은 사실상 존재하지 않는다.

일어나는 것과 기록되는 것 간의 합치성으로 신뢰성을 볼 때, 질적 연구에서 연구결과의 신뢰성을 높이기 위해 일반적으로 활용되는 몇 가지 공통적인 방법론적 방안들이 있다. 그러한 방안 가운데 하나는 상세한 현장 노트를 기록하는 일이다. 연구자는 면접이나 관찰을 하는 동안 실제로 일어난 모든 일들을 기록하되, 이것은 연구자가 얻은 지각, 통찰, 추측 혹은 시사점 등과는 구분되어야 한다.

현장 노트에 대한 보다 종합적인 논의는 추후에 논의하겠다.

질적 연구에서 기록된 것과 특정장면에서 실제로 일어난 것의 신뢰성을 강화하기 위해, 일반적으로 활용되는 두 번째의 방안은 팀으로 질적 연구를 수행하는 것이다. 팀의 구성원들은 현장 노트, 인터뷰 기록사본, 그리고 이외에도 종합성과 정확성에 기여하는 여러 자료들에 대한 피드백을 마련해 줄 수 있다.

세 번째 방안은 참여자로 하여금 현장 노트나 최종 보고서를 검토하게 하는 것이다. 참여자들은 진술된 기록의 정확성과 종합성에 대해 피드백을 제공해 주도록 격려된다.

질적 방법론에서 신뢰성을 점검하기 위해 고안된 최근의 또 다른 접근은 Helpern(1983)이 연구감사라고 지칭하는 것이다. 이 절차에서는 특정의 외부 연구자가 연구의 전체 과정을 통해 감시자의 역할을 맡아주도록 요청된다. 감사자가 하는 일은 제시된 결과의 산출과정을 검토함으로써 자료의 근거를 입증하고, 확정된 서류들을 확인함으로써 결과의 정당성을 검토하고 제시된 결과가 일어난 사실들을 제대로 반영하고 있는

가를 연구에 참여한 다른 사람들과 함께 확인하는 것 등이다. 연구감사 절차에 대해서는 보다 많은 논의가 이루어져야 한다.

14) 일반화 가능성

많은 연구자들이 그들 연구의 가장 기본적 목적이 연구결과를 일반화하는 데 있음을 수긍한다. 그들은 "개개 사례의 특수성을 고려하는 것은 불필요하며, 좋은 것이란 모두에게(적어도 학급에 있는 모두에게) 좋은 것이어야 하는 일반화를 확립하였고(Lincoln & Guba, 1985) 노력한다. 그렇지만 일반화는 사람들이 자연적 장면에서 연구를 하는 경우 특별히 얻어내기가 어렵다.

이 곤란점은 기본적으로 다음의 두 가지 이유 때문이다. 그 첫 번째는 사람들이 각각의 독특한 특성을 지닌 다양하면서도 복합적 존재이기 때문이다. 또한 각각의 자연적 장면들에는 미묘하고도 특이한 차이점들이 많이 일어나고 있다. 그래서 사름들이나 장면들은 광범위한 복합성과 독특한 특성들 때문에, 결코 똑같은 것이 될 수 없게 되어 있다. 따라서 일반화는 상이한 개인과 장면들에 걸쳐 진실을 드러내 주지 못한다. 두 번째 이유는 Cronbach가 연구의 일반화는 쇠퇴하고 있다고 지적하였듯이, 좋은 일반화를 얻어내기가 퍽 어렵기 때문이다. 사람들의 개성, 지각 그리고 상황은 시간이 지남에 따라 변하게 되어 있다. 교육의 경우도 정적이고 지속적인 것은 거의 없으며, 오히려 역동적이다. 이런 이유 대문에 일반화의 타당성은 변화가 일어남에 따라, 시간의 경과와 더불어 침식되어 버린다. 많은 경우에 전혀 불가능한 일은 아니겠지만, 교육에 있어 '진정한' 일반화를 발견해 내는 것은 어려운 일이다.

'진정한'이란 단서가 붙는다면, 교육연구에서 일반화를 유지하는 것은 대부분의 연구결과에서 기대되기 어렵다. Cronbach는 이에 대해 하나의 대안을 제시해 주고 있다. 그는 연구로부터 얻은 결과는 일반화된 사실이나 법칙이라기보다 잠정적 가설로 고려되어야 한다고 주장한다. 자연적 장면에서 사람과 장면의 특수한 개별성이 적절히 고려된다면, 어떠한 일반화도 하나의 결론이라기보다 차라리 잠정적 가설이 되어야 하므로, 이 잠정적 가설 접근이 질적 연구자들에게 권고되고 있다. 하나의 잠정적 가설에서 사람 혹은/그리고 장면들, 양 집단들(새로운 것과 이미 연구된 것들)에 대한 특수한 정보는 결과의 전이가능성에 대한 정도를 판단하도록 요청되고 있다. 하나 혹은 그 이상의 상황에서 심층적 탐구를 거쳐 얻은 잠정적 가설은 옛 상황과 비교해서 새로운 상황에서 일어나는 특수한 조건들의 유사성을 고려함으로써, 다른 상황에서 그것이 적용가능한 정도가 평가될 수 있다. 즉, 결과의 일반화는 그것의 가능성이라는 관점에서 고려되고 평가될 뿐이지, 미리 가정되는 것은 아니다.

질적 연구에서 결과의 일반화나 대표성을 강화하기 위한 접근들은 이제 바뀌어 가고 있다. 대부분의 질적 연구자들은 단지 "대표성이나 일반화의 가능성에 대한 주장을 제기하기만 하는 것이 아니다"(Taylor & Bogdan, 1981)라고 말하고 있다. 질적 연구에서 연구의 폭(넓이)은 하나 혹은 몇몇 상황에서 한 개인이나 소집단에 대한 상세한 이해를 얻기 위한 깊이 때문에 종종 희생되고 있다. 일반화의 정도나 대표성에 대한 질문은 여러 연구들의 결과를 수집하여 통합하거나, 혹은 작업의 성질상 특이성이 덜 고려되어도 좋은 대량표집에 의한 연구 등과 같은 다른 연구들에 의해 대답되어야 할 질문으로 여겨지고 있다.

하지만 일부 질적 연구자들은 일반화나 대표성의 가능성을 강화하기 위한 연구설계의 방안들을 도입하기도 한다. 이를 테면 분석적 귀납과 연속적 비교와 같은 연구전략들, 유목적적 표집과 삼각형으로 나누기와 같은 방법들은 대표성의 가능성을 더 높이기 위해 질적 연구에 적용되어 온 것이다.

Romberg는 다음과 같이 지적하고 있다.

> 연구결과가 연구대상이 된 학교에 적용될 뿐만 아니라, 마찬가지로 다른 학교에까지도 적용 가능하게 되도록 하는 것은 중요한 일이다. 독자에게 가정,

신념, 가치, 목적들이 보다 넓은 사회적 맥락에서 특수한 맥락으로 연계된 것이 본래의 설명과 해석에서는 어떻게 관련 지워지고 있는가를 보여주는 것은 현장 연구의 중심이슈이다.

질적 연구결과의 일반화 정도 혹은 대표성의 가능성이 중요하고, 연구과정에서 다양한 전략의 접근을 활용함으로써 그런 것이 강화될 수도 있겠지만, 연구의 내용이나 목적에 따라서는 그렇게 하는 것이 반드시 바람직한 것도 아니다. 이미 지적한 대로, 연구자는 한 장면의 특정 관심사에 대해 보다 깊은 이해를 얻기 위해 다양한 자원들을 동원할 수 있으며, 아예 "대표성에 대한 어떤 주장도 하지 않을" 수도 있다. 또한 질적 연구에서 전이되어야 할 것이 있다면, 그 결과를 증명할 책임이 다른 상황에 적용하고자 하는 사람에 비하여 원래의 연구자에게는 줄어든다는 점에 유의할 필요가 있다. 최초의 연구자는 전이 가능성의 추구를 위하여 장면들이나 사람들을 다시 알아볼 필요는 없겠지만, 그것을 응용하고자 하는 사람에게는 경우가 다르다.

연구결과의 일반화 정도를 높이고자 하는 사람들에게 줄 수 있는 최선의 조언은 참여자들, 장면들, 상황적 유사성에 대한 증거를 축적해 가라고 하는 것이다. 최초 연구자의 책임은 그러한 유사성을 판단하게끔 하는 충분한 설명적 자료를 제공해 주는 것으로 끝난다. 심지어 최초 연구결과를 다시 응용하는 사람의 전이의 가능성을 뒷받침하는 유사성에 대한 충분한 증거를 확보하고 있다 할지라도, 그는 결코 연구의 일반화를 입증해 주는 일을 제대로 수행하고 있다고 할 수는 없다(Lincoln & Guba, 1985).

15) 신빙성

일부 질적 연구자들은 그들의 연구에 대한 '신빙성'을 논의하고 있다. 상당한 주의를 끌고 있는 이 신빙성의 준거는 연구자가 그 연구에서 밝혀진 관점, 가치, 신념 등 모든 것을 확인했는지 않았는지, 그리고 이런 모든 것에 대한 균형된 입장을 보였는가 않았는가 하는데 초점을 두고 있다. 즉 연구자는 상이한 관점 모두를 제시하는데 공정했던가?에 초점을 두고 있는 것이다.

질적 연구의 신빙성을 평가하기 위한 네 가지의 준거를 Lincoln & Guba(1986)에 의해 제시되었다.

① 연구에 연루된 모든 관련자들(즉, 연구자들, 관리인들, 참여자들, 연구를 활용하는 사람들 등)이 사회적, 문화적, 정치적 영향을 포함하여 연구되고 있는 모든 것에 대한 상세하고도 복잡한 것을 제대로 파악하고 있는지, 그리고 그 결과로 그들의 관점이 더 풍부하면서도 더욱 세련되었는가?

② 연구에 관여한 모든 사람들이 다른 사람들의 가치, 신념, 판단, 그리고 행동을 이해하고 평가하도록 조장되었는가? 이 준거는 다른 사람의 견해를 평가하고 이해하는 것을 증진하는 것이지, 그러한 견해들을 반드시 수용하는 것을 의미하지 않음을 지적해 두어야겠다.

③ 얻어진 결과에 바탕을 둔 행위가 촉진되고 자극되었는가? 이것은 "연구결과나 이론은 실제화"하는데 따른 문제이다.

④ 적용된 연구가 행위를 증진하는데 기여했다면, 그 행위나 변화에 의해 실제적 효과가 증진되었는가? 즉, 연구결과가 바람직하고 가치 있는 변화를 초래했으며, 누구의 관점으로부터 그런 가치 있는 변화가 일어났는가?

신빙성에 대한 이들 준거의 각각은 사회적으로 지향된 탐구에 대한 비판을 가해 볼 의도로 제시된 것이다. 하지만 이들 준거 중 일부에 대한 개념화와 적용성은 논쟁과 토의의 과제들이 되고 있다. 이 시점에서 그런 것들은 잠정적이며, 사변적인 것으로 고려되어야겠다.

결론적으로 모든 연구의 진실성은 참으로 중요하다. 그러나 어떤 연구의 진실성을 그 연구에 깔려 있는 이론의 입장에서, 그리고 연구자가 지향하는 특수한 목적에 따라 평가하는 것도 중요하다.

2. 질적 연구적용의 책임성

1) 책임성

(1) 오용의 회피

교육자들은 주의 깊게 질적 연구를 검토해 본 다음, 소정의 연구목적을 위해 어느 것이 가장 적합한지를 알아볼 필요가 있다. 다른 모든 연구접근과 마찬가지로 질적 연구도 오용될 가능성이 있다. Rist가 지적한 대로, 질적 연구는 조잡하고 빈약하게 수행되고, 실속도 없는 많은 연구들에 논리의 껍데기를 제공할 수 있다. 그는 그의 이러한 경험을 다음과 같이 피력하였다.

> 그러한 연구에 질문이 들어오면, 대답은 단지 방어를 하기 위한 전문용어를 늘어놓게 된다. 국외자에 불과한 사람이 현상적이고 아주 사적인 경험으로 수행된 연구를 따져 묻는 것 자체가 결국은 부적절한 일이라고 치부해 버린다. 방법의 논리가 거꾸로 뒤집혀져서 그러한 방어는 비범한 이해를 구하는 것이 아니라, 꼬치꼬치 따져짐으로써 그 의도가 백일하게 드러나고 말아야 할 가장 우선적인 표적이 된다.

그래서 질적 연구는 종종 사람들의 주관적인 지각에 기초해 자료를 수집하기 때문에 그들의 연구전략이 객관적 점검을 받기 위해 공개되어서는 안 된다고 하는 것은 하등 고려될 필요가 없다. 질적 이론과 방법에서는 연구를 수행하기 이전에 탄탄한 지식의 기초가 요구된다. 양적 연구에 비해 훨씬 느슨하게 규정되어 있지만, 질적 연구를 수행하고 보고할 때도 따라야 할 일정한 표준과 절차가 있다.

(2) 기본적 방법론의 고수

대부분의 질적 연구자들이 최근에 와서 그들의 방법에 대한 관심이 증가되는 것에 대해 환영의 뜻을 표하겠지만, 그들은 경우에 따라 질적 연구가 매춘처럼 악용되는 것을 두려워한다. 그들은 많은 '신출내기'들이 방법론상 기본적으로 고려해야할 사항들조차도 따르지 않음을 우려하고 있다. 'Fetterman'은 전체에 대한 거시적인 관심 없이, 교육자들이 질적 연구의 방법론을 아무데나, 심지어는 이질적인 요소들에까지도 적용하는 현실에 대해 우려를 표명하였다. Rist는 질적 연구의 어떤 방법들 가운데, 새로운 방법을 가리켜 '기습적 공격형 민속기술학'이라고 지칭한다. Rist는 다음과 같이 진술하였다.

> 고전적인 접근이 뉘앙스와 심층적 '의미'를 알아내기 위해 현장에서 상당한 시간을 보내는 것에 비해, 우리가 '치고 달리기'라고 부르는 방식이 민속기술학적 연구분야를 침식했다. 그러한 입장에서는 접촉이나 친밀감, 신뢰, 통찰력 같은 것은 순식간에 얼마든지 중지될 수 있다고 본다. 최근에 한 교육 연구자가 나에게 말한 것을 들어보면 문제의 심각성을 느낄 수 있다. 그는 나에게 민족기술학의 새로운 형태를 완성했다고 얘기했는데, 그것이 다름 아닌 '기습적 공격형 민족기술학'이었다. 그에게는 두 가지 용어(전통적인 것과 새로운 것) 사이에 존재하는 기본적인 모순 관계가 보이지 않았나 보다. 예전의 방법에서 제시한 기본 전제를 받아들이지 않은 채, 그는 민속기술학의 새로운 형태로 지역사회 조사를 자의적으로 재분류하려고 했던 것이다.

(3) 상황적 의미의 탐색

참여자들의 지각을 이해함에 있어 중요한 요소는, 그들이 그러한 언행을 하게 된 상황의 사회적·문화적 배경을 이해하는 일이다. 질적 연구에서는 연구되는 것이 무엇이든지 하나의 전체적 맥락 속에서 검토된다. 사회적 문화적·배경은 종종 가정과 지역사회의 환경; 역사적 내력; 동기, 교육 배경, 참여자들의 관심사; 신체적 상태, 감정의 상태, 규율, 집단의 스케줄 등과 같은 여러 변인들의 조합으로 이루어진다. 그래서 어떤 연구에서든 상황적 맥락에 대한 완벽한 이해를 쉽사리 얻을 수 있다고 생각한다면, 그것은 비합리적이다. 모든 것을 연구한다는 것은 불가능하겠지만, 연구자는 질적 연구의 한계에도 불구하고, 상황적 맥락의 밖에 있는 요소들까지도 연구의 초점으로 삼는 등의 방법을 써서 파악해야 한다.

즉, 연구자는 수집된 자료는 어떤 것이든지 이 상황적 맥락을 파악하는데 필요하다는 생각을 해야 한다. 이 상황에서 장면에 대한 이해가 없다면, 참여자들의 지각에 관한 많은 자료들도 별 의미가 없을 것이다. Wolcott(1984)에 의하면, 어떠한 자료든 그것이 의미를 가지려면 그 장면에 대한 상황적 이해를 반영하기 마련이라고 했다.

(4) 정형화된 질적 방법론의 사용

여기서 제기되는 또 다른 논쟁점은 이른 바 '정형화된' 질적 연구방법론의 사용에 대한 것이다. 정형화된 질적 방법론은 현장 연구를 시작하기 전에 특정한 문제나 연구절차를 개발하는 것이라든지, 자료수집 절차를 표준화한다든지, 양적 자료에서 언어적 서술부를 체계적으로 줄이는 것 등을 포함한다. 이것은 때로 여러 장소에서 많은 수의 연구조원들을 한꺼번에 따르면, 이런 식의 질적 연구가 생겨나게 된 것은 대규모의 연구프로젝트를 수행할 경우에 요청되는 구조와 시간 제약성뿐만 아니라, 논리 실증주의적 관점에서 일반화 가능성과 신뢰성을 중시하는 양적 연구자들의 전통적인 관심사 때문이라고 했다.

이런 유형의 질적 연구에는 명백한 이득이 있지만(특히 전통적인 실증주의적 이론적 틀에서 연구한다면), 많은 잠재적인 장애물이 있는 것 또한 사실이다. 어떤 질적 연구자들은, 이러한 경향이 계속 된다면, 질적 연구의 명백한 장점마저도 상실될 수도 있다고 믿는다. 질적 연구는 현상학적 이론에 기초하고 있고, 자연 그대로를 설명하고, 융통성이 있고, 총체적이고, 탐색적이고, 발견지향적이기 때문에 계량적 연구가 정확하게 제공하지 못하는 관점들을 제공할 수 있다. 또한 질적 연구는 적합한 연구문제와 주요 관심사에 대해 내부인의 관점을 얻으려 하는데, 이런 것은 연구자가 사전에 문제와 자료수집 방법을 결정해 버린다면 얻어질 수 없는 것이다. 방법론이 미리 결정되거나 고정 불변의 것이 되지 않아야 한다는 것이 질적 연구의 목적을 위해 필수적이다. Denzin(1978)은 “너무 자주 연구자들은 미리 결정된 측정과 질문을 가지고 현장에 들어가는데, 이는 연구자들이 본대로 설명하는 것을 불가능하게 한다”고 지적했다.

또한 이야기식의 구어체를 지나치게 양적화하는 자료를 잘못 해석하게 만들고, 독자들로 하여금 실제의 자료(연구참여자의 말과 행동)를 보지 못하고 그릇된 판단을 하게 할 수도 있다. Wolcott에 의하면 “질적 연구자의 직분은 독자들로 하여금 올바른 판단을 이끌어낼 수 있는 기초를 갖게 하는 충분한 일차 자료를 제공하는데 있다.”

저자들이 정형화된 연구를 가치 없는 것을 보는 것은 아니다. 거기에도 뚜렷한 장점이 있다. 정통적인 질적 연구에서는 이단이라고 여겨질지도 모르지만, 거기에는 본받을 만한 것들이 많이 있는데, 특히 여러 장소에 걸친 질적 연구가 바로 그것이다. 여러 현장에서 수행된 질적 연구는 한 장소에서 개인에 의해 한정된 시각으로 행해진 연구보다 광범위한 논쟁거리가 되는 공공정책에의 영향력이 클 것이다. 언젠가 질적 연구의 심층 설명과 분석이 여러 현장에서 얻어진 일반화 가능성과 결합할 수 있게 된다면, 그것은 중대한 발전이 될 것이다(Rist, 1980). 그러나 우리는 이러한 발전을 하는데 주의를 기울여야 한다. 왜냐하면, 이러한 방법은 자칫 질적 연구의 진정한 가치를 손상시킬 수 있기 때문이다.

(5) 독단의 방지

질적 연구와 다른 접근의 연구에서 쓰인 이론과 방법을 상호 검토해 보는 것은 중요한 일이다. 하지만 연구를 수행하거나 평가할 때, 어떠한 이론과 방법을 적용하는데 독단으로 흐르거나 고정화되지 않아야 한다는 것도 중요하다. 그 이유는 어떠한 방법이나 절차도 임의적으로 쓰일 수 있기 때문이다. 그것들은 개인이나 집단에 의해 그들의 관심이나 목적에 맞게 구성된다. 그래서 우리는 특정 분야에서 최고라고 동의하는 것 이외에, 또는 그것이 때때로 변화할 수 있다는 것을 인정하지 않고서는, 언제 어디서나 '최고'나 '제일'이라는 방법은 따로 없다고 본다. 결과적으로 연구자와 연구수혜자는 가능한 한 어떠한 연구절차에서도 독단으로 흐르는 것을 삼가야 한다. Bogdan & Biklen에 의하면, "과학적 태도란 방법과 논증에 대해 항상 열린 마음을 지니는 것이다."

그러나 이것은 질적 연구자가 그의 연구에 적용한 절차를 보고하지 말라거나, 어떻게 연구가 진행되었으며, 어떻게 결론을 이끌어 내었는지에 대해 독자의 입장에서 평가를 하지 말라는 것이 아니다. 단지 그 연구의 평가자가 방법과 논증에 대해 열린 마음을 가져야 한다는 것이다.

(6) 지나친 주장의 자제

모든 연구의 결과가 그렇지만, 특히 자연스런 장면에서 수행되는 연구결과는 거의 항상 연구자의 가치관과 해석, 그가 사용한 특정 절차 또는, 연구가 수행된 독특한 맥락에 의존한다. 그래서 질적 연구자들은 그들의 연구결과를 '확실'하다거나, '완벽'하다거나, 절대적으로 '정확'하다는 주장을 거의 하지 않는다. 그들은 단지 결과와 그 해석, 그리고 그들이 사용한 절차를 보고할 뿐이다. 그것을 받아들이고 받아들이지 않고 하는 것은 신뢰할 만하다거나 그럴 듯하다는 등의 판단에 따라 독자들이 할 일이다.

질적 자료는 이해를 증진하기 위해 사용된다는 것을 인식하는 것이 중요하다. 자료에서 무엇이 '옳다'거나 '진실한' 것인지를 꼭 반영해야 할 필요는 없다. 즉, 자료는 사람들의 가치를 반영할 뿐, 그에 대한 정확성이나 합리성을 따질 필요는 없는 것이다. 예를 들어, 마젤란의 항해가 있기 전까지는 지구가 평평하다는 것이 확실히 지배적인 인식이었다.

그러나 이것은 그 판결이 틀렸다는 것을 의미하지는 않는다. 단지 그 당시의 사람들은 그것이 틀렸다고 생각했다는 것을 의미한다. 오늘날 대부분의 사람들은 이 문제 대해 아마 다른 견해를 가지고 있을 것이다.

(7) 질적 방법론과 양적 방법론의 병용

질적 연구방법을 보완적으로 사용하는 것에 대해서 연구자들마다 의견이 다르지만, 질적 방법론이 양적 방법을 전적으로 배제할 필요는 없다고 생각한다. 양쪽 연구방법론은 각기 다른 목적을 가지고 있으므로 같은 연구영역 안에서 서로를 보완하는 것으로 사용될 수도 있다. 질적 연구방법은 더 깊은 이해를 얻기 위한 학술적 방법이라 할 수 있다. 질적 방법과 양적 방법을 함께 사용하는 것은 심오한 인식이나 한 가지 방법만으로는 불가능한 양쪽의 시야를 갖게 할 수 있다.

Reichardt & Cook은 두 가지 지식이 각기 피할 수 없는 편견을 극복하는 방향으로 사용된다면, 양자는 서로 상극인 관계를 벗어나 상호보완적인 관계가 될 수 있을 것이라고 지적한 바 있다. 더욱이 양적인 지식은 질적인 이해에 의존할 수밖에 없다. 아마도 양자의 바람직한 공생 관계는 질적 연구결과가 의미에 대한 전반적인 맥락을 제공해 주면, 그 안에서 양적 연구결과가 이해될 수 있는 그런 관계가 될 것이다. 유명한 양적 연구자인 Campbell은 다음과 같은 지적을 하였다.

> 양적 사회과학자들은 논리 실증주의의 영향을 지나치게 받은 나머지, 빈번히 참과학의 테두리 안에서는 양적인 지식이 질적인 상식 수준의 지식을 대치할 것으로 생각한다. 하지만 실제적 상황은 완전히 다르다. 최고의 과학이 질적 지식을 능가하여 그것들을 극복하여 존재한다 하더라도, 과학은 질적인 지식과 상식에 의존한다. 종국에 가서는 과학이 상식의 몇 가지 항목에 반기를 들게 될지도 모르지만, 그것은 오직 상식의 나머지 부분을 거의 인정하는 한에서 가능할 뿐이다(p. 50).

그러므로 두 가지 방법은 서로 조화롭게 상호보완적으로 활용될 수 있다. 그러나 이것은 양적 자료가 질적인 이론의 관점에서 평가된다거나, 역으로 질적 자료가 양적인 이론의 관점에서 평가되어야 한다는 것은 아니다. 그 보다는 두 가지 유형의 자료는 둘 다 전반적인 관점을 위한 다양한 시각을 제공한다는 이론적 전제하에서 연구되고 분석되어야 한다. 전술한 바와 같이, 이런 식의 접근은 한 가지 시각만으로는 도달할 수 없는 넓고 깊은 관점을 제공해 줄 수 있다.

질적 연구지지자들의 명백한 목표가 되고 있는 삼각형으로 나누기식의 접근은 그들 연구방법론의 총체적 성질에 비추어, 모든 적합한 관점 혹은 전체 현상의 부분들을 종합화하여 인식하도록 요청한다.

연구결과는 타당성과 함께 사회적 적합성을 갖춰야 한다는 공인된 명제는, "양적 접근과 질적 접근으로 분리되어 있는 두 패러다임을 조화시키는 출발점"(p. 186)을 제공할 수 있다고 말한 Neumann(1987)의 언급은 주목할 만하다.

(8) 윤리적 문제의 고려

가장 먼저 해야 할 윤리적 결정은 연구를 공개적으로 하느냐 아니면 비밀로 하느냐 하는 문제이다. 대부분의 교육 현장에서의 연구는 공개적으로 개방되는 추세이다. 개방된 연구에서는 연구자가 자신의 정체를 밝히고 연구에서 밝히고자 하는 바를 그 집단의 대변자나 정보제공자에게 알리고 협조를 구한다. 이런 식의 연구에서는 일반적으로 연구자가 그의 연구목적을 지속적인 협조관계가 유지되어야 할 개개인에게 설명한다. 물론 단지 짧은 접촉만을 필요한 사람들에게까지 그럴 필요는 없을 지도 모른다.

어떤 연구자들은 성공적으로 비밀리에 연구를 수행해 왔고, 특별한 경우에는 연구를 수행할 것을 권장한다. 그러나 비밀연구는 심각한 윤리적 문제를 불러일으키며 기밀성, 일반적으로 연구자가 특정한 상황 속에 들어갈 때 동료인 척하는 기만성, 참여자들에 대한 사전 지식과 허락도 없이 연구하는 경향이 있다.

어떤 전문가들은 이러한 기만을 비밀연구에서는 어쩔 수 없는 것으로 간주하고, 사회적 이익이라는 실용적인 관점에서 정당화하는 반면, 다른 이들은 그 장점을 능가하는 단점이 있다고 생각한다. 많은 전문가들은 비밀연구에 대해서, 연구자에 대한 평판을 위태롭게 할 뿐만 아니라, 지식인과 일반 대중에게 점차적으로 혐오감을 조장하는 것으로 생각한다. 어떤 이들은 비밀연구를 비윤리적이라고 생각하는데. 그 이유는 사람들이 조사받지 않을 권리와 손해를 입지 않을 권리가 있으며, 이 권리는 참여자들 스스로에 의해 판단될 성질의 것이라는데 있다. 그래서 교육연구자가 비밀연구를 적용하려고 한다면, 그에 관련된 윤리적 문제들을 세심하게 살펴보아야 한다.

개방된 연구에서 중요한 요소는 '동의를 구하는 것'이다. 이것은 연구참여자에게 자신들이 연구대상자가 될 것이라는 사실과 연구의 성격을 알 권리를 보장해 주는 것이다. 재정 후원을 받는 연구에서는 재정적 대리인이 "잠정적 연구과제, 연구자의 의도에 대한 이해, 그리고 '동의를 구하는 의식'이 명시될 것"을 요구한다.

또한 부수적으로 연구과제는 언제든지 연구프로젝트에서 취소될 수 있다는 것도 명시해야 한다. 중요한 문제는 질적 연구의 다양한 측면 중, 어느 정도까지 동의를 구해야 하는가 하는 점이다.

인위적이지 않은 공적 장면과 조직들은 보통 많은 사람들이 얽혀 상호작용을 수반하기 때문에, 모든 사람에게 연구자의 정체와 목적을 알려주기란 매우 어렵다. 게다가 동의를 구하는 의식을 엄격히 적용하면, 자연스러운 참여를 제한하거나 그 연구를 지지할 수 없다는 반대에 부딪치게 되어 대부분의 비공식적 연구를 침체시킬 수 있다.

이러한 윤리적 문제에 대한 Punch의 입장은 다음과 같다.

> 만약 윤리적인 문제에 대한 법률이 있다면, 그것이 연구자로 하여금 연구에서 윤리적인 차원의 문제에 민첩하게 대응할 수 있게 하는 지침으로서, 특히 연구를 수행하기 위해 어떤 집단에 들어갈 때 유용할 것이다. 인습에 꽉 매인 어떤 집단은, 들어가는 과정 자체가 여러 단계를 넘어야 하는데, 이럴 경우 각 계층의 대변인을 만족시켜야 하는 것이 필수적이다. 그렇지만 계속적으로 되풀이해서 모든 사람들에게 동의를 구하고, 연구취지를 납득하도록 설득하

는 것이 어쩌면 거의 무망한 일인지도 모른다.
가령 축구 경기장에서 군중의 행동을 지켜보거나 붐비는 도로상에서 상실된 예절을 조사하는 것과 같이 대중의 행동을 관찰해야 하는 연구에서 동의를 구하는 것은 쓸데없는 행위이거나 실질적으로 불가능하다.
그리고 말 그대로 동의를 구하려고 시도하는 것은 관찰하고자 하는 행동을 부지불식간에 약화시키게 할 뿐이다.

일반적으로 특정한 연구상황에서 당신과 당신의 동료는 연구자의 윤리적 책임에 관한 판단을 내려야 할 것이다. 이러한 판단을 할 때 중요한 것은 연구참여자의 권리와 함께 전문가로서의 정직함이 유지되어야 한다는 것이다.

이외에도 윤리적 문제로서 참여자를 존중해야 한다는 것, 그들의 신뢰에 어긋나지 않아야 한다는 것, 연구과정에서 그들에게 해를 입히지 말아야 한다는 것, 그들의 행동에 간섭하지 않아야 한다는 것 등이 있다.

그러나 이 모든 것을 다 지키기란 어렵다. 예를 들어, 참여자의 행위가 비인간적인 것 내지는 비윤리적으로 규율에 어긋날 때, 이를 지켜보는 연구자는 윤리적 딜레마에 빠지게 된다. Taylor & Bogdan(1984)이 지적하였듯이, 많은 저술들은 연구참여자의 행동을 간섭하는 것은 연구의 수행을 위협할 수 있고 참여자에 대한 신뢰를 깨는 일이기 때문에, 일반적으로 현장에서 불간섭주의를 지향한다.

반면에, 연구자가 해를 입을 지도 모르는 사람에 대해서 소극적 입장을 취한다면, 이러한 불간섭은 무슨 일이 일어나든지 눈감아주고, 심지어는 그런 일을 온존시키고 조장하는 결과가 될 수도 있다. 때문에 연구자의 출현이 도리어 일부 참여자들에게 그가 원하는 것을 연구자에게 과시하거나 강요하는 것과 같은 부적절한 태도로 행동하도록 자극할 수도 있다.

개입을 할 것인지, 아니면 관계치 않을 것인지의 결정은 하나의 사건 속에서 그 행위를 그만두게 하는 간섭이 미칠 잠재적인 영향과, 좀 더 넓은 관점에서 그 행위를 그만두게 함으로써 최종 연구의 결과에 미치는 잠재적인 영향을 모두 고려해서 내려야 한다. 연구자가 그러한 상황에 당면하게 되면 윤리적 결정은 매우 어려워진다.

연구의 결과를 발표할 때의 윤리적 문제도 매우 중요한 변수이다. 연구 중이거나 연구가 끝난 뒤에 연구자는 자료와 결과를 발표함에 있어, 윤리적 책임을 잘 인식하고 있어야 한다. 윤리적 책임의 한 가지 기준은 신원 확인에 있다.

만약 연구참여자와 사전에 합의가 되어 있지 않았다면, 연구와 관련된 사람과 장소는 익명으로 남겨 두어야 하고, 사람과 장소의 신원을 나타내는 원래의 자료와 관찰 수첩도 비밀로 남겨 두어야 한다.

자료를 정확하게 보고하는 것도 연구자의 책임이다. 연구에 투자된 시간과 노력이 불충분하였거나, 가설을 바꾸거나 증명하기 위해 의도적으로 자료를 위조하거나 왜곡했거나, 아니면 무의식중에 그렇게 했던 간에 부정확한 자료와 정보의 보고는 합리적 근거나 잠재적 효용성이 있다고 하더라도, 연구자의 윤리를 가차 없이 짓밟아 버리는 행위로 간주된다.

윤리적인 딜레마는 쉽게 해결되는 것이 아니다. Plummer는 윤리에 대하여 두 가지를 제시하고 있다. 윤리적인 절대주의자와 상황 관련 주의자(Situational Relativist)이다. 윤리적 절대주의자는 주로 전문적인 윤리 규약에 중점을 두고, 모든 사회과학연구의 가이드라인을 위한 원칙을 제정하려고 한다. 상황 관련 주의자는 윤리적 절대주의자에 의해 정의될 수 없는 윤리적 딜레마를 해결하기 위하여 현재 뚜렷이 나타난 상황 속에서 창의적으로 모색되어야 한다.

(9) 체계성

저자들은 그들이 전달하고자 하는 주제를 보고서 전체를 통해서 계속 반복하는 경향이 있다. 다시 말해, 질적 연구는 구조적이지 못하고, 비체계적이고, 두서가 없고, 깔끔하지 못한 접근이 아니다. 연구에는 구조가 있고, 독특한 연구전략이 있고, 특정의 자료수집 방법이 있다. 물론 일반적으로는 연구는 융통성이 있어야 하고, 필요한 경우 구조나 자료수집 방법에 대한 변경이나 수정을 가할 수 있어야 한다.

자료를 수집할 때는 고도로 체계화되고 일관된 시각과 분석이 질적 연구를 위해 필요하다. 질적 연구는 구조를 개발함에 있어, 현장에서 수집된 자료가 수정을 요구할 대는 그 구조를 수정한다.

이런 식으로 주어진 특정 연구과제나 사용된 방법들은 경험적 세계에서 얻어진 자료에 의거해 있다.

Ⅲ. 질적 연구의 윤리성

질적 연구는 수량적 연구와 달리 연구자가 연구대상으로 하고 있는 모집단에 참여하는 역할이 다양하다. 질적 연구는 모집단으로부터 자료를 얻는 방법이 참여자를 통하여 얻는 것이기 때문에 참여자와의 긴밀한 관계가 없이는 중요한 자료를 이끌어낼 수 없다. 친밀하면 쉽게 대화를 통하여 자료나 자료의 원천을 이야기해 주지만, 적대적인 관계가 형성되면 자료를 얻기 힘들게 된다. 따라서 연구자는 모집단의 문화적인 면을 이해하여야 하며 사회적인 특성을 파악하여야 한다. 연구자는 친밀함에 따라 친구로서 또는 조언자나 교사로서의 역할을 갖게 된다.

그러나 이러한 역할이 제대로 지속되기 위해서는 상호신뢰가 우선시 되어야 한다. 상호신뢰는 시간적인 과정을 필요로 하며, 단기에 끝내야 하는 연구조사에 있어서 짧은 시간에 상호신뢰를 형성해야하는 어려움이 있다. 그렇다고 많은 세월이 신뢰를 형성한다고 볼 수도 없다. 왜냐하면 시간적으로 나타나는 변화에 따라 어제의 친구가 원수가 될 수도 있기 때문이다. 따라서 상호신뢰를 유지하기 위해서는 연구자가 자신의 역할을 항상 점검하고, 문화적인 차이로부터 오는 오해를 없애기 위해 긴장하여야 한다.

문화적인 차이점은 윤리적인 차이점을 표출하게 되어있다. 문화 차이에 의한 행동을 소홀히 하다보면 윤리적인 문제를 야기하고 상호신뢰를 저하할 수 있기 때문이다. 따라서 연구자는 문화적인 차이점을 조사하고 그에 따른 참여자와의 행동을 관찰함으로써 그들과의 윤리적인 문제점이 나타나지 않도록 하여야한다.

또한 연구자가 주어진 역할을 수행하다보면 참여자의 인권침해에 대한 문제점을 접하게 된다. 조사한 자료가 모집단의 인권을 침해할 수 있으며, 자료를 분석하고 해석하다 보면, 그들의 문화와 충돌할 수 있고, 그들의 인격에 해를 끼칠 수 있다. 이러한 연구자의 윤리성에 대하여 여러 가지 해결책을 마련하고 있지만 연구자의 자세가 무엇보다도 중요하다.

질적 연구가 연구자로 하여금 조사 집단과의 긴밀한 상호관계를 요구하기 때문에 연구자는 제기될 수 있는 윤리도덕성을 심각하게 생각하여야 한다. 자료수집과정에서 혹은 자료자체에서 윤리적 문제가 생길 수 있고, 분석과정에서 문제가 생길 수도 있으며, 결과물 발표에서도 문제가 생길 수 있다. 이러한 문제점이 연구를 방해하는 요인이 되거나 연구자체를 포기하게 할 수도 있다. 따라서 연구자는 연구과정에서 나타날 수 있는 윤리적 문제를 미리 파악할 필요가 있으며, 윤리적 문제에 대한 규약을 알고 조사에 임할 필요가 있다.

윤리적인 문제는 연구자가 자료를 수집하다 보면 참여자와 자료 간에 항상 존재할 수 것으로, 불가분의 관계이다. 질적 연구는 수량적 연구에 비하여 윤리적인 문제가 훨씬 많이 대두하게 되는데, 질적 연구에서는 참여자와 연구자와의 관계가 강조되기 때문이다. Lincoln에 의하면 사회과학 조사에서 가이드라인을 설정하여 교수규약이나 연방법에 의해 윤리적인 면을 구성하고 결정하여야 한다. 따라서 연구자는 현장 답사 관계를 발전 유지시키기 위하여 조사역할 내에서 윤리적인 면이 무엇인가를 끝없이 생각하여야 한다.

1. 질적 연구의 윤리규약

윤리규약은 다른 사람의 권리를 존중하려는 마음을 나타내는 것으로 일반적으로 개인의 권리를 말하는데, 사생활, 품위, 기밀, 피해 따위가 없도록 하려는 것이다. 또한 규약의 주제는 약자 편에 서게 되어 있는데 약자들의 이익을 옹호하기 위한 정보를 제공하게 된다. 윤리규약은 이러한 일을 완화시키는 일을 한다. 사회는 변화하기 마련이기 때문에 윤리규약도 상황에 따라 변할 수밖에 없다. 따라서 1950년대나 1960년대에 작성된 윤리규약이 지금도 타당한가는 의심할 여지가 있다.

인류학자들은 주제가 거의 인간에 의한 점을 연구하는바 일찍부터 개인의 프라이버시에 대하여 규약이 적용되었다. 물리적인 면, 사회적인 면, 정신적인 면에서 특히 개인권리를 보호하려 하였다. 첫째 사람사이에 신뢰를 우선으로 할 때 사람들의 권리, 이익, 그리고 민감한 사항에 대하여 안전한 규약이 마련되어야 했다. 둘째로는 조사의 목표가 서로 이해되어야 하며 특히 자료제공자는 그것을 숙지 가능하여야 한다. 셋째로는 정보제공자의 익명을 보호해주어야 한다. 넷째로는 개인적인 이익을 위하여 자료제공자를 나쁜 쪽으로 이용해서는 안 되며 그들의 서비스에 대가를 지불해야하는 경우에는 정당한 대가가 주어져야 한다. 다섯째는 연구된 모집단에 대한 분석결과와 내용을 출판함에 있어서 추측되어지는 영향에 책임을 져야 한다.

입원 환자들에게 충분한 설명을 한 후, 환자들이 내리는 판단을 말하게 된다. 의사들이 이러한 경우에도 개인의 권리를 보호하여야 한다. 즉 참여자는 자발적이어야 하며, 참여자가 마음이 변하여 그만둘 경우에 참여자의 의사를 존중해 주어야 한다. 참여자는 승낙을 할 때에도 강압적이 아닌 평안한 마음의 상태에서 결정을 하여야 한다는 것이다. 참가조사가 연구자와 참여자간에 서로 상호협력 속에서 이루어질 때, 동료 간의 협력관계가 고지에 입각한 동의의 형태를 초월하게 된다.

2. 연구자의 역할과 윤리적인 딜레마

연구조사가 시작될 때, 초보자는 연구자의 역할이 단순히 자료를 수집하는 자로 생각한다. 경험이 쌓임으로 하여 그들은 연구자의 역할이 다양하다는 것을 깨닫게 되고, 그 역할 중에 어떤 것은 윤리적인 문제를 일으킬 수 있다는 염려를 가지게 된다.

1) 이용자(Exploit)

절친한 관계나 친구들을 이용하여 자료를 수집하는 것을 말하는데, 이러한 자료수집으로 연구자는 고마움과 기쁨을 느끼지만 다른 면에서는 친구를 이용했다는 죄책감을 느끼게 된다. 상호협조적인 연구가 아닌 프로젝트에 참여하여 다른 사람을 이용하여 자료를 수집한다면, 어떻게 이용하는 것인지를 결정할 수 있는가? 자료를 수집한 후에 분석하여 결과를 발표한 후 다시는 그런 프로젝트를 하지 않겠다고 한다면 이러한 딜레마에서 벗어날 수 있을 것이다.

한 예로서 노숙자를 인터뷰한 어떤 사람은 오직 자신의 이익에만 국한한다면 비윤리적이 될 수도 있다. 그러나 그의 결과물인 정보를 다른 이들과 나누었다면 노숙자의 인격과 권리에 따른 문제를 생각하지 않을 수 없다는 면에서 윤리적인 문제가 나타나게 된다.

2) 개혁자(Reformer)

이용자적인 면에서 볼 때, 연구자는 윤리적인 면을 피하려고 할 것이다. 그러나 개혁자적인 면에서 보면 윤리적인 면에 정면으로 의사결정을 피력한다는 것이다. 연구조사해서 그 결과가 옳은가를 판단하게 된다. 만일 연구조사하는 가운데 연구자들은 수집된 정보가 어떤 사람들에게는 잠재적이나마 위험한 자료라는 것을 알 수 있다. 농촌에서 연구조사를 하다 보니 불법적인 농산물을 경작하고 있다는 자료를 획득할 수도 있다. 이러한 위험하거나 불법적인 정보를 획득했을 때 윤리적인 딜레마에 빠지게 된다. 이러한 정보를 발표할 것인가 아니면 연구보고서만 작성하고 말 것인가. 정확한 해결책은 없지만 우리는 서포터를 구성하여 이러한 딜레마에 빠졌을 때 서로 의논하여 문제를 해결하여야 한다.

3) 옹호자(Advocate)

옹호자는 개혁자와는 달리 연구조사를 하다보면 나타날 수 있는 불법적인 자료를 획득했을 때, 연구조사뿐만 아니라, 그 문제를 해결하기 위하여 적극적으로 참여하게 된다. 예를 들어, 어떤 사람은 아동보호에 대한 연구조사를 하던 중에 직장 여성과 중산층 여성들 간에 서로 다른 아동보호기준이 존재한다는 것을 알았다고 한다. 그녀는 획득한 자료를 그대로 이용하였을 뿐만 아니라 획득한 자료를 윤리적인 관점을 이용하여 발표했으며 두 그룹 간의 행위를 그들의 서로 다른 생활 속에 실체로서 제공하였다.

4) 친구(Friend)

연구자는 자주 다른 사람들과 친밀한 관계를 갖는다. 연구자로서의 역할보다 친구라는 것 때문에 비밀스러운 자료까지도 획득할 수 있는 것이다. 이러한 대외비적인 자료를 획득하였을 때 윤리적인 딜레마에 빠지게 된다. 자료를 발표한다면 친구는 어떠한 곤경에 빠질까 하는 걱정이 엄습해 올 것이다. 익명으로 한다면 가능한가 또는 친구의 인권은 어떻게 될 것인가가 걱정거리로 등장할 것이다. 이것에 대한 결정적인 해결책은 없다. 연구자가 윤리적으로 어떠한 자세를 취하느냐에 달려 있다.

3. 연구자와 또 다른 관계성

질적 연구자가 그들의 역할을 어떻게 보던지 다른 사람들 간에 관계를 맺는 것은 중요하다. 그러나 그런 관계가 한쪽으로 치우치지 않도록 배려되어야 한다. 그럼으로써 참여자의 사생활이 침해되지 않도록 보장되어야 한다.

1) 사생활 보호

사생활은 연구조사에서 참여자 권리를 놓고 볼 때 주요한 관심의 대상이 되고 있다. 참여자의 익명이 보장되는 것도 사생활 침해로부터 보장 받을 수 있는 방법이다. 그러나 익명이라고 해서 모든 것이 보장되는 것이 아니다. 특히 공공장소에서 은밀한 관찰이 이루어진다면 사생활 보호문제가 대두될 수밖에 없다. 공공장소에서의 관찰은 열린 공간으로서의 불특정한 상황을 제공하기 때문에 사생활 보호는 어렵게 된다. 그러나 이것이 조직적인 관찰에 의해 녹취가 된다면 더 이상 단순한 문제가 아니다.

익명이 사생활을 보호할 수 있는 최선의 방법은 아니다. 익명으로 도시를 표현한다 해도 누구든지 그 도시를 쉽게 추측할 수 있다면 더 이상의 사생활을 보호받을 수는 없다. 만일 가공의 도시와 가공의 인물을 만들어 훌륭한 조사결과를 발표한다 해도 과연 그 결과를 객관적으로 권위적으로 신뢰할 수 있는가 하는 문제에 봉착하게 된다.

2) 가명의 사용(Deception)

가상의 이름을 사용함으로써 독자를 속이는 것이 돼버릴 염려가 있다. 자료를 얻는데 있어서 어떤 기만의 척도가 정당화될 수 있는 장소가 존재하느냐 하는 문제가 대두된다. 노출할 수밖에 없는 상황에서 가명의 사용은 정당화될 수 있는가 생각할 수 있다. 권력을 휘두르는 집단을 취재할 때, 가명의 사용 없이는 접근이 불가능할 수 있다. 실용주의자 관점에서 볼 때, 가명의 사용은 대집단의 이익을 위하여 정당화될 수 있다. 그러나 진행과정을 놓고 볼 때, 가명의 사용은 정당화될 수 없으며, 끊임없이 윤리적인 문제를 생각해 봐야 한다.

3) 상호의존성(Reciprocity)

질적 연구에서 상호의존성은 그 시대에 따라 보상하는 방법을 택해 왔다. 상호호의적인 입장에서 자료를 제공할 때, 그 대가로 금전수수를 정당화하였다. 서로 필요한 부분을 제공해 줌으로써 필요한 정보를 획득할 수 있다. 그러나 이것이 윤리적으로 문제가 되지 않는다고 볼 수는 없다.

또 연구자가 참여자를 돕다보면 정신치료자로서 상담을 할 수 있고, 칭찬이나 친절을 제공함으로써 자료를 쉽게 수집할 수 있다.

Ⅳ. 결론

윤리적인 딜레마는 쉽게 해결되는 것은 아니다. 윤리적인 절대주의자는 규약을 제도화하여 사회과학적인 측면에서 법을 따라 수행하기를 원한다. 상황 관련 주의자는 규약으로 정의될 수 없는 상황에서 딜레마를 해결하기 위해서 창의적인 해결책을 그 때마다 제공하여야 한다는 것이다.

질적 연구로부터 사생활이 침해받아서는 안 된다. 적어도 연구자들이 모여서 최적화된 규약을 만들고 그 바탕 위에서 추가적으로 윤리적인 해결책을 도모해 나가야 할 것이다.

Chapter 8

질적 연구에 있어서의 자료분석

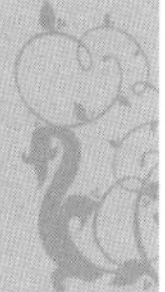

Ⅰ. 서론

질적 연구에서의 자료수집과 분석은 다른 연구에서의 자료수집 및 분석과는 달리 동시에 일어나는 과정이다. 그러므로 질적 연구에서의 자료분석은 자료수집이 끝난 후에도 첫 면접, 관찰, 읽어야할 문서와 함께 시작되어 이론적인 토대, 전략의 선택 및 자료수집 방법과 관련을 맺으면서 계속적으로 이루어진다.

질적 연구에서 자료수집과 동시에 수행되는 자료분석은 연구의 전체적 과정에서 이루어져야 할 지속적인 활동이기 때문에 연속적 리듬을 타고, 분석이 이루어지면서 연구의 초점과 방향을 결정해주며 다음의 자료수집에 영향을 준다. 질적 연구에서는 자료가 수집되고 조직되면, 자료분석이 이루어지고, 다시 많은 자료가 수집되고 조직되면, 또 더 많은 분석이 이루어짐으로써 연구가 완성될 때까지 연속적으로 이런 절차가 되풀이된다. 그러므로 질적 연구는 연구의 진행에 따라 그 방향이 조정되기 때문에, 연구의 전 과정을 통해 자료수집, 조직, 분석 등에 걸친 연속성과 계속성이 유지될 수밖에 없다. 연구자는 이런 과정을 통하여 진행하고 있는 연구에 집중하여 그 연구에서 무엇을 구체적으로 다루고, 무엇을 나타내야 하는가를 찾기 위해 자료를 나열한다. 연구자가 무엇을 발견하고, 무엇 혹은 누구에게 초점을 두어야 하는지를 알지 못하고, 지속적인 분석을 하지 않는다면 처리해야 할 많은 양의 자료에 압도되어 자료들만 한아름 안고 연구를 끝마칠 위험이 있다.

자료를 수집하고 분석하는 방법에는 여러 가지가 있다. 분석이 자료수집과 동시에 진행되어 자료수집이 끝나는 시점에서 분석이 어느 정도 완성되는 것이다. 분석 전에 자료를 수집하는 것으로 모든 연구에서 공통적으로 자연스럽게 일어나는 한 과정이기 때문에 연구자는 단지 이 방법에 접근하려할 뿐이지 그대로 따를 수는 없다. 즉 자료수집과 분석은 분리될 수 없다.

특히 초보적인 연구자는 현장에서 연구할 때 분석방법을 준수해야 하지만 모든 자료수집이 완성될 때까지 형식적인 분석은 미루어야 한다. 초보적인 연구자가 현장에서 라포를 형성하고 성공적으로 일을 끝내는 문제는 복잡하고 힘들기 때문에 분석에 적극적으로 참여하기가 어렵다.

자료를 수집하면서 분석하는 방법들을 보면 다음과 같다.

첫째, 연구의 초점을 좁히도록 스스로 노력하는 것이 좋다. 처음에 연구자는 관심의 대상인 현장과 사람들 그리고 쟁점 등에 대한 폭넓은 이해를 위해 다양한 사람들에게 접근하고 물리적인 공간을 탐색함으로써 폭넓게 자료를 모은다. 관찰 가능한 것과 흥미 있는 것을 근거로 연구의 초점을 얻고 난 후, 자료수집의 범위를 좁혀 나간다. 특정한 주제나 현장 그리고 연구대상에 맞는 자료를 많이 수집할수록 그 문제에 대해 깊이 생각할 수 있고 최종적인 분석을 더욱 실리적으로 할 수 있다.

둘째, 수행하고 싶은 연구의 유형을 정하도록 스스로 노력해야 한다. 질적 연구에 경험이 많은 연구자는 자기가 선호하는 하나의 입장에 맞추어 자료수집을 시작하기도 하고 절충적 입장을 취하기도 한다.

셋째, 분석적 질문을 하는 것이 좋다. 질문들은 자료수집에 초점을 부여해 주고, 자료를 조직하는 데 도움이 되기 때문에 중요하다. 연구자가 구성하는 질문들은 자기의 연구유형과 매우 깊이 관련되어 있으므로 현장에 들어간 즉시, 자기가 도입한 질문들이 적합한지 그리고 어느 질문이 재구성되어야 하는지를 평가해 보아야 한다. 정기적으로 현장 기록을 검토한 후, 다음 자료수집의 구체적인 방향을 확정하는 것이 좋다. 연구자는 자기가 이미 알고 있는 결과 연구가 진행되고 있는 방향에 대하여 생각해 보는 것이 좋다.

넷째, 연구자의 머리에 떠오르는 아이디어에 대해 관찰자의 코멘트를 많이 쓰는 것이 좋다. 현장 기록에는 관찰자의 코멘트가 들어 있어야 한다. 관찰자의 코멘트 부분은 연구자 자신의 생각이나 느낌을 기록하는 부분이다. 처음 연구에서는 보통 생각하는데 충분한 시간을 보내지 않지만 자료수집 기간 동안 연구자에게 떠오르는 중요한 생각을 잊어버리기 전에 기록하는 것이 좋다. 한 사건이나 대화에 대해 강렬한 인상을 받을 경우 이때의 느낌을 기록해 둔다. 다른 곳에서 본 것을 기억에 떠올려도 좋고, 말이나 사건, 상황이 마음속에 떠오르면 이것을 관찰자의 코멘트 부분에서 언급해 본다.

다섯째, 발견한 것들을 메모로 남긴다. 현장에서 다섯 번 내지 여섯 번 정도 있어 본 후에, 자료를 검토해 보고 나타나고 있는 내용에 대해 요약을 해두도록 노력해야 한다. 메모는 현장에서 제기되는 쟁점들과 보다 광범위한 이론적, 방법론적, 실제적인 쟁점들과 어떤 관련이 있는지에 대해 생각해 볼 수 있는 기회를 제공해 준다.

여섯째, 연구를 진행하는 동안 은유와 유추, 개념들을 사용한다. 이것은 특정한 환경에서 관찰된 구체적인 인간관계나 사건을 보다 높은 추상적인 수준으로 끌어올리는 것이다. 이렇게 하기 위해서는 진술된 문제를 바꾼다든지, 어휘를 고안하여 표현하면 된다.

여기서는 질적 연구에 있어서의 자료분석에 대한 전략과 과정, 활용, 문제와 그 타당성에 대해 알아보고자 한다.

Ⅱ. 본론

1. 자료분석 과정을 위한 전략과 과정

질적 연구에서 가장 중요한 활동은 연구에 대한 분석, 해석이라고 생각한다. 그 중에서도 가장 중요한 것은 분석이다. 무엇을 분석한다는 것은 사고의 방법을 포함하고 있으며, 부분을 결정하는 그 무엇과 부분들 간의 관계와 부분과 전체와의 관계를 체계적으로 검토하는 것을 말한다. 분석은 현장 연구자가 연구할 문제를 선택하는 순간부터 시작하여 보고서, 논문, 문서를 작성할 때 끝을 맺는다. 특히 분석의 초기 단계에서 질적 연구자들은 정리되지 않은 엄청난 자료, 현장 기록, 도구들에 압도되어 자료 및 경험을 정리하는 데 어려움을 느낀다.

질적 연구에서의 자료분석이란 관심사가 되는 특정 토픽에 대한 심층적이고 총체적인 이해를 얻기 위해 빠진 정보를 확인하는 것은 물론, 자료를 조직화하고, 분류하고, 범주화하여, 패턴을 찾아내고, 종합화하는 것 등을 말한다. 현장에서 자료가 수집되면, 자료는 활용 가능한 단위로 조직되고, 연구결과를 한정하거나 규정하기 위한 시도에 따라 다른 정보들과 함께 종합되기도 한다.

또 질적 연구에 있어서 자료분석은 자신의 자료들로부터 의미를 만들어 가는 과정이며, 자료들은 분석 과정에서 통합되고, 축소되어 어느 정도까지 해석되어지는 것을 의미하고, 자료분석의 목적은 자료들의 두드러진 점에 근거하여 합리적인 결론과 일반화를 나타내는 데 있다. 그리고 연구자의 관심사에 대한 이해를 높이고 연구자가 발견한 내용을 다른 사람에게 제시할 수 있도록, 수집한 면접 전 사본이나 현장 기록 등을 체계적으로 탐구하고 정리하는 과정이다.

질적 연구에서의 분석은 자료를 요약하여, 부호화하고, 주제를 찾아, 덩어리로 묶는 작업으로도 볼 수 있다. 좀 더 세부적으로 보면, 자료에서 발견되는 패턴과 주제 찾아 적기, 자료를 개념범주에 따라 묶기, 대조하고 비교하기, 부분을 전체 속에 넣고 보기 등의 논리적 관계 설정하기, 이론적인 일관성 확보하기 등이다.

자료분석은 연구 중인 사회집단에서 일어나는 사건이나 현상 등에 관한 정확한 개념상의 근거를 구성하는데 필요한 가설과 지각을 검증한다.

위의 내용을 종합해 보면, 질적 연구에서의 자료분석은 관심이 가는 주제에 대한 심층적이고 총체적인 이해뿐만 아니라 배운 것을 이해하기 위해 빠진 정보를 얻는 것은 물론, 수집된 자료를 조직화하고, 분류하고, 패턴을 찾아 관련을 맺고, 종합화하는 것을 말한다. 연구자가 자료를 분석하면, 자료를 설명하고, 가설을 세우고, 이론을 발전시켜서 자신의 연구내용과 다른 내용들을 결합하게 된다. 이것은 다양하게 존재하는 자료들로부터 보다 심층적인 이해를 얻게 하고, 연구자가 수행한 연구의 토픽에 대한 지식을 증진시키는 데 도움이 될 관련 자료에까지 관심을 갖도록 하기 위함이다. 분석은 연구자의 사고, 즉 자료를 의미 있고 유용한 방식으로 처리하는 능력을 검증한다고 볼 수 있다. 그러므로 자료분석은 자료를 분석할 뿐만 아니라 연구자를 시험한다.

그러나 질적 연구자들은 자료를 분석하고, 구성개념들을 체계적으로 형성하여 관련성을 맺고자 할 때는 형식적, 논리적, 체계적인 절차를 사용한다. 따라서 질적 연구자는 여러 가지 자료나 이론을 근거로 관찰을 통하여 분석 과정과 방법을 찾는다. 연구자는 분석을 통하여 과정이 논리적인 과정인지, 타당성이 있는 자료인지, 아니면 흥미를 유발하는 자료인지, 특징적인 자료인지를 파악한다.

질적 연구에서의 자료분석은 다른 연구와는 달리 연구의 전체적 과정에서 이루어져야 할 지속적인 활동이다. 즉 자료가 수집되어 조직이 되면, 다음에 자료분석이 이루어지고, 또 많은 분석이 이루어짐으로써 연구가 완성될 때까지 연속적으로 이러한 절차가 되풀이된다.

많은 연구자들은 자료를 근거로 무엇을 해야 하며, 언제 이론화 작업을 해야 할지를 결정하는 데 어려움을 겪는다. 즉 정보를 수집하고, 요약하고, 사건을 비교하며, 과거 경험을 적용하여, 문제를 해결하고 아이디어를 형성하는 과정이다.

연구에 대한 이론을 개발하기 위해서는 이론을 이끌어 가는 과제인 지각, 비교, 통합, 결합과 관련된 요소들이 필요하다고 볼 수 있다.

Glesne과 Peshkin은 자료분석을 초기 자료분석과 후기 자료분석으로 나누었다. 초기 자료분석에는 코멘트, 생각이나 현장 기록을 메모하기, 파일을 분석하기, 부호화 체계 개발하기, 현장 보고서 쓰기, 이론을 개발하기 등이 포함된다. 후기 자료분석에는 자료를 부호화하고 표출하는 것이다.

자료분석은 배워왔던 것의 의미를 알 수 있도록 보고, 듣고, 일어왔던 것을 정리하는 것을 뜻한다. 자료를 다룸으로써, 설명을 하고, 가정을 하고, 이론을 발전시키고, 연구자의 진술과 다른 진술을 연결한다. 그렇게 하기 위해서, 자료를 분류하고, 종합하고, 패턴을 찾고, 수집한 자료를 해석해야만 한다.

자료분석은 동시에 자료수집으로 초점을 맞출 수 있도록 연구는 구체화되어야 한다. 자료를 반영하고, 조직하고, 말할 것을 발견한다. 스스로 메모를 하고, 분석파일을 나타내고, 기본 부호를 적용하고, 매달 보고서를 적는 것은 받아들인 정보를 다루고 배우는 데 도움을 줄 것이다.

스스로 메모를 함으로써, 반영한 현장 기록을 유지함으로써, 연구자는 연구자의 생각을 발전시킨다. 메모를 하는 것은 또한 새로운 생각과 시각에 대한 마음을 자유롭게 할 수 있다. 자료를 다룰 때, 연구자는 새로운 시각과 생각을 열어야 한다. 생각이 떠올랐을 때, 분석적인 사고에 사로잡히는 것은 중요하다. 녹음기는 어디서든지 떠오를 연구자의 생각을 메모하는 데 도움을 줄 수 있다. 현장 기입, 메모로 기록된 생각이나 코멘트는 분석적인 파일을 발견할 자료와 연결된다.

처음 연구에서는 보통 생각하는 데 충분한 시간을 보내지 않지만, 자료수집 기간 동안은 연구자에게 떠오르는 중요한 생각들을 잊어버리기 전에 기록하는 것이 좋다.

분석적 파일은 연구자가 자료를 수집함으로써 확립된다. 연구자는 인터뷰 질문, 사람, 장소와 같은 일반적인 부류로 조직된 파일을 가지고 시작할지도 모른다. 이러한 파일은 유용한 정보와 생각의 연속을 유지하는 방법을 제공한다. 연구자의 자료나 경험이 커질 때, 연구자는 주관성, 제목, 서로에 대한 생각, 결론, 문헌으로부터의 인용과 같은 여러 다른 부류뿐 아니라 연구 중인 사회적인 과정에 대한 특별한 파일을 완성하게 될 것이다. 이러한 파일은 각각 뚜렷한 목적으로 쓰인다.

주관적인 파일은 연구자가 모니터하고, 관리하도록 도움을 주고, 연구자의 주관성을 사용한다. 연구자가 자료를 인식하는 방법에 대한 주관성을 가지고, 그것을 유지함으로써 연구자는 자료분석이 이루어지는 예측을 하게 될 것이다.

타이틀 파일은 이야기가 될지도 모르는 것에 대한 함축된 의미를 나타낸다. 비록 연구자의 연구계획이 진술된 초점을 가질지라도, 여러 가능성, 특별한 이야기에 관한 것을 고려해야 한다.

인용 파일은 방대한 양의 문헌자료를 인식하고 판독하는 것을 나타낸다. 연구자가 서로 연관성이 없어 보이는 방대한 양의 기록, 낙서, 면접 테이프, 대화 녹음기록, 문서 등에 대해 접하게 되면, 이들을 어떤 형태로든 정리하고자 하는 욕구가 생기게 된다. 자료들을 서로 다른 상자나 서류에 분류하거나 컴퓨터 파일로 정리하여, 일정한 형태의 체계를 만들고자 할 것이다. 즉 연구자는 자료를 통틀어 일관적인 체계를 갖추고자 노력하게 된다. 현장 노트도 시간의 흐름이나 주제별로 정리하여, 이것을 찾아보거나 보완할 필요가 있을 때에는 신속하고 간단하게 할 수 있기를 원할 것이다.

자료가 분류되고 정리되고 나면, 연구자는 이를 해석하고, 설명이나 주장을 할 수 있다. 자료의 분류와 정리는 실용적인 필요에서 이루어지기는 하지만, 전적으로 실용적이거나 기술적인 것만을 의미하는 것은 아니다. 연구자가 특정 체계를 선택했다는 것은 어떤 현상이나 단위를 범주화시키고, 또 범주화시키지 않을 것인가, 후에 이들을 어떻게 활용할 것인가에 대해 일단의 가정을 했음을 의미하는 것이다.

자료의 분류와 정리를 하는 연구자는 자신이 작업하고 있는 자료가 어떠한 형태를 지니고 있는가를 생각해 볼 필요가 있다. 연구자가 일단 무엇이 자료를 구성하는가, 그리고 자료의 형태나 취급을 어떻게 할 것인가에 대해 결정을 하고 나면, 자료를 분류하고 정리하는 방법에 관하여 생각을 하게 된다.

분석적 파일은 연구자 자신이나 다른 사람들의 사고를 저장하거나 조직화하도록 한다. 자료분석은 복잡한 판단 속에서 자료를 저장하거나 조직화하는 과정이다. 즉, 자료를 의미 있고 유용한 방식으로 처리하는 능력을 검증하는 것이다.

자료수집 과정을 통해서 매월 현장 보고서를 적는 것은 연구자가 있는 곳이 어딘지, 가야만 하는 곳은 어딘지 체계적으로 조사하는 한 방법이다. 활동, 문제, 분석적 사고, 계획과 같은 표제는 간결하게 연구를 관찰하고, 현실적으로 계획한다. 연구과정과 수집된 자료를 나타내는 데 있어서, 연구자는 새로운 질문, 예감, 때때로 연구에 접근하는 새로운 방법을 나타낸다. 보고서는 또한 관심 있는 다른 사람들에게 연구과정을 의사소통할 수 있는 방법, 입력에 대한 기회가 어떻게 주어지는지를 말해 준다.

어떤 계획을 완성하기 위해서, 연구자는 경계를 만들어야 하지만 경계 결정은 자료인식과 가능성에 근거한 해석적인 판단이어야 한다.

연구자는 작성한 노트와 수집된 자료들을 주의 깊게, 세심하게 읽고 다시 읽으며 탐색을 한다. 연구자는 자료의 불필요한 부분과 모순 등을 분석한다. 즉, 자료를 어떻게 분석하는 가에 초점이 있다.

부호화는 연구자가 어떤 범주들을 자신의 자료에 체계적이고, 일관적으로 부여하는 것이다. 이것은 글로 작성된 자료의 적절한 위치에 부제목의 형태로 일련의 범주들을 삽입시키는 형태로 이루어질 수 있다. 또 책의 장의 제목이나 부제목처럼 각각의 부분들이 무엇에 관한 것인가를 서술해 주는 기능을 한다. 그러나 이러한 단순한 형태의 부호화는 한계점이 있다.

첫째, 독자를 인도해 주는 유용한 푯말의 기능을 지니고 있기는 하지만, 사용된 범주들이 너무 포괄적이거나 막연해서 둘 이상의 글을 비교할 때는 쓸모가 별로 없는 경우가 있다.

둘째, 질적인 성격을 지니는 글은 동시에 한 가지 이상의 주제나 개념을 내포하고 있을 수 있으므로, 연속적인 범주들을 부여하는 것이 부적절하다거나 불가능할 수도 있다.

셋째, 어떤 형태나 일정한 순서를 갖추지 않은 글이나 자료에는 적용시키기가 부적절한 경우가 많다.

부호화가 분석 목적에 절절하다 하더라도, 연구자가 보다 정교한 형태의 것을 도입하고자 하기도 한다. 따라서 일부는 상호연관성을 지니고, 일부는 지니지 않는 범주들과 하위범주들의 상당한 복잡한 체계를 갖추게 될 가능성이 크다. 이러한 범주들을 잘 활용하기 위해서 연구자는 적절한 부분에 범주들의 부호를 체계적으로 부착하여 필요할 때마다 편리하게 활용할 수 있게 하는 것이 바람직하다. 이렇게 복잡한 형태로 부호화시키는 목적은 자료를 필요에 따라 다양한 형태로 바꾸는데 있다. 즉 분석목적이나 다른 필요에 따라서 자료의 특정 요소나 부분에 초점을 맞추거나 다시 활용할 수 있도록 정리하는 것이다. 이것은 목적에 따라 연구자의 자료를 세분화시키는 방법들을 구성하는 것으로 간주되기 쉽다.

자료를 부호화시키고, 필요에 따라 이를 꺼내서 활용하는 것은 수작업으로 이루어질 수도 있고, 컴퓨터 프로그램을 활용하여 상대적으로 수월하게 수행할 수도 있다. 어떤 방법이든, 이러한 범주를 만들어내고 적용하는 작업은 세밀하고 시간을 필요로 하나, 컴퓨터 프로그램을 활용하면 훨씬 효율적인 작업이 가능하다.

먼저, 자료분석은 연구의 검토에서부터 시작된다. 연구계획이 처음 의도했던 문제에서 벗어날 수는 있지만 연구가 시작되면 이들을 간과해서는 안 된다.

연구자가 자료를 조직화하고 모든 자료들을 관련된 영역끼리 범주화하여 분류한다. 자료분석은 전체 현상을 구성요소로 나루고, 여러 가지의 새로운 항목으로 정리하는 단계별 과정으로 볼 수 있다. 패턴을 찾기 위해 연구자는 맨 먼저 연구된 현상에 대해 광범위한 개요를 세운다. 이 개요들은 자료를 검토함으로써 나온다. 다음 과정은 흩어진 자료들을 조합하여 하나의 일관성 있는 전체를 만드는 것이다. 자료를 조직화하는 데 도움이 되는 방법은 그 동안 파악했던 것을 요약하여 기록하는 것이다. 현장 기록들을 나누고, 조합하고, 비교하고 대조하기 위해 시간과 노력이 드는 과정을 분석에 있어서 핵심적이다. 표준화된 분석 절차는 자료를 통하여 패턴을 찾을 때까지 자료를 처리하는 데 이용된다.

연구의 함축된 의미는 연구가 어떻게 유용한가를 나타내야 한다. 연구의 의의는 실제 연구장면을 뛰어 넘어 교육과정에 얼마나 가치를 줄 것인지를 판단하게 한다. 자료의 해석은 연구목적, 이론적인 틀, 연구자의 경험과 배경, 수집되고 분석된 자료의 성격에 따라 달라진다. 단순한 사실을 보고하고, 실제 이론을 만들고, 연구결과를 통합하기 위해 질적 연구자들은 이론을 통합하고 응용하고, 은유와 유추를 근거로 해석하고 자신의 연구와 다른 연구자의 연구결과를 통합한다. 연구자들은 이런 도구를 익숙하게 사용함으로써 연구를 아주 생동감 있고 흥미롭게 한다.

질적 연구의 접근은 이미 결정된 설계라기보다는 현재 일어나고 있는 것으로 다루는 설계이기 때문에, 연구자들이 동일한 결론을 산출하기란 매우 어려우며, 연구자가 자료를 수집할 때, 대부분의 자연적 장면에서 작동하는 상황적 차이가 미친 영향에 대한 인식 때문에 연구자 간에 서로 다르거나 완전히 상반된 자료가 나올 수 있다.

질적 연구에서는 자료수집과 그 분석방법이 상세하게 기술되지 않는 경우가 많기 때문에 신뢰도의 문제가 발생할 수 있다. 그러므로 자료수집에 사용된 전략들을 정확하고 철저하게 확인하고, 그 기법들을 명료하게 기술해야 한다. 또한 관찰된 내용이 기계적으로 되었는지, 면접이 행해진 상황은 어떤 것이었는지, 그리고 다양한 원천에서 나온 정보들이 자신의 연구에 어떤 식으로 통합되었는지 등이 상술되어야 한다. 그러나 중요한 것은 질적 자료를 분석하는 일반적 전략을 확인하는 것이다. 즉 자료의 분석과정과 그 후 자료가 어떻게 검토되고 통합되었는가를 충분히 검토해야 한다.

질적 연구에서는 연구과정의 객관성보다는 한 연구자의 주관성에 치우친 연구결과가 나올 확률이 높다. 따라서 질적 연구에 있어서 내적 신뢰도를 높이기 위한 방안은 몇몇 연구자들이 같이 참여하여, 연구자들이 사전에 치밀한 훈련을 받고 현장 연구 동안에 관찰된 것의 의미를 합의에 도달할 때까지 논의할 수 있어야 한다.

따라서 질적 연구의 신뢰도를 높이기 위해서는 다른 연구자들에 의한 연구결과들의 검토가 필요하다. 그러므로 질적 연구자들은 그들의 연구를 설명할 때 다른 현장 연구자들에 의한 기록과 결론들을 통합하고, 다양한 장면에서 동시에 행해진 연구들에서 도출된 결과들을 분석하고 통합하며, 그러한 연구결과를 공식적으로 나타냈을 때 동료들이 다시 검토해 볼 수 있는 자료를 내세우며 그 신뢰도를 높일 수 있다.

그리고 연구자의 편견을 배제하기 위해서는 질적 연구자들은 연구 초기에 자신의 연구에 대한 기본 가정, 세계관, 이론적 경향을 명료화해야 한다. 또한 연구하고자 하는 집단 내에서 자신의 위치를 정확히 파악해야 하며, 정보제공자들을 선택한 방법, 정보제공자들의 특성 및 연구자료들이 수집되어진 사회적인 특성들을 구체적으로 설명할 수 있어야 한다.

이처럼 자료분석에 있어서의 전략과 과정을 통해서 자료의 활용에 대해서도 알아보고자 한다.

2. 자료의 활용과 정리

질적인 자료 중에서 샘플링과 선택에 관련된 문제들에 대해서 먼저 살펴보기로 하자.

넓은 의미로 볼 때, 샘플링과 선택은 어떤 방법이든 자료창출을 위해 필요한 적절한 단위들을 확인하고, 골라서 이에 접근하는 원칙과 과정을 의미한다. 질적 연구에서는 샘플링과 선택을 준비하여 수행하는 것이야말로 결정적으로 중요한 전략요소가 된다는 점을 이야기하고자 한다.

연구자들은 대부분 연구의 일정단계에서 사람을 샘플링하거나 단위로 삼게 된다. 이는 문서나 시각 이미지처럼 상식적이거나 실체가 있는 샘플링 단위에도 마찬가지로 적용된다. 샘플링은 모집단의 구성비율과 비슷한 유형을 보이는가의 여부를 확인할 수 있기 때문이다.

연구자는 종종 관습적인 사고의 틀에서 벗어나 뒤를 되돌아보고, 이것이 질적 연구에, 자신의 연구과제에 얼마나 적절한가를 생각해 볼 필요가 있다.

사람이나 문서 또는 상식적이거나 실체가 있는 단위들은 샘플링에 적합한 대상이 될 수도 있지만, 그렇지 않을 수도 있다. 연구자는 이를 판단하기 위해서 자신이 궁극적으로 추구하는 지적 궁금증이 무엇인가, 그리고 자신의 연구가 진정으로 무엇에 관한 것인가를 다시 한 번 생각해 볼 필요가 있다. 예를 들어, 연구자의 존재론적 관점이 사람들의 경험을 의미 있는 것으로 본다면, 연구자는 사람 자체보다는 경험을 샘플링하는 방법을 생각하여야 할 것이다. 일반적으로 연구자는 사람, 문서, 시각 이미지, 관찰현장 등 무엇을 보더라도 자신이 사회의 존재론적 속성으로 간주하는 것에 관심을 갖는다. 사람이나 장소처럼 명백해 보이고 상식적이거나 실체가 있는 단위라 해서 반드시 관심을 갖게 되는 것이 아니다. 연구자는 샘플링에 관한 결정에 활용된 적절한 분류 단위가 무엇인가를 찾아야 한다.

만약 연구자가 이론적, 실용적인 이유에서 사람을 샘플링 단위로 결정하였다면, 표본에서 사람을 분류하는 방식이 적절하고 유용한가를 따져 볼 필요가 있다. 예를 들어, 연령, 성, 민족 등과 같은 특성이나 속성에 의한 분류방식이 얼마나 유용하고 의미를 지니는가에 대한 답변은 연구자가 이렇게 만들어진 분류들이 얼마나 일관적이고 적절한 사례들을 효과적으로 포괄한다고 판단하느냐에 따라 우선적으로 좌우될 것이다. 또 이들이 연구문제나 연구자의 지적 궁금증에 얼마나 적절한 것인가에 따라서 영향을 받을 것이다. 연구자는 사람을 분류하는 통상적인 방식이 자신의 목적에 부적절하다고 판단할 수도 있다. 이는 연구자가 민족, 연령이나 성을 단순히 하나의 속성이나 변수로 취급하지 않을 수도 있음을 말한다. 그리고 자신의 견해가 무엇이든 간에, 연구자는 이러한 종류의 분류가 의미하는 바에 대해서 생각해 보아야 한다.

연구자는 이들이 분석의 목적을 위해 얼마나 변수적일 수 있는 가를 생각해 볼 필요가 있다. 자료의 분석을 어떻게 할 것인가를 고려하지 않고는 효과적인 샘플링이 이루어지기 힘들다.

연구자는 자신의 샘플링 단위가 적절한가, 즉 우선 어떤 조직이며, 관행, 사람, 문서는 적절한가를 점검해야 할 것이다. 더욱이 중요한 것은 자신의 연구를 위해 시간적, 공간적으로 어디에서 시작하고 끝나는 가를 확인하는 것이다.

연구자가 예를 들어, 어떤 특정한 단위들이 자신의 연구문제나 궁극적으로 탐구하고자 하는 것에 대해 특별한 의미를 지닌다고 결정할 수도 있다. 질적 연구자의 경우에는 전략과 자료의 분석, 그리고 추구하는 사회적 설명의 형태가 직결되어 있음을 명심하여야 한다. 이러한 연관성이 연구자의 샘플링 전략을 관념적으로 어떠한 논리에 따라 그리고 실제로 어떻게 수행할 것인가에 영향을 미치게 된다.

그렇다고 해서 연구자가 자신의 주장을 뒷받침하는 샘플링 단위들만을 선택하고, 주장에 반하는 샘플링 단위들을 묵살해서는 안 된다. 연구자는 자신의 이론이나 설명을 이끌어내는 것뿐만 아니라 이를 검증하는데도 도움이 되는 방법으로 샘플링을 택하여야 하며, 이러한 작업이 체계적으로 이루어져야 한다.

다시 말해서 연구자의 샘플링 전략은 자신의 분석이나 설명을 뒷받침하는 자료를 창출해 낼 단위들을 얻어내는 것뿐만 아니라 자신의 사고, 이끌어내고자 하는 설명에 부합하지 않은 사례들도 찾아내고자 노력하였다는 것을 보여주어야 한다. 만약 연구자가 이러한 부정적 사계들을 찾아내지 못하였거나, 이들이 존재할 가능성이 많은 곳들을 세밀하게 점검하였음을 보여줄 수 있다면, 연구자의 설명은 설득력을 더하게 된다. 그리고 이러한 부정적 사례들을 일부 발견하였다면, 연구자는 자신의 설명을 수정할 필요가 있다. 예를 들어, 사람들의 특정한 인생경험이 정치적인 활동성을 유발시킨다는 이론이 있다고 하자. 이러한 경우, 연구자는 이러한 경험 없이 정치적으로 활동적인 사람들을 찾아내거나, 이러한 경험을 지니고도 정치적으로 활동적이 아닌 사람들을 찾을 수 있을 것이다. 그리고 나면 분석의 남은 과제는 연구자가 이러한 사례들의 차이점을 이해하고 이에 맞게 자신의 이론을 변용시키는 것이다. 또 연구결과, 이론이나 연구자의 자료분석을 바탕으로, 자신의 이론이 적용되기 가장 어렵다고 생각되는 상황을 설정하여 그 상황에서도 그 이론을 뒷받침하는 현상이 여전히 나타난다면, 연구자의 주장은 더욱 설득력을 지니게 될 것이다.

질적 방법은 포괄적인 이해와 설명을 필요로 하는 일정한 형태의 사회과정이나 의미, 경험을 연구대상으로 삼는 경우에 주로 활용된다.

따라서 샘플링의 크기를 결정하기 위해서는 왜 비교를 하는가 하는 질문을 염두에 두어야 하고, 어떠한 논리에 근거하여 사회적 설명을 이끌어내고 검증할 것인가를 고려하여야 한다. 비교와 설명을 적절한 수준에서 달성하기 위하여 특정 형태의 단위들을 얼마나 많이 선택할 것인가를 결정함에 있어 연구자는 모집단을 대표하는 것보다는 과정에 대한 이해를 우선시하는 원칙을 분명히 하여야 한다.

연구자가 샘플링에 관한 결정을 유보하기로 하거나, 후에 개정될 임시의 목표를 설정한다면, 후에 의사결정은 체계적으로 이루어져야 한다. 그리고 적절한 시기에 샘플링을 검토하고, 어떻게 진행할 것인가에 관하여 올바른 결정을 내릴 수 있도록 연구실행계획이 세워져야 한다.

여기서 핵심적인 것은 질적 자료를 활용하여 설득력 있는 설명이나 주장을 어떻게 세우고 제시할 것인가에 관한 것이다.

연구자가 서로 연관성이 없어 보이는 방대한 양의 기록, 낙서, 면접 테이프, 문서, 도형 등에 접하게 되면, 이들을 어떤 형태로든 정리하고자 하는 욕구가 생긴다. 그리고 최소한 자료들을 서로 다른 상자나 서류에 분류하거나 컴퓨터 파일로 정리하여 일정한 형태의 색인이나 범주체계를 만들고자 할 것이다. 즉 연구자는 자료를 통틀어 일관적인 체계를 갖추고자 노력하게 되며 문서나 서류 등에 번호와 이름을 매기거나, 인식표를 붙이게 될 것이다. 이것을 찾아보거나 보완할 필요가 있을 때는 신속하고 간단하게 할 수 있기를 원하기 때문이다.

연구자는 자신의 연구에서 무엇이 자료를 구성하는가 하는 견해를 수정하거나 정리할 수 있다. 자신이 예상하지 않았던 형태의 자료를 창출해 낼 수도 있을 것이다.

일반적으로 연구자는 자신이 작업하고 있는 자료가 어떠한 형태를 지니고 있는가를 생각해 볼 필요가 있다. 자료의 형태에 따라서, 연구자가 실제로 이를 어떠한 방법으로 취급할 수 있는지도 고려하여야 한다. 예를 들어, 자료를 분류하고 정리하는 과정에서 특정한 형태로의 전환이 필요한지, 영상 이미지들이 글로 전환될 필요가 있는지, 아니면 영상 이미지 그대로 작업이 가능한지에 대한 것들이 있다.

분석의 목적에 따라 같은 자료에 대해서도 하나 이상의 답이 있을 수 있다. 연구자가 일단 무엇이 자료를 구성하는지, 그리고 자료의 형태나 취급을 어떻게 할 것인지에 대하여 결정을 하고 나면, 자료를 분류하고 정리하는 방법에 대하여 생각을 해야 한다.

부호화는 연구자가 획일적인 일련의 범주들을 자신의 자료의 적절한 위치에 부제목의 형태로 부호범주들을 삽입시키는 형태로 이루어질 수 있고, 나중에 이루어질 수도 있다. 연구자의 부호화와 이의 활용은 글로 작성된 자료에 적용시키기가 편리하다. 물론 사진과 같은 시각 자료도 주제, 구성, 활용도, 위치 등에 따라 부호의 체계를 작성할 수 있다. 연구자가 자료의 체계적인 관점을 통해서 그 적용범위와 영역을 파악하고자 하는 경우, 부호화 과정은 자료를 체계적으로, 자세히 검토하는 작업이 수반되며, 이는 연구자로 하여금 자료의 구성요소들에 대한 선입견이나 즉흥적인 느낌에서 탈피하여 자료전체에 대한 표시를 할 수 있도록 도와준다. 분류, 정리, 부호화 작업을 통해서, 연구자는 자신의 머리 속에서 분류하고 정리하는 능력이나 기억의 한계를 뛰어넘어 자료를 관리하는 것이 가능해진다. 연구자가 해석적, 관념적, 분석적 범주나 주제를 창출해 내고, 자료에 이들의 위치를 표시하고자 하는 경우, 부호화 과정은 연구자가 자료의 영역과 적용범위를 쉽게 파악할 수 있도록 도와준다. 따라서 부호화 과정은 연구자가 관념적, 분석적, 이론적 사고를 하는 데도 도움이 된다고 할 수 있다.

연구자가 자료로부터 부호화 범주를 창출해 낸다는 것은 자료와 가능한 한 친숙해진다는 것을 의미한다. 자료를 판독하고 탐구하며, 자료에 귀를 기울이고, 자료와 그 창출 과정에 대해서 생각한다. 자료의 창출이 수반되는 예비조사(pilot study)를 한다면 부호화 범주를 만들어내기 시작하는 적절한 시점이 될 것이다. 이는 자료의 예비 분석에도 도움이 되며, 범주를 나타내는 것은 부호화 과정 그 자체로서 끝나는 것이 아니라 연구문제와 자료 간의 부단한 상호작용을 의미하는 것이다. 이러한 작업을 진행할 때 연구자는 범주의 구성에 관한 내용을 기록으로 남겨, 각각의 범주가 무엇을 구성하고 또 이들을 어떻게 적용시킬 것인가를 분명히 하여야 한다. 다음으로 부호화된 범주들을 어떻게 자료에 적용할 것인가에 대해서 알아보기로 하자. 최근에 글로 작성된 질적 자료들을 부호화시키는 기법들이 많이 고안되고 세련되었으며, 이러한 작업을 위한 컴퓨터 소프트웨어도 다양하게 쓰이고 있다.

부호화를 위해 쓰인 컴퓨터 프로그램들은 질적 연구자들에게 커다란 도움을 제공할 수 있으며, 이러한 이점을 활용하는 것은 매우 중요한 일이다. 컴퓨터 소프트웨어의 많은 기능들이 여러 논리들을 뒷받침하며, 질적인 연구과제에는 부적절할 수도 있다. 예를 들면, 부호화된 범주들 간의 관계를 말해주는 프로그램들, 기초자료나 사회적 특성과 부호화 범주 간의 관계를 다루는 기능 등은 분석을 하지 않더라고 활용될 수 있는 것들이다. 그러나 이러한 프로그램들은 연구자로 하여금 자신들이 분석을 하고 있는 것 같은 착각을 하도록 유도하는 경향이 있다. 만약 연구자가 질적 자료의 컴퓨터 분석을 위해 이러한 소프트웨어들을 사용하고자 한다면, 이 같은 세부 기능들이 특정한 분석, 설명적 전략을 뒷받침한다는 사실을 알아둘 필요가 있다.

컴퓨터 소프트웨어의 사용여부에 관계없이, 부호화시키고 이를 다시 끄집어내어 활용하는 것은 많은 시간과 노동을 필요로 하는 작업이다. 컴퓨터 소프트웨어를 사용하면 물론 작업속도가 빨라지고 효율성도 향상된다. 그러나 그 대신 부호화 범주의 수가 크게 늘어나고 또 가능한 작업이 훨씬 다양해지는 경향이 있기 때문에, 연구자가 실제로 소비하는 시간이 짧아지는 것은 아니다. 만약 연구자가 자료를 부호화시키는데 모든 범주를 활용할 수 있는 시간적 여유가 없거나, 부호화된 것들을 다시 반복적으로 끄집어내어 원하는 만큼의 분석을 추가로 할 수 있는 시간과 자원을 지니고 있지 않다면, 완벽하게 다듬어진 범주의 목록을 갖는다는 것은 별로 뜻이 없어진다. 어떤 특별한 이유가 없는 한, 자료를 범주화시키는 작업을 여러 번 시도하는 것은 바람직하지 않다. 그것은 많은 시간이 소요됨에도 불구하고 이 과정은 연구자가 분석을 위해 투입해야 하는 전체 노력의 아주 작은 구성부분에 불과하기 때문이다.

모든 연구자는 이러한 소프트웨어들이 자신의 연구목적에 얼마나 부합하는가를 따져 볼 필요가 있다. 우선, 연구자는 자신이 사용하고자 하는 프로그램의 설명서를 자세히 읽어보고, 자신의 인식론적 접근방법과 부합하는가를 점검하여야 한다. 해당 프로그램이 자신이 하고자 하는 작업에 도움이 되는지, 그리고 이 프로그램을 작동시킬 수 있는 적절한 장비를 갖추고 있는지도 따져보아야 한다. 결국 중요한 것은 기술들을 최대한 활용하였는가 하는 질문을 연구자 스스로 제기해 보는 것이다. 이는 컴퓨터 활용을 선호하거나, 부담스럽게 생각하는 모든 사람들에게 적용된다.

질적 자료의 분석을 위해 도형, 도표와 도식을 작성하는 방법은 여러 가지가 있다. 컴퓨터 기술이 널리 활용됨에 따라 그 가능성은 더욱 높아지고 있다. 자료정리의 다른 형태에서의 경우와 마찬가지로, 가장 중요한 것은 연구자가 도형을 통해서 무엇을 얻고자 기대하며, 도형으로 정리하였을 때 자신의 자료가 어떤 모습을 띄게 될 것인가에 대하여 생각해 보는 것이다. 따라서 연구자는 왜 자신이 도형을 만들어내기를 원하며, 또 어떻게 만들어낼 것인가 하는 질문을 자신에게 해 보아야 한다. 이렇게 만들어진 도형, 도표는 광범한 범위의 설명논리를 뒷받침할 수 있다.

지금까지 질적 자료를 정리하기 위하여 가장 널리 활용되는 방법에 대하여 살펴보았다. 이 방법들이 분석과정에 매우 중요한 부분을 구성하기는 하지만, 그렇다고 해서 자료분석의 전부를 의미하는 것은 아니다. 단지 연구자가 자료를 정리하고 다룰 수 있도록 도와줄 뿐이다. 연구자가 수행해야 할 나머지 작업은 자신의 궁금증에 대한 설명을 세우고, 이를 다른 사람에게 설득력 있는 방법으로 제시하는 것이다. 연구자는 자신의 자료창출방법과 연구수행이 적절한 형태의 자료분석이 가능하게 하도록 유도할 필요가 있다. 연구자가 필요한 것은 자신의 연구에서 찾은 것을 체계적이고 투명한 방식으로 이해하고 해석하는 데 필요한 자료와 재료라고 할 수 있다.

또 연구자는 자신의 주장, 분석, 설명, 그리고 이들을 광범한 독자들에게 제시하는 방법의 윤리성과 정치성을 고려할 필요가 있다. 즉 질적 방법 중 면접은 연구대상자들의 깊은 믿음을 전제로 하며, 따라서 연구자가 약속을 저버리고 기만적인 행동을 하거나, 또는 연구대상자에게 피해를 입히는 방식으로 설명을 하는 등 이들의 믿음을 남용해서는 안 된다. 사진과 같은 시각자료를 사용하면, 비밀을 유지하기가 불가능해진다.

연구자가 양질의 연구를 이뤄야 하는 책임을 지니는 것은 지극히 당연하다. 따라서 연구자는 자기가 사려 깊고 견실한 분석을 하였는지, 잘못되었거나 부적절한 일반화를 하지는 않았는지와 같은 질문들을 제기하는 방법으로 자신의 윤리성과 정치성을 점검해 볼 필요가 있다.

질적 자료의 분석은 결코 쉬운 작업이 아니다. 그리고 설명이란 것은 엄격하고 조심스럽게 이루어져야 하며, 많은 양의 이론적 및 전략적 사고를 필요로 한다. 결국 연구의 분석과 설명은 연구문제가 어떻게 작성되었고, 연구문제들이 내포하는 방법론적 입장이 무엇이며, 이들을 뒷받침하기 위해 자신의 연구과제를 어떻게 설계하였는가, 그리고 연구수행과정에서의 현실적인 문제들이 무엇인가에 따라 좌우된다고 볼 수 있다.

3. 질적 연구의 자료분석 문제와 교육적 타당성

위에서의 질적 연구의 자료의 활용을 토대로 연구에 있어서의 자료분석 문제 중 주관성과 객관성에 대해 알아보고자 한다.

객관성은 항상 사물을 있는 그대로 바라보는 것을 의미한다. 객관적이기 위해서는 사물의 실제적 특징들을 드러내는 방식으로 사건을 경험해야만 한다. 사물을 있는 그대로 바라보는 것은 사물의 존재론적 상태를 알거나 경험하는 것이다. 이것은 지각과 이해를 통해 가능한 것이다.

존재론적이고 절차적인 객관성이 지닌 문제는 중요하다. 그러한 문제는 경험적 연구수행에서 어떤 실제적 문제를 일으킬 뿐만 아니라, 그 자체로서 문제 지식의 관점을 강화하기 때문이다.

객관성과 주관성으로부터 나온 인간 경험의 활동 중심인 상호작용은 대안적 정리를 해주는 것으로 볼 수 있다. 질적 연구와 평가에 적용하기 위해 조작적으로 정의된 테스트는 없지만, 탐색하고 평가하기 위한 자질과 질문 문항들은 있다. 순전히 객관적이거나 주관적인 것은 불가능하다는 것과 모든 경험은 상호교섭작용이라는 것을 인식할 때 연구자가 무언가라는 질문을 할 수 있다.

연구에서 일반화는 주어진 정보를 능가할 뿐만 아니라 한 상황 혹은 한 과제에서 학습한 바를 다른 상황이나 과제로 전이하는 것으로도 말할 수 있다. 즉 어떤 기능, 이미지, 아이디어들을 한 상황에서 다른 상황으로의 기계적인 적용 이상의 것을 항상 요구하기 때문에, 일반화와 전이는 같은 개념이라고 볼 수 있다. 연구자는 한 상황과 그 다음 상황 사이의 동일성이 아니라 유사성을 인식하여야 하고, 그런 다음에 적절한 추론을 하여야 한다. 어떤 사람이 처음에 학습이 이루어졌던 상황이 아닌 다른 상황에서 자신이 학습한 바를 보여줌으로써 학습이 이루어졌음을 증명하기 전에는 그 사람이 학습했다고 말하지 않기 때문에 학습 그 자체가 전이를 필요로 하고 있음을 알 수 있다.

이미지 또한 일반화한다. 이미지는 경험의 질적인 측면을 취급하는 과정으로부터 구성된다. 이러한 질적인 측면은 사진, 도식 등에서도 나타난다. 이미지는 형식과 내용이 이미지를 생산할 수 있는 능력을 갖고 있는 단어들로부터도 발생한다. 무엇보다도 교실 상황의 질적인 측면, 관점 등에 관해 살펴보게 이끄는 것은 바로 이미지의 일반화 능력이다.

일반화가 나타나는 다양한 양식을 인식하게 되면, 그 양식들이 적용되는 방법에 관하여 보다 명확하게 질문할 수 있다.

질적인 것과의 접촉은 일반화의 가장 중요한 재료 중의 하나이다. 그러나 우화, 그림, 훈계 등을 통해 간접적으로 얻어지는 또 다른 중요한 재료가 있다. 가장 유용한 인간 능력 중의 하나가 타인의 경험을 통해 학습하는 능력이다. 인간은 모든 것을 직접적인 경험을 통해 학습할 필요가 없다. 재담꾼에게 귀를 기울이고 일들이 어떻게 진행되었는지를 알고 지금 일이 어떻게 진행될 것인지를 판단할 때 전해들은 바를 사용한다.

질적인 사계 연구에서 연구자 또한 일반화를 한다. 그러나 그 연구결과물이 자신들의 상황에 들어맞는지를 판단하는 것은 독자라고 보는 것이 보다 그럴듯하다. 연구자는 질적 연구와 평가의 난처하고, 복잡한 측면에 있어서 질적 연구가 수반하는 윤리적 문제라든가, 갈등, 딜레마에 대해서도 알아두어야 한다. 모든 인간은 타인들과 좋은 관계를 선호한다. 그리고 다른 사람들을 속여 보겠다는 것은 도덕률을 위반하는 것이다.

연구자들은 관찰 대상자, 예를 들어 교사에게 자신들이 원할 때는 언제라도 연구를 철회할 권리를 가지고 있음을 알려 주어야 하는지, 그것은 일부 교사들이 그 권리를 행사할 가능성을 증대시킬 것인지, 그렇게 한다면, 그것이 연구에 어떻게 영향을 미칠 것인지, 처음부터 그러한 선택권이 주어지지 않는다면 그들이 철회할 권리를 가지고 있음을 깨닫지 못할 것이다. 관찰 대상자는 자신이 원치 않는 경우에는 언제든지 관찰을 철회할 수 있다.

이러한 문제를 해결하는 방식은 도덕적 행위를 유도하는 어떤 원리에 호소하는 변호할 수 있는 원리를 찾을 수 있거나 형성되어 있다면, 그리고 연구자가 내린 윤리적인 결정이 이러한 원리와 일치한다면, 원리를 다른 결정이 도덕적일 것이라고 가정하는 것은 합리적일 수 있다.

질적인 조사에서는 윤리적인 문제에 특별한 관심을 보내야할 필요성이 있다. 윤리적인 측면을 소홀히 하면 연구자나 연구대상자 모두에게 심각한 문제를 야기할 수 있다. 따라서 목적은 윤리적인 갈등을 해결하기 위한 것이 아니라, 질적 연구에서 윤리적인 갈등, 쟁점과 딜레마를 살펴보는 것이다. 그 중의 일부에 대해 알아보고, 원리들이 갈등을 겪는 상황을 생각해 보는 것이다. 그러나 연구과정을 항상 예측할 수 있는 것도 아니고, 때때로 목적도 없기 때문에 다른 사람들에게 연구과정을 알려줄 수 없는 것이 사실이다. 물론 일반적인 의문을 마음속에 갖고서 현장에 들어갈 수 있으나 이러한 의문들을 마음속에 간직할 수 있는지는 그 현장에서 과거에 경험한 상황을 깨닫게 하는 것에 달려 있다.

갈등과 쟁점과 딜레마에 대해서는 연구를 시작하면서부터 갖게 되는 문제이다. 그럼에도 불구하고, 연구자는 고려할 수 있는 사항과 쟁점에 대한 의식을 어느 정도 가지고 있어야 한다. 그러한 의식을 가질 때 연구자가 감수성, 그리고 인간의 가장 소중한 능력인 합리적인 판단을 하는데 더욱 유리한 위치에 있게 될 것이다. 아마도 그것은 마땅히 해야 할 것이기 때문에, 연구자에게는 중요한 문제로 남을 수 있다고 생각한다.

Ⅲ. 결론

모든 연구의 핵심적인 요소는 연구의 초점 또는 목적에 대한 분명한 진술이다. 일반적인 배경 정보나 분석은 연구의 초점을 명백하게 이해하는데 도움을 준다. 이것은 연구의 초점과 관련이 있는 분야의 이론, 관심 속에서 이루어질 수 있다. 사용된 방법들에 대한 분명하고 정확하면서도 완벽한 설명은 연구결과들을 이해함에 있어 중요하다. 방법론이 충분히 설명되어 있을 때, 독자들은 목적을 밝히기 위해 사용된 방법들의 유용성과 적합성을 분석할 수 있다.

장소, 장면의 상황, 참가자가 언급되어야 한다. 어떤 연구를 이해한다는 것은 어떤 사람으로, 그리고 어떤 상황 속에서 주제 혹은 현상이 연구되었는가를 아는 것을 포함한다. 또한 장소, 상황, 그리고 참가자들의 수 등이 연구결과에 대한 부가적 효과를 가져다준다. 연구가 언제 수행되었는지는 결과들을 이해하는 데 역시 중요하다. 사람들의 행동이나 의견, 그리고 태도 등은 흔히 당시의 지배적인 정치적, 경제적, 그리고 사회적 경향성들에 의해 영향을 받는다. 또 주제를 연구하는 데 시간의 길이는 보는 이로 하여금 결과들을 얻는데 수반된 연구의 속으로 더욱 깊게 들어갈 수 있도록 한다.

현장에 뛰어들고, 참가자들을 선정하고, 자료를 수집하고, 기록하는 연구기법들은 얻어진 결과들과 그것에 대한 해석들을 이해하는데 또한 핵심적이다.

수집된 자료의 설명, 분석, 해석은 연구의 핵심으로 볼 수 있다. 다른 부분들이 연구결과들의 이해를 위해 중요한 것이긴 하지만, 보고서에 있어서 의미를 부여하는 것은 결과 그 자체이기 때문이다.

대부분의 질적 연구에서 수집된 많은 양의 자료들 때문에, 연구자는 많은 양의 자료를 펼쳐 놓고 활용할 수 있는 장소를 필요로 하게 될 것이다. 방해받지 않고 산만하지 않은 조용한 곳이 필요할 것이다. 예를 들면, 도서관 같은 장소가 필요할 것이다. 선택된 장소는 또한 빛, 환기, 안락한 의자와 같은 신체적 요인들도 고려해야 한다.

그리고 보고서를 작성하기 위해 준비를 할 경우, 필요한 모든 자료를 수집해야 한다. 필요한 모든 것을 예상하기는 불가능할지 모르지만, 나중에 방해나 지연을 줄이는 데 도움이 될 수 있도록 가능한 한 사전에 많은 자료를 수집해야 한다. 즉 자료를 분석하고, 보고서를 조직하고, 전개하고, 써 내려가고, 다듬는 것에 집중하기 보다는 현장이나 도서관을 한 번 더 방문하는 것이 좋을 것이다.

질적 연구에서 밝히고자 하는 것과 실제로 구명된 것 간에 서로 맞아떨어지면, 그 연구결과는 타당성이 있다고 볼 수 있다. 질적 연구에서 자료는 연구자가 구명하고자 했던 것을 나타내 주는 것이다. 자료의 타당성이 인정되지 않으면, 신뢰성과 일반화의 가능성은 실질적으로 소용이 없다.

질적 연구자들은 타당한 자료수집의 가능성을 높이기 위해 몇 가지 특수한 접근들을 적용한다. 이런 접근들은 자연스런 조건을 변경하지 않은 체, 하나의 장면이나 상황에 들어가 연구를 한다. 연구자는 시작단계에서 현장에 있는 참여자들로부터 신뢰를 얻기 위해 친밀한 관계를 형성하려고 노력하는 한편, 자연스러우면서도 참견하지 않는 태도로 참여하기 위해 자연적인 상호작용 패턴을 익혀야 한다.

질적 연구에서 연구자들은 자연적 장면에 들어가서 다른 참여자들에게 성가시게 참견하지 않으면서 참여하는데 주안점이 주어지지만, 모든 연구자들이 참여에 따른 영향을 최대한 줄인다고 생각하는 것은 비현실적이다. 질적 연구자들은 자연적으로 참여자들과 참여장면에 대해 자신의 출현과 연구과정이 미치는 영향을 인식하고, 그것을 이해하려고 노력해야 한다.

일어나는 것과 기록되는 것 간에 신뢰성을 볼 때, 질적 연구에서 연구결과의 신뢰성을 높이기 위해 일반적으로 활용되는 몇 가지 방법론적 방안들이 있다. 그러한 방안 가운데 하나는 상세한 현장 노트를 기록하는 일이다. 연구자는 면접이나 관찰을 하는 동안 실제로 일어난 모든 일들을 기록하고, 이것은 연구자가 얻은 지각, 추측 등과는 구분되어야 한다. 또 팀으로 질적 연구를 수행하는 것이다. 팀의 구성원들은 현장 노트, 인터뷰 기록, 그리고 정확성에 기여하는 여러 자료들에 대한 피드백을 마련할 수 있다. 참여자로 하여금 현장 노트나 최종 보고서를 검토하게 하는 것에 있어서도 참여자들은 진술된 기록의 정확성과 종합성에 대해 피드백을 제공해 줄 수 있다.

질적 연구결과의 일반화 정도 혹은 대표성의 가능성이 중요하고, 연구과정에서 다양한 전략과 접근을 활용함으로써 그런 것이 강화될 수도 있겠지만, 연구의 내용이나 목적에 따라서는 그렇게 하는 것이 반드시 바람직한 것도 아니다. 연구자는 한 장면의 특정 관심에 대해 보다 깊은 이해를 얻기 위해 다양한 자원들을 동원할 수 있다. 연구자는 유사성을 판단하게끔 하는 충분한 설명적 자료를 제공해 주는 것으로 끝난다.

질적 연구는 교육적 관심과 프로그램에 관한 인간의 사고와 신념을 연구할 뿐만 아니라, 인간의 인지적 추리와 사고과정을 조사하는데 적용될 수 있다. 다시 말해서 질적 연구는 일상생활 속에서 교사와 학생들을 포함한 사람들이 어떻게 기억하고, 선택하며, 문제 해결하는지를 연구하는데 적합하다.

질적 연구의 활용 가능성에 관한 결론에 있어서, 평가 연구와 프로그램에 질적 연구를 사용하기 위한 방법은 현재에도 모색하고 있는 부분임을 알아야 할 것이다. 그러나 질적 연구의 초점은 어떤 상황의 가치를 결정하는 것이 아니고, 한 상황을 이해하는 데 있다. 일반적으로 질적 연구는 연구대상이 되는 인간과 상황을 판단하거나 평가하기보다는 그들을 이해할 목적으로 풍부한 해설을 하고 있는 것이란 생각하면 좋을 듯싶다.

질적 연구는 여러 관점이나 각도에서 볼 수 있다. 그 중 한 가지는 사례 연구이냐, 대상을 여러 사람으로 하는 복합 연구이냐, 장소 연구이냐 하는 것이다. 사례 연구는 연구자가 단 하나의 사람, 장면, 상황, 사건을 자세히 검토하는 것이다. 사례 연구는 복합 연구나 대상 연구의 경우보다 일반적으로 수행하기가 더 용이하고 필요한 자료의 양도 더 적다. 이 방법은 많은 장소나 사람이 그 속에 관련되어 있기 때문에 사계 연구보다 훨씬 더 복잡하고, 단순한 기술보다는 좀 더 이론개발 지향적이다.

질적 연구에서 참여관찰과 심층면접이 가장 보편적으로 사용되는 자료수집 방법인데, 두 가지를 결합해서 자주 사용한다. 참여관찰에서 연구자는 연구대상의 생활과 자연적 사태에 뛰어들어 참여하고, 그들이 말하고 행하는 것에 관한 자료를 체계적이면서 눈에 뛰지 않게 수집한다. 연구자는 개방적인 면접을 수행하여, 그들 자신의 말로 표현된 자시의 삶, 경험 또는 상황에 대한 사람들의 관점을 이해하고자 한다.

참여관찰과 심층면접 다음으로 사용되는 자료수집 방법은 문서수집과 비디오 자료이다. 문서수집에서 연구자는 종종 기록, 메모, 사진 등 인간의 행동과 지각을 이해할 수 있는 자료면 무엇이든 수집하여 분석한다.

연구자가 한 현상을 보다 오랜 시간동안 보다 집중적으로 연구하게 되면, 그 현상을 보다 철저하게 이해할 수 있다는 점에 주목해야 한다. 참여를 연장하면 연구자가 연구하고자 하는 현상에 부딪치는 복합적 영향에 개방적일 수 있기 때문이다. 이러한 일은 연구의 대상이 되는 토픽, 문제점에 가장 관련성이 있는 특징들과 요소들을 연구자가 확인하는데 도움이 된다. 어쨌든 연구자는 연구를 계속 수행해서 더 얻을 수 없다고 확신할 수 있을 때까지 그 현상을 연구할 필요가 있다.

연구의 목적, 범위, 기간 등은 다양하지만 한 토픽에 대해 가치 있으며 깊이 있는 연구결과를 얻어내려면, 질적 연구자들은 일반적으로 주요한 노력을 지속하여야 한다. 질적 연구의 특성은 일련의 목적들을 위해 아주 적합하게 기여할 수 있다. 일반적으로 교육에 있어 질적 연구는 사회적 및 문화적 현장으로서 의미를 갖는 학교, 학급, 여러 교육적 장면들에 관심을 기울여, 이러한 장면들을 설명하며, 그러한 현장에 직접, 간접으로 관련되어 있는 사람들이 그 속에서 일어나고 있는 것을 어떻게 인식하고, 어떤 의미를 부여하는가를 이해하도록 하는데 사용될 수 있다. 이처럼 질적 연구의 연구결과들은 어떠한 목적들을 해명하는데 유용하다는 것을 알 수 있다.

Chapter 9

논문 작성의 의의

Ⅰ. 서론

연구현장에서 오랜 기간 동안 참여관찰, 면접 등 다양한 방법으로 분류되고 조직된 데이터들은 집필을 통해서 형식을 갖추게 된다. 집필을 통해 연구과정 동안 이루어진 생각들을 서로 연결해 주고, 새로운 생각이 일어날 수 있도록 자극해 준다. 집필은 새로운 결과물을 창출하고, 연구자의 연구에 대한 의미를 보관할 수 있다는 점에서 가치가 있다. 집필은 문장을 구성하는 것이다.

저자로서, 선정된 특정 이야기를 기술함에 있어 분석한 자료를 토대로 하고, 자신이 믿는 바를 가장 잘 나타낼 수 있는 문장 형식을 찾아 일관성 있게 글을 구성해나가야 한다.

연구자가 글을 완성하는 것은 상상한 것을 계획에 의해서 구체화하는 건축가와 같다고 보거나, 아니면 직관, 감각, 감정으로부터 상상력이 나타나는 화가와 같다고 볼 수 있다. 글을 구성하는 것은 계획과 직관이 합해져서 이루어진다.

Ⅱ. 저자의 역할

1. 예술가

수집한 자료를 의미 있게 하기 위해서 저자는 기술적인 단계들을 거쳐야 한다. 그러나 훌륭한 정성적 연구자는 자신의 글을 창조하는 예술가와 같다.

글을 쓰기 위해서는 자제력과 창의성이 합해진 예술가적인 감수성이 필요하다. 예술가와 마찬가지로 정성적인 연구자는 확실치 않은 지역으로 들어간다. 그리고 사건들과 사람들 사이의 가상적인 관련성, 그 관련성의 가상적인 표현, 표현한 것에 대한 가상적인 해석을 찾는다. 이러한 일들을 하는 이유는 연구자들이 한 일들을 이해시키기 위해서가 아니라 그들이 이해하려고 애쓴 것들을 최대한 있는 그대로 나타내기 위함이다.

2. 번역가/해설자

최근 질적인 연구자를 문화의 번역가라고 한다. 연구자는 낯선 세계를 이해하고, 실생활을 표현한 글을 의미 있는 이야기로 번역하기 위해 연구한다.

추론과 추측은 해설적인 과정에서 매우 중요하다.

3. 변화시키는 사람

질적인 연구자가 열망하는 것은 변화시키는 사람으로서의 역할이며 이는 단순히 개혁가라기보다는 촉매적인 교육가이다. 다른 사람들이 연구자의 글을 읽음으로써 인간 집단의 문제점, 걱정, 즐거움, 꿈들을 함께 공유하기를 바란다. 그들의 가족과 친구 구성집단에 대해 다시 한 번 생각해 봄으로써 인간의 상호작용에 대한 새로운 견해를 갖게 된다.

남을 알게 됨으로써 자신에 대해 발견하게 되는 과정은 정성적인 연구의 산물이다.

연구결과를 글로 써서 변화를 추구하려면 가치 있는 자료에 계획된 단계와 예술가적인 창의력을 적용해야 한다.

Ⅲ. 쓰기의 전략

글쓰기의 초기에 많은 불안감을 갖게 된다.

① Alan은 글쓰기에 대해, “하루하루 새로운 전쟁을 치르듯이 지내야 하며, 때론 피곤에 빠지게 된다. 펜으로써 맞서 싸워야 한다.”고 말하고 있다.

글쓰기는 자료의 분석과 같은 것이지 질적인 연구과정과 분리된 것이 아니다.

자료의 수집 과정에서부터 분석의 과정 동안에 글을 써야한다.

단어, 문장, 단락 페이지, 장을 잘 정하기 위해서는 연구과제의 초기에서부터 관심을 갖는 것이 좋다.

글의 내용이 최적인 상태가 될 때까지 보고, 듣고, 분석하고, 해석하며, 기대되는 연구결과를 조절해 나간다. 자료를 수집할 때마다 그것이 연구보고에 어떤 말로 쓰일 것인지를 생각해 봐야 한다.

연구과정 동안에 관찰하거나 생각을 적은 여러 가지 형태의 메모와 기록, 자료들을 모두 모아 놓는다. 이 시기에 많은 긴장감을 느낀다.

글쓰기는 고독한 과정이다. 사람들과 사회의 과정에 대해서 글을 쓰는 동안에는 연구자는 자신을 세상으로부터 멀리 떨어져있게 해야 한다.

② 몰두해서 글을 쓰는 시간이 필요하다.

③ 보다 큰 안목과 견해를 갖고 글을 쓰기 위해서 연구한 지역으로부터의 분리가 필요하다.

〈글쓰기 전략의 예〉

① 장기 계획(long-term schedule)을 세운다
자료를 수집하는데 든 시간만큼 자료를 분석하고 글을 쓰는데 충분한 시간을 갖는다. 기초 자료들에 대해서 동료들과 논의하고 생각해 보기 위해서 충분한 시간이 필요함.

② 단기 계획을 세운다(short-term schedule)
글쓰기에 가장 적절한 시간을 생각해보고 스스로와 글 쓰는 시간을 정한다(하루에 3~4시간, 일주일에 3~4일). 또는 일정 작업량을 정한다(하루에 5장 양면).

③ 전화, 편지쓰기, 독서 등으로 인해 글 쓰는데 방해받지 않고 쓸 수 있는 적합한 장소를 정해둔다.

④ 그 외의 시간과 장소(버스, 지루한 회의 등)를 이용하여 수시로 간단한 메모를 한다. —목록, 간단한 기록, 도표, 인용 수집, 전체적인 윤곽 설정, 제목 초안, 주요 단락 등

⑤ 전날 쓴 원고를 편집하면서 글쓰기를 시작한다.

⑥ 처음에는 완전한 문장, 문체, 논리, 형식 등을 무시하고 생각나는 대로 써 나간다. 초안을 위한 이러한 글은 마음속에 담긴, 하고 싶은 이야기를 솔직하게 쓰는데 도움이 된다. 처음 쓰인 초고가 매우 중요하다. 따라서 처음부터 글의 수준을 높이 두지 말고 어떤 글이라도 써 나간다.
또한, 주변 인물 중 한 사람을 마음에 두고 이야기를 하는 것처럼 쓰기도 한다.

⑦ 연구에 몰입하고, 글쓰기를 하지 않는 동안에는 소설이나 시, 좋은

문학 작품에 몰입한다.

2) 자신의 글쓰기

말이나 생각, 아이디어들이 분명해질 때까지 기다렸다가 쓰려고 해서는 안 된다.

사람들은 글쓰기를 통해서 아이디어를 생성하고, 발전하고, 조직하고, 단순화하고, 평론하고 기억한다.

3) 초고와 교정본(Drafts and Revisions)

조각가가 통나무를 조각하고 다듬어서 작품을 완성하는 것과 마찬가지로 다듬어지지 않은 초고들은 이용하여 점차 완성된 글이 된다.

불필요한 말들은 제거하고, 과거형의 문장을 생생한 언어로 바꾸고, 문법, 맞춤법, 문장 부호들을 교정하게 된다.

하위 표제어도 무시하지 말고 적절한 위치에 찾아 넣는다.

Ⅳ. 맺는 말

오랜 기간 동안 수집한 자료를 정리하여 글로 옮겨 쓰는 작업은 매우 중요하며, 특히 질적인 연구에 있어서는 기존의 논문 작성의 정형적인 틀에서 벗어나 연구의 내용에 따라 다양한 문체와 문장 구성 방법이 적용될 수 있다.

좋은 논문을 쓰기 위해서는 연구의 초기 계획 단계에서부터 잘 구성되어야 하며, 현장에서의 자료수집과 기록 단계에서도 나중에 논문으로 옮길 것을 늘 염두에 두고 정리를 해야 한다. 수집한 자료를 효율성 있게 분류하는 습관도 매우 중요하다. 논문을 쓰는 동안 동료들과 충분한 토론을 하여 연구의 결과가 말하는 것을 잘 밝혀서 정리해내야 한다.

연구의 결과를 한 논문으로 마무리 짓는 것과 동시에 앞으로 연구되어져야 할 주제를 제시해 줌으로써, 하나의 연구가 끝나면서 동시에 새로운 연구주제를 제시해 주게 되는 것이다.

참고문헌

김란수. (1988).『교육연구의 방법』. 종각출판사.

김병하. (1992).『질적 연구의 이해와 실천』. 도서출판 특수교육.

김영천. (1998).『교육에서의 질적 연구』. 교육과학사.

김윤옥, 김성혜, 김은경 외. (2001)『질적 연구방법과 설계』. 문음사.

박병기, 박성혁, 박승배 외. (2001).『질적 연구와 교육』. 학이당.

송인섭. (1998).『연구방법론』. 상조사.

이인효. (1990).「인문계 고등학교 교직문화 연구」. 서울대학교 박사학위 논문.

이종승. (1984).『교육연구방법론』. 배영사.

임인재. (1993).『논문 작성법』. 서울대학교 출판부.

조용환. (1995).「일상세계의 복잡성에 대한 이해」. 대구교육대학교 초등교육연구소 세미나.

조용환. (1999).『질적 연구방법과 사례』. 교육과학사.

최현섭. (1985).「학교의 도덕사회화에 관한 상호작용분석연구」. 서울대학교 박사학위논문.

한준상. (1987).『교육 사회학 이론과 연구방법론』. 문음사.

허미화. (1994).『질적 사례 연구법』. 양서원.

홍동식 외. (1992).『사회 연구에 있어서 양적 방법과 질적 방법』. 서울전문출판사.

Abrahamson, M. (1983). *Social research methods.* Englewood Cliffs, NJ: Prentice-Hall.

Angus, L. (1986). Developments in ethnographic research in education: From interpretive to critical ethnography. Journal of Research and Development in Education, 20, pp. 59~66.

Becker, H. (1970). Sociological work: Method and substance. Chicago: Aldine.

Blase, J. J. (1980). On the meaning of being a teacher: A study of the teacher's perspective. Unpublished doctoral dissertation, Syracuse University.

Bogdan, R., Taylor, S., deGranpre, B., & Haynes, S. (1974). Let them eat programs: Attendant's perspectives and programming on wards in state school. Journal of Health and Social Behavior, 15, pp. 142~151.

Bogdan, R. C., & Biklen, S. K. (1982). Qualitative research for education: An introduction to theory and methods. Boston: Allyn & Bacon, Inc.

Bogdan, R., & Taylor, S. (1982). Inside/out: The social meaning of mental retardation. Toronto: University Review, 45, pp. 409~419.

Bullough, R. V. (1987). First year teaching: A case study. Teachers College Record, 89, 2, pp. 39~46.

Campbell, D. (1979). “Degree of freedom” and the case study. In T. Cook & C. Reichardt(Eds), Qualitative and quantitative methods in evaluation research. Beverly Hills, CA: Sage Publications.

Carroll, T. G. (1977). *Work and Play: A probe of the formation, use and intersection of adult and child activity domains.* In J. P. Goetz & M. D. Lecompte, (Eds.), *Ethnography and Qualitative Design in Educational Research.* London: Academic Press. Inc. pp. 110~120.

Corrine, G., & Alan, P. (1992). *Becoming Qualitative Researchers.* N. Y.:

Longman.

Crow, N. (1986). Socialization within a teacher education program: A case study. Unpublished Doctoral Dissertation, University of Utah.

Crow, N. (1988, April). A longitudinal study of teacher socialization: A case study. Paper presented at the annual meeting of the American Educational Research Association, New Orleans, LA.

Cuban, L. (1984). How teachers were taught: Constancy and change in American classroom: 1890~1980. New York: Longman.

Denzin, N. K. (1978). The research act: A theoretical instruction to sociological of education. New York: Macmillan.

Edgerton, R. (1984). The participant-observer approach to research in mental retardation. American Journal of Mental Deficiency, 88, pp. 345~505.

Erickson, F. (1986). Qualitative methods in research on testing. In M. C. Wittrock(Ed.), *Handbook of Research on Teaching.* New York: McMillan Inc.

Etheridge, C. P. (1989). Acquring the teaching culture: How beginners embrace practices different from university teachings. Qualitative Studies in Education, 2 (4), pp. 299~313.

Fetterman, D. (1982). Ethnograohy in education research: The dynamics of diffusion. Educational Researcher, 11, pp. 17~22.

Filstead, W. J. (1979). Qualitative methods: A needed perspective in evaluation research. In T. D. Cook & C. S. Reichardt, (Eds.), *Qualitative and qualitative methods in evaluation research*, Beverly Hills, Calif: Sage.

Freeman D. (1983). Margaret Mead and Samoa: The Making and unmaking of an anthrological myth. In J. P. Goetz, & M. D. LeCompte, (Eds.), *Ethnography and qualitative design in educational research*, London: Academic Press, Inc. pp. 110~120.

Fuchs, E. (1969). Teachers talk: Views from inside city schools. In J. P. Goetz & M. D. Lecompte, (Eds.), *Ethnography and Qualitative Design in Educational Research.* London: Academic Press. Inc. pp. 108~111.

Geetz, C. (1973). Thick description: Toward and interpretive theory of culture. In The interpretation of cultures. New York: Basic Books.

Gehrke, N. J. (1981). A ground theory study of beginning teachers' role personalization through reference group relations. Journal of Teacher Education, 32 (6), pp. 34~38.

Glaser, B. (1978). theoretical sensitivity: Advances in the methodology of grounded theory. Mill Valley, CA: Sociology Press.

Glaser, B. G., & Strauss, A. L. (1967). The discovery of grounded theory: Strategies for qualitative research. Chicago: Aldine.

Glesne, C., & Peshkin, A. (1992). *Becoming qualitative researchers.* New York: Longman.

Goetz, J. P., & LeCompte, M. D. (1984). *Ethnography and qualitative design in educational research.* London: Academic Press, Inc.

Goodman, J. (1985). Field-based experience: A study of social control and student teachers' response to institutional constraints. Journal of Education for Teaching, 11, pp. 26~49.

Graham, K., Hohn, R., Werner, P., & Woods, A. (1993). Prospective PETE students, PETE student teachers, and Clinical Model Teachers in a University Teacher Education Program, Journal of Teaching in Physical Education, 12, pp. 161~179.

Guba, E. G. (1981). Criteria for assenssing the trustworthiness of naturalistic inquiries. Educational Communication and Technologies Journal, 29, pp. 75~92.

Harrington, C. C., & Gumpert. P. (1981). Negative prediction defiers:

Educatonal antecedents of success. In J. P. Goetz & M. D. Lecompte, (Eds.), *Ethnography and Qualitative Design in Educational Research.* London: Academic Press. Inc. pp. 127~128.

Hoy, W., & Rees, R. (1977). The bureaucratic socialization of student teachers. Journal of Teacher Education, 28 (1), pp. 23~26.

Huberman, M. (1989). *The professional life cycle of teachers.* Teachers College Record, 91 (1), pp. 31~57.

Jackson, P. W. (1968). Life in Classrooms. In J. P. Goetz & M. D. Lecompte, (Eds.), *Ethnography and Qualitative Design in Educational Research.* London: Academic Press. Inc. pp. 110~120.

Kimball, S. T. (1965). The transmission of culture. In J. P. Goetz & M. D. Lecompte, (Eds.), *Ethnography and Qualitative Design in Educational Research.* London: Academic Press. Inc. p. 122.

Knowles, G. (1988, November). A beginning teacher's experience: Reflections on becoming a teacher. Language Arts, 65 (7), pp. 707~712.

Kreider, S. E. (1985). First year teaching: Secondary level. In C.L. Vendien & J.E. Nixon (Eds.), *Physical education teacher education.* New York: McMillan. pp. 262~265.

Lacey, C. (1977). *The Socialization of Teachers.* London: Methuen.

Leach, E. (1982). *Social anthropology.* New York, Oxford: Oxford University Press.

Leacock, E. B. (1969). Teaching and Learning in City Schools. In J. P. Goetz & M. D. Lecompte, (Eds.), *Ethnography and Qualitative Design in Educational Research.* London: Academic Press. Inc. p. 122.

LeCompte, M. D. (1978). Learning to work: The hidden curriculum of the classroom, In J. P. Goetz & M. D. Lecompte, (Eds.), *Ethnography and Qualitative Design in Educational Research.* London: Academic

Press. Inc. pp. 122~123.

LeCompte, M. D. (1980). The civilizing of children: How young children learn to become students. In J. P. Goetz & M. D. Lecompte, (Eds.), *Ethnography and Qualitative Design in Educational Research.* London: Academic Press. Inc. pp. 122~123.

Lee, J. (1993). The socialization of beginning physical education teachers. Unpublished Doctoral Dissertation. Eugene, OR: University of Oregon.

Lewis, G. B. (1951). Life in a Mexican village: Tepoztlan restudies. In J. P. Goetz, & M. D. LeCompte, (Eds.), *Ethnography and qualitative design in educational research*, London: Academic Press, Inc. pp. 110~120.

Lincoln, Y. S., & Guba, E. G. (1985). *Naturalistic inquiry.* Newbury Park, Calif.: Sage Publications, Inc.

Lofland, J. (1971). *Analyzing social settings.* Belmont, California: Wadsworth.

Lortie, D. (1975). *Schoolteacher.* Chicago: University of Chicago Press.

Meadm M. (1928). Coming of age in Samoa: A psychological study of primitive youth for western civilization. In J. P. Goetz, & M. D. LeCompte, (Eds.), *Ethnography and qualitative design in educational research*, London: Academic Press, Inc. pp. 110~120.

Merriam, S. B. (1988). *Case study research in education-A qualitative approach.*

O'Sullivan, M. (1989). Failing gym is like failing lunch or recess: Two beginning teachers' struggle for legitimacy. Journal of Teaching in Physical Education, 8, pp. 227~242.

Ogbu, J. U. (1974). The next generation: An Ethnography of education in an urban neighborhood. In J. P. Goetz & M. D. Lecompte, (Eds.), *Ethnography and Qualitative Design in Educational Research.* London: Academic Press. Inc. pp. 122.

Patton, M. (1990). *Qualitative Evaluation and Research Methods.* Second Edition. Newbury Park, CA: Sage Publications.

Pelto, P. J., & Pelto, G. H. (1978). *Anthropological research: The structure of inquiry.* Cambridge, England: Cambridge University Press.

Redfield, R. (1930). Tepoztlan-A Mexican Village: A Study of Folklife, In Goetz, J. P., & LeCompte, M. D, (Eds.), *Ethnography and qualitative design in educational research.* London: Academic Press, Inc. pp. 110~120.

Rist, R. C. (1977). On the Relations Among Educational Research Paradigm: From Disdain to Detente. *Anthropology and education quarterly, 8.* 2, pp. 42~49.

Ryan, K., Newman, K., Mager, G., Applegate, J., Lasley, T., Flora, R., Johnston, J. (1980). Biting the apple: Accounts of first year teachers. New York: Longman.

Schatzman, L., & Strauss, A. L. (1973). *Field research strategies for a natural sociology.* Englewood Cliffs, N. J.: Parentice-Hall.

Schempp, P. G. (1989). Apprenticeship-of-observation and the development of physical education teachers. In T. Templin & P. G. Schempp (Eds.), *Socialization into physical education: Learning to teach.* Benchmark Press, IN: Indianapolis. pp. 13~38.

Schempp, P. G., & Graber, K. (1992). Teacher Socialization from a dialetic perspective: Pretraining through induction. Journal of Teaching in Physical Education, 11, pp. 329~348.

Solomon, M., Worthy, T., & Carter, J. (1993). The interactions of school context and role identity of first-year teachers. Journal of Teaching in Physical Education, 12, pp. 313~328.

Solomon, M., Worthy, T., Lee, A., & Carter, J. (1991). Teacher role identity of student teachers in physical education: An interactive analysis.

Journal of Teaching in Physical Education, 10, pp. 188~209.

Spradley, J. P. (1979). *The ethnographic interview.* New York: Holt, Rinehart, and Winston.

Spradley, J. P. (1980). *Participant observation.* New York: Holt, Rinehart, & Winston.

Stainback, S., & Stainback, W. (1988). Understanding and Conducting Qualitative Research.

Tabachnick, B. R. (1981). Teacher education as a set of dynamic social events. In R. Tabachnick, T. Popkewitz, & B. Szekely (Eds.), *Studying, teaching, and learning: Trends in Soviet and American Research.* New York, NY: Praeger Publishers. pp. 76~86.

Tallerico, M. (1992). Computer technology for qualitative research: Hope and Humbug. Journal of Educational Administration, Vol. 30(2), pp. 32~40.

Taylor, S., & Bogdan, R. (1981). A qualitative approach to the study of community adjustment. In R. Bruininks, C. Meyers, B. Sigford, & K.Lakin(Eds.).

Taylor, S., & Bogdan, R. (1984). Introduction to qualitative research methods: The search for meaning. New York: John Wiley.

Tisher, R. (1982, March). Teacher induction: An international perspective on research and programs. A paper presented at the annual meeting of American Educational Research Association, New York City.

Wells, K. (1984). Teacher socialization in the educational organization: A review of the literature. Paper presented at the Convention of the Western Speech Communication Association, Seattle.

Wilson, S. (1977). The use of ethnographic techniques in education research. Review of Educational Research, 47, pp. 245~265.

Wolcott, H. F. (1973). *The man in the principal's office: An ethnography.* In

Goetz, J. P. & Lecompte, M. D, (Eds.), Ethnography and Qualitative Design in Educational Research. London: Academic Press. Inc. pp. 108~111.

Wolcott, H.(1984). Ethnographers sans ethnography: The evaluation compromise. In D.M. Fetterman (Ed.), *Ethnography in educational evaluation* (pp. 177-210). Beverly Hills, CA:Sage Publications.

Zamnaniecki, F. (1934). *The method of sociology*, New York: Farrar & Rinehart.

Zeichner, K. (1980, April). Key processes in the socialization of student teachers: Limitations and consequences of oversocialized conceptions of teacher socialization. A paper presented at the American Educational Research Association, Boston, MA. (ERIC Document Reproduction Service No. ED 190 501).

Zeichner, K., & Tabachnick, B. R. (1985). The development of teacher perspectives: Social strategies and institutional control in the socialization of beginning teachers. Journal of Education for Teaching, 11 (1), pp. 1~25.

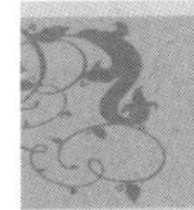

부 록

질적 연구: 통계 절차나 다른 수량화에 의해 얻어지지 않은 결과들을 산출하는 모든 종류의 연구

질적 연구에 필요한 필수적인 기능: 한 발 물러서서 비판적으로 상황을 분석할 수 있고, 편견을 인식하고 배제시킬 수 있으며, 타당성 있고 신뢰할 수 있는 자료를 수집할 수 있고, 추상적으로 생각할 수 있어야 한다. 이를 위해 이론적 사회적 민감성, 즉 분석적인 거리를 유지하면서 동시에 과거의 경험과 이론적 지식을 이끌어내 관찰되는 것을 해석하고, 날카로운 관찰력과 좋은 상호작용 기능을 갖추어야 한다.

질적 양적 연구의 결합

① 확신, 훈련과 연구되는 문제의 성격에 따라 한 형태의 연구를 강조한다.

② 양적으로 얻어진 결과를 설명하거나 명확히 하기 위해 질적 연구 자료를 사용하거나

③ 인구통계학적(demographic) 결과를 수량화시킬 수 있다.

④ 연구자의 질적 연구분석을 부분적으로 정당화하기 위해 약간의 양적인 연구를 할 수 있다.

질적 연구를 하는 목적

① 연구경험에 따른 연구자의 확신:
인류학 등의 연구.

② 연구문제의 성격: 개인 경험의 속성을 질병, 개종, 혹은 탐닉(중독)과 같은 현상과 함께 밝히려는 연구 혹은 거의 알려지지 않은 현상의 뒤에 숨겨져 있는 것:

1) 상당히 알려져 있지만 사물에 대한 새롭고 신선한 관점(slants)을 갖는다.
2) 양적인 방법으로는 다루기 어려운 현상의 복잡한 세부사항을 조사한다.

질적 연구의 주요 요소

① 주로 인터뷰와 관찰 등을 통해 얻어진 자료.
② 결과나 이론을 도출하게 한 다른 분석적 혹은 해석적 절차: '코딩'.
③ 문서 혹은 구두 보고서: 학술지나 학술회의에 전체 결과의 개관이나 연구의 한 부분을 발표.

질적 연구의 유형

① Grounded Theory
② Ethnography
③ Phenomenological Approach(현상학적 접근)
④ Life Histories(인생 역사)
⑤ 대화 분석

1) 자료가 분석되지 말고 그 자체를 보고하여 "대상자가 그들 자신에 관한 이야기를 만든다."
2) 정확한 기술을 한다.
3) 이론 확립을 한다.

Grounded Theory

Grounded Theory는 연구의 현상이 나타내는 것으로부터 귀납적으로 얻어진 이론을 뜻한다. Ground Theory 접근은 한 현상에 관한 귀납적으로 얻어진 Grounded Theory를 형성하기 위해 일련의 체계적인 절차(a systematic set of procedures)를 사용하는 질적인 연구방법이다. 그 목적은 연구하는 영역에 충실하고 그 영역을 밝혀주는 이론을 형성하는 것이다.

Fit: 이론이 실질적 영역의 일상적인 현실에 충실하고 다양한 자료로부터 주의 깊게 귀납되었다면, 이 이론은 그 실질적인 영역에 적합해야 한다.

Understanding: 이 이론이 현실을 반영하기에 당연히 이해될 수가 있어야하고 연구대상자와 그 영역에 종사하는 사람들 모두에게 사리에 닿아야 한다.

Generality: 근거가 되는 자료가 이해될 수 있고 해석이 개념적이고 광범위(broad)하다면 이 이론은 충분히 추상적이어야 하고 그 현상에 관계된 다양한 상황에 적용될 수 있도록 충분하게 다양해야 한다.

Control: 이 이론은 현상에 대한 행위에 관한 통제를 할 수 있어야 한다. 이것은 개념들 간에 관계를 제안하는 가설 때문인데 이것이 나중에 행위를 이끌어가기 위해 사용될 수도 있으며 이 가설들은 그 현상 그리고 단지 그 현상에만 관계된 실질적인 자료로부터 체계적으로 얻어질 수 있기 때문이다. 나아가 이 이론이 적용되는 조건들이 명확하게 지적되어야 한다.

성차별

① 전통적인 남성 헤게모니가 여성의 억압에 어떤 역할을 하는가?

② 성차별에 대항하기 위해 사용할 만한 유용한 전략은 무엇인가?

인간 움직임에 관한 지식 발달에서의 비판적 포스트모던 관점

① 전통적으로 인간 움직임을 어떤 방식으로 연구해 왔는가?
② 전통적으로 인간 움직임을 어떤 맥락에서 연구해 왔는가?
③ 전통적으로 인간 움직임의 어떤 측면과 주제를 연구해 왔는가?
④ 인간 움직임 연구에서 포스트모던 시대에는 어떤 대안이 있는가?
⑤ 인간 움직임 연구의 새로운 대안에 지지 논박을 할 수 있는 중요한 이유는 어떤 것들이 있는가?

인간 움직임에서의 수행과 참여 담론: 사회적으로 비판적인 체육을 향해

① 인간 움직임에서의 수행과 참여 담론에 관한 현안들과 차이점들은 무엇인가?
② 사회적으로 비판적인 체육을 지지 논박할 수 있는 중요한 이유들은 무엇인가?
③ 현대의 인간 움직임 활동에 전형적인 전문적인 임무들과 목표들은 무엇인가?
④ 포스트모던 인간 움직임 활동에 관해 옹호할 전문적 사명과 목표는 무엇인가?

Qualitative Research

Use of Qualitative Research

To better understand any phenomenon about which little is yet known.
To gain new perspectives on things about which is already known.
To gain more in-depth information that maybe difficult to convey qualitatively.

- Qualitative research used the natural setting as the source data. The researcher attempts to observe, describe and interpret settings as they are, maintaining what Patton calls an "empathic neutrality"
- The researcher acts as the "human instrument" of data collection.
- Qualitative researchers predominantly use inductive data analysis
- Qualitative research reports are descriptive, incorporating expressive language and the "presence of voice in the text"
- Qualitative research has an interpretive character, aimed at discovering the meaning events have for the individuals who experience them, and the interpretations of those meanings by the researcher.
- Qualitative researchers pay attention to the idiosyncratic as well as the pervasive, seeking the uniqueness of each case.
- Qualitative research has an emergent design, and researchers focus on this emerging process as well as the outcomes or product of the research.
- Qualitative research is judged using special criteria for trustworthiness.

Research Design and Data Collection Strategies

- Determine a focus for the inquiry. This should establish a boundary for the study, and provide inclusion/exclusion criteria for new information.
- Determine the fit of the research paradigm to the research focus. The researcher must compare the characteristics of the qualitative paradigm with the goals of the research.
- Determine what the successive phases of the inquiry will be.
- Determine what additional instrumentation may be used beyond the researcher as the human instrument.

Sampling strategies for Qualitative Researchers

- Purposeful sampling is the dominant strategy in qualitative research.
- Purposeful sampling seeks information-rich cases which can be studied in depth
- To draw conclusions about populations from samples, we must use inferential statistics which enables us to determine a population`s characteristics by directly observing only a portion of the population. We obtain a sample rather than a complete enumeration of the population for many reasons. Obviously, it is cheaper to observe a part rather than the whole, but we should prepare ourselves to cope with the dangers of using samples.

Selection of Study Participants

- Qualitative researchers neither work (usually) with populations large enough to make random sampling meaningful, nor is their purpose that of producing generalizations. Rather, qualitative researchers tend to select each of their cases purposefully.

Methods of Collecting and Analyzing Empirical Materials

- Interviewing is one of the most common and most powerful ways we use to try to understand our fellow human being.
- Postmodernist ethnographers have concerned themselves with some of the assumptions and moral problems present in interviewing and with the controlling role of the interviewer.
- Never get involved in long explanations of the study; use standard explanation provided by supervisor.
- Never deviate from the study introduction, sequence of questions, or question wording.
- Never let another person interrupt the interview; do not let another person answer for the respondent or offer his or her opinions on the question.
- Never suggest an answer or agree or disagree with an answer. Do not give the respondent any idea of your personal views on the topic of the question or survey.
- Never interpret the meaning o a question; just repeat the question and give instructions or clarifications that are provided in training or by supervisors.
- Never improvise such as by adding answer categories, or make wording change.

Group Interviews

- The interviewer must keep one person or a small coalition of persons from dominating the group.

- He or she must obtain responses from the entire group to ensure the fullest possible coverage of the topic
- The interviewer must balance the directive interviewer role with the role of moderator, which calls for the management of the dynamics of the group being interviewed.

Observational Techniques

- Social science researchers study their surroundings regularly and repeatedly, with a curiosity spurred by theoretical questions about the nature of human action, interaction, and society.
- Morris (1973) offers a broad explanation of observation that defines it as "the act of noting a phenomenon, often with instruments, and recording it for scientific or other purposes"

Other Sources of Data

- Official records, letters, newspaper accounts, diaries, and reports, as well as the published data used in a review of literature.
- The decision to stop sampling must take into account the research goals, the need to achieve depth through triangulation of data sources, and the possibility of greater breadth through examination of a variety of sampling sites.

Analysis of Data

- Bogdan and Biklen define qualitative data analysis as "working with data, organizing it, breaking it into manageable units, synthesizing it, searching for patterns, discovering what is important and what is to be learned, and deciding what you will tell others"

- Analysis begins with identification of the themes emerging from the raw data, - open coding. During open coding, the researcher must identify and tentatively name the conceptual categories into which the phenomena observed will be grounded.
- Data source triangulation, checking out the consistency of findings generated by different data-collection methods, - if what we are observing and reporting carries the same meaning when found under different circumstances.
- Investigator triangulation, checking out the consistency of different data sources within the same method, - to present the observations to a panel of researchers or experts to discuss alternative interpretations.
- Theory triangulation, using multiple analysts to review findings, - since no two investigator ever interpret things entirely the same, whenever multiple investigators compare their data, choose co-observers, panelists, or reviewers from alternative theoretical viewpoints.
- Methodological triangulation, using multiple perspectives or theories to interpret the data. - with multiple approaches within a single study, we are likely to illuminate or nullify some extraneous influences.

Internal validity versus credibility

- Internal validity – the findings accurately describe reality.
- Credibility – assumes the presence of multiple realities and attempts to represent these multiple realities adequately.
- Triangulation of data – methods triangulation, data triangulation, triangulation through multiple analysts, theory triangulation. Richness of the information gathered and on the analytical abilities of the researcher.

External Validity / Generalizability versus Transferability

- External validity – the ability to generalize findings across different settings.
- Transferability – the degree of similarity between the original situation and the situation to which it is transferred. Retrospective generalization.

찾아보기

국 문

ㄱ

ㄴ

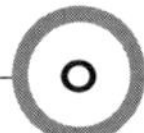
ㅇ

ㅈ

ㅊ

ㅋ

ㅌ

ㅍ

ㅎ

찾아보기

영 문

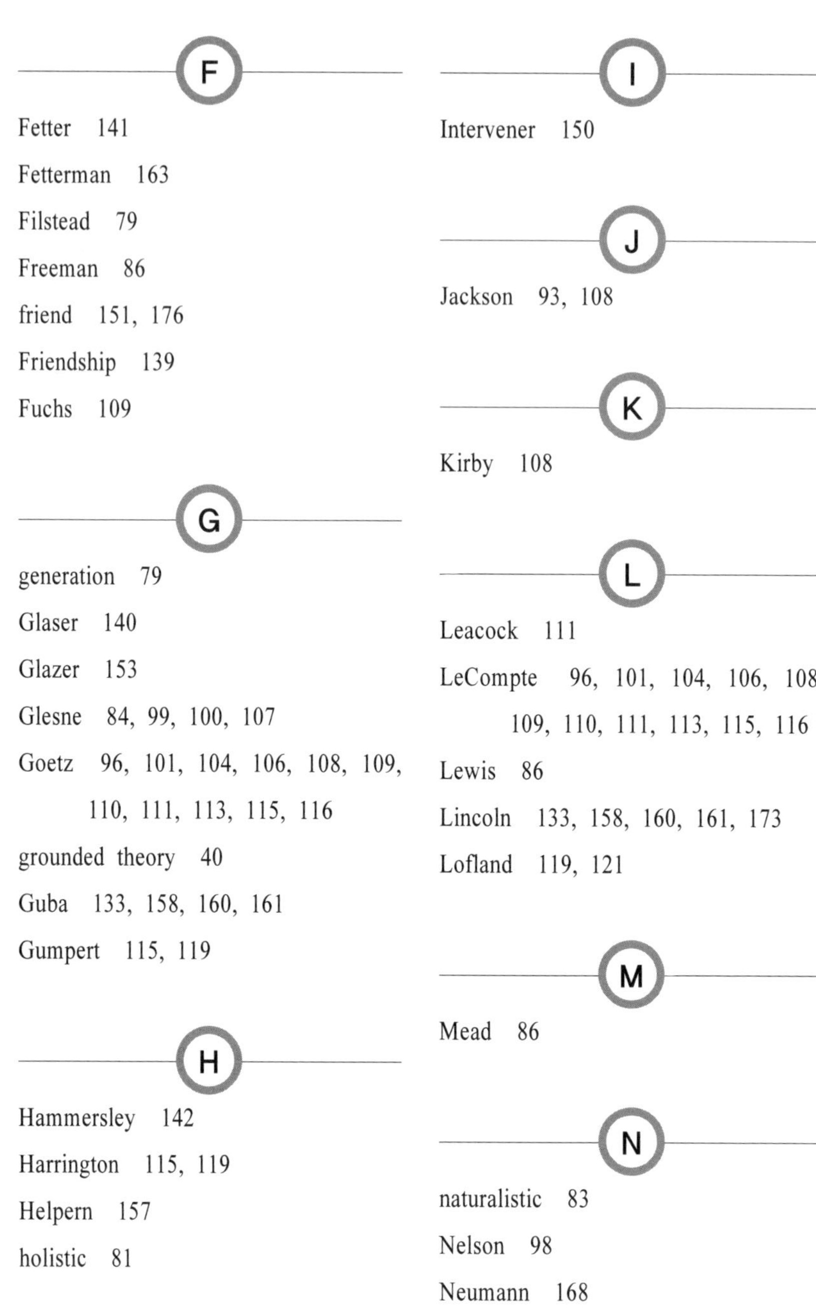

F

G

H

I

J

K

L

M

N